Dr. Georg Wailand
Dr. Michael Fembek

Richtig erben und vererben!

Nach dem Fall der Anonymität:
Alle Neuregelungen für
Sparbücher & Steuervorteile
Mit über 100 Fallbeispielen

Autoren:

Dr. Christoph Beer
Dr. Michael Fembek
Dr. Bernhard Kirchl
Mag. Susanne Kowatsch
Dr. Robert Löffler
Dr. Alexander Michalek
Dr. Diethart Strausz
Dr. Georg Wailand
Dr. Renate Weihs-Raabl

Ein GEWINN-Buch

Bereits als GEWINN-Buch erschienen:

G. Wailand, M.Fembek (Hg.): Gewinnen mit Aktien

G. Wailand, M.Fembek (Hg.): Die beste Wohnung für ihr Geld

G. Wailand, M.Fembek (Hg.): Gewinnen wie ein Börsenprofi

G. Wailand, M.Fembek (Hg.): Der große Versicherungsratgeber

G. Wailand, M.Fembek (Hg.): Der große Geldratgeber

G. Wailand, M.Fembek (Hg.): Die Hitparade der Geldanlage

G. Wailand, M.Fembek (Hg.): Erben macht glücklich

F. Koppe, H. N. Groer (Hg.): Kleingedrucktes großgeschrieben

G. Wailand, M.Fembek (Hg.): Gewinnen mit dem Euro

G. Wailand, M.Fembek (Hg.): Gewinnen mit Fonds

G. Wailand, M.Fembek (Hg.): Die besten Karten im Pensionspoker

ISBN 3-901184-12-0
EAN-Code: 9004928100102

Erschienen im GEWINN-Verlag, Stiftgasse 31, A-1070 Wien
Umschlaggestaltung: Dr. Johann Berger
Layout: Wolfgang Haspinger
Illustrationen: Erich Bauer
Druck: Wiener Verlag, Himberg

Inhaltsübersicht

Inhaltsverzeichnis

Vorwort

Die Erbschaft: Ein „Härtetest" für jede Familie . . .

Nie zuvor ist in Österreich soviel vererbt und geerbt worden wie jetzt – und nie zuvor aber hat es um all diese Fragen so viele Auseinandersetzungen, so viele Enttäuschungen (und Steuerzahlungen) und so viele Unklarheiten gegeben wie jetzt.

Voreilig angetretene Erbschaften können mit einem finanziellen Desaster enden, vermeintlich „wasserdichte" Testamente sich als ungültig herausstellen, und Familienfremde können plötzlich als die großen Gewinner in einem Erbschaftsstreit hervorgehen.

Was geschieht mit dem Wohnrecht im Erbschaftsfall? Was sollen, was müssen die Kinder, die Ehefrau, die Freundin (?) bekommen? Wer kann rechtens Ansprüche stellen, um aus dem Erbe etwas zu bekommen? Was erhalten Kinder aus früheren Beziehungen, worin besteht im Erbfall der Unterschied zwischen Lebensgefährten und Eheleuten?

Wie hoch sind die oft zitierten „Pflichtteile", wer setzt deren Höhe fest?

Ist es günstiger zu Lebzeiten Schenkungen durchzuführen oder soll man alles erst für den Todesfall regeln?

Wo sollte ich vernünftigerweise mein Testament aufbewahren, damit es nie in falsche Hände kommt? Was geschieht im Erbfall mit meinen Sparbüchern? Wie funktioniert all das nach der Abschaffung der Anonymität bei Sparbüchern?

Kann ich als Angehöriger für die Kosten des Pflegeheimes herangezogen werden?

Wenn es mehrere Testamente gibt – welches gilt tatsächlich?
Macht es Sinn, im Testament auch sogenannte „Ersatzerben" vorzusehen? Wann und wie kann ich jemand „enterben"? Worauf haben Pfleger und Betreuer von alten Leuten Anspruch?
Gibt es übers Internet die Möglichkeit, nach weiteren Verwandten und unter Umständen Erbberechtigten international zu forschen?

Wie muß die Lebensversicherungspolizze lauten, damit sie im Todesfall sofort ausbezahlt werden kann?

Beim Vererben bzw. Schenken von Immobilien, Wertpapieren und Firmenanteilen spielt die steuerliche Regelung eine entscheidende Rolle. Hier können Sie durch die Lektüre dieses Buches vielleicht schon viele Tausender oder sogar Hunderttausender sparen!
Was kann ich an Zusagen zu Lebzeiten noch einmal widerrufen, was nicht?

Vergessen Sie dabei alte Ratgeber zu diesem Thema – Sie sind nur dann gut positioniert, wenn Ihre Entscheidungen auf den aktuellsten Informationen aufbauen. Dieses Buch bietet Ihnen die Chance dazu. Es ist ein entscheidender und verläßlicher Ratgeber bei der vielleicht wichtigsten Weichenstellung in Ihrem Leben.

Und noch ein Rat: Verdrängen Sie dieses Thema nicht, weil es mit der unangenehmen Frage des Todes zu tun hat. Ganz im Gegenteil. Nur eine gute Regelung kann Ihnen die Gewißheit vermitteln, alles klug und günstig geregelt zu haben. Das gibt Ihnen ein angenehmes Gefühl – und das erspart Ihrer Familie einen „Härtetest“, der zu lebenslangen Feindschaften führen kann …

Dr. Georg Wailand
Wien, im Mai 2000

Teil 1

Vom Erbrecht und vom Erben

Wer erbt, wer erbt nicht? Wenn man erbt, wieviel erbt man? Wieviel erbt man, wenn es ein Testament gibt; wieviel erbt man, wenn es kein Testament gibt? Wann ist ein Testament gültig, und was passiert, wenn ein Testament ungültig ist? Was ist ein Vermächtnis? Wer kann enterbt werden? Diese und alle anderen wichtigen „Grund-Verkehrsregeln" im Erbrecht behandelt Teil 1 dieses Buches.

Vom Erbrecht und vom Erben

In diesem Kapitel:

- Die Grundbegriffe des Erbrechts: Vom Erblasser zum Erben
- Was zum Nachlaß gehört
- Was ein Vermächtnis ist
- Die Wichtigkeit des Testaments
- Eigenhändiges, fremdhändiges und mündliches Testament
- Was ein Testament enthalten kann
- Wer unbedingt erbt: Pflichtteilsrecht
- Wer enterbt werden kann, wer nicht enterbt werden kann
- Wenn kein Testament da ist: die gesetzliche Erbfolge
- Wieviel die Ehegatten erben
- Was aus der gemeinsamen Wohnung wird
- Wann Mietwohnungen „vererbt“ werden können
- Was beim Vererben von Sparbüchern zu beachten ist
- Lebensversicherungen, Zweitwohnsitze und andere Besonderheiten im Erbrecht

In erster Linie gibt das Erbrecht laut Allgemeinem Bürgerlichen Gesetzbuch die Richtlinien dafür vor, wer in Österreich wieviel erbt. Aber auch das Steuerrecht, Bankenrecht und das Mietrecht können eine große Rolle spielen.

Veraltete Erb-Ratgeber sind gefährlich **Achtung!**

In den letzten Jahren wurden die wichtigen Bestimmungen mehrfach entscheidend geändert! Dabei blieb oft kein Stein auf dem anderen (z. B. bei der Besteuerung von Sparbüchern und Wertpapieren). Deswegen sind ältere Ratgeber mit höchster Vorsicht zu genießen!

Erschwert wird die Regelung der Vermögensübergabe in vielen Fällen aber nicht nur durch die Tücken juristischer Formulierungen, sondern auch durch die Emotionalität, von der das Thema Erben umgeben ist. Nicht nur, weil es um viel Geld geht, sondern auch, weil sich in den Gesprächen zur Regelung der Erbschaft oft jahrzehntelange innerfamiliäre Konflikte kristallisieren. Zwischen den Generationen, aber auch innerhalb der Geschwisterschaft, unter Beteiligung von Schwager und Schwägerin usw.

Dieses Buch soll jedermann helfen, günstigere, bessere und gerechtere Lösungen der Erbschaftsprobleme zu finden. Einfach indem es einen verständlichen Überblick über die rechtlichen Verhältnisse gibt, Gefahren und Lösungsmöglichkeiten aufzeigt. Den Anfang macht dabei der Teil 1 mit einer Bestandsaufnahme der Grundbegriffe des österreichischen Erbrechts.

Die wichtigsten Begriffe vorweg

Hier ein paar Begriffsfestlegungen, die für die Lektüre dieses Buches wichtig sind:

- Zunächst ist festzustellen, welche Vermögenswerte überhaupt im Zeitpunkt des Todes vorhanden waren. Diese Vermögenswerte nennt man den **Nachlaß**.
- Den Verstorbenen selbst bezeichnet man juristisch als **Erblasser.**
- Den Übernehmer des gesamten Vermögens oder Teilen des nachlasses nennt man **Erben.** Wieviel er bekommt, richtet sich nach seiner **Erbquote.**
- **Legatare** erhalten bestimmte, definierte Teile des Nachlasses.
- **Pflichtteilsberechtigte** sind alle, die vom Gesetz her zwingend einen Teil des Nachlasses erhalten.
- **Begünstigte** ist die Sammelbezeichnung für alle, die etwas aus dem Nachlaß bekommen.

Damit nun zu ausführlicheren Erklärungen.

Was gehört alles zum Nachlaß?

Grundsätzlich sind alle Vermögenswerte des Erblassers vererblich. Dazu gehören z. B. Grundstücke, Sparbücher, Schmuck sowie Forderungen, die der Erblasser gegen andere Personen hatte.

Vererblich sind aber auch die Schulden des Erblassers. Wenn der Erblasser größere Schulden hatte oder aber zu befürchten ist, daß

Schulden auftauchen könnten, ist bei Annahme der Erbschaft größte Vorsicht geboten. Nicht vererblich sind hingegen bestimmte Rechte und Pflichten, die direkt an die Person des Erblassers gebunden sind, wie z. B. Unterhaltsansprüche, persönliche Dienstbarkeiten (Wohnrecht und anderes) sowie Gewerbeberechtigungen.

Nach Sondervorschriften vererbt werden bestimmte Rechte, die im praktischen Leben von größter Bedeutung sind. Dazu gehört etwa der ganze Bereich des Wohnens, wie im Abschnitt „Der Ehegatte und die Wohnung " in diesem Teil ab Seite 48 ausführlich besprochen wird.

Gesondert betrachtet muß auch das Sparbuch werden. Grundsätzlich gilt zwar das Erbrecht auch für das Sparbuch uneingeschränkt, nur sind Sparbücher Inhaberpapiere, und die meisten davon (noch immer) anonym. Heißt: jeder, der das Sparbuch in der Bank vorlegt, kann im Normalfall darüber verfügen. Und das ist nicht immer auch der gesetzliche Erbe. Mehr darüber auf Seite 55.

Wer Vermögen erhalten kann – von Erben, Legataren und Pflichtteilsberechtigten

Immer im Mittelpunkt: Der Erbe

Der Erbe ist der eigentliche Vermögensnachfolger des Erblassers und erhält grundsätzlich alle Vermögenswerte. Man nennt ihn auch den Gesamtrechtsnachfolger. Der Erbe hat daher im Verhältnis zu Dritten dieselben Rechte und Pflichten wie der Erblasser. Er wird – nach formgerecht durchgeführtem Verlassenschaftsverfahren – Eigentümer der Liegenschaften, der Sparbücher, des Schmuckes sowie aller anderen frei vererblichen Vermögenswerte. Desgleichen wird er auch Schuldner allfälliger Gläubiger des Erblassers.

Die Möglichkeiten, wie man sich am besten bei drohender Überschuldung als Erbberufener verhalten soll, werden im Kapitel „Das

Niemand ist zum Erben verpflichtet **Achtung!**

Die Haftung für Schulden des Erblassers kann durch Abgabe einer sogenannten bedingten Erbserklärung eingeschränkt werden; darüber hinaus kann man ein Erbe sogar gänzlich ablehnen. Niemand wird gezungen, zu erben.

Verlassenschaftsverfahren" näher ausgeführt. Ist nur ein Erbe vorhanden, so erhält er den gesamten Nachlaß. Sind mehrere Erben vorhanden, so erhält jeder von ihnen eine bestimmte Erbquote.

Beispiel ***Erbquoten, einfach und gerecht?***

Ein verstorbener Vater hat eine Liegenschaft und drei Kinder. Die drei Erben werden dann je zu einem Drittel Eigentümer der Liegenschaft des Erblassers und müssen zu je einem Drittel allfällige Schulden begleichen. Dies nur zur einfachen Darstellung, die Erbquoten können auch ganz anders ausfallen. Sie finden jedoch, daß eine gerechte Dreiteilung auf drei Kinder sowieso ganz selbstverständlich ist? Bei einer Vorschenkung an ein Kind (siehe Seite 104) oder im bäuerlichen Erbrecht (siehe Seite 69) ist das ganz anders. Und auch die Kirchenangehörigen haben ihr eigenes Erbrecht, auf das in diesem Buch aber nicht weiter eingegangen wird.

Das Vermächtnis ist oft schöner als das Erbe: Der Legatar

Im Gegensatz zum Erben erhält der Legatar (=Vermächtnisnehmer) keine Erbquote, sondern eine bestimmte Sache, zum Beispiel ein Sparbuch, eine Uhr, eine Eigentumswohnung. Der Legatar hat nur das Recht auf diese bestimmte Sache, die ihm in einer letztwilligen Verfügung zugedacht ist. Man nennt ihn daher auch Einzelrechtsnachfolger. Rechtlich gesehen erbt zunächst einmal auch der Erbe die dem Legatar vermachte Sache, jedoch mit der Verpflichtung, diese an den rechtmäßigen Legatar herauszugeben.

Beispiel ***Wie ein Legatar eingesetzt wird***

Der Erblasser verfügt in seinem Testament: „Ich setze meine Ehefrau und meine Tochter zu gleichen Teilen als Erben ein. Meine Briefmarkensammlung vermache ich meinem Freund Hans." Aufgrund dieses Testamentes sind die Witwe und die Tochter je zur Hälfte Erben. Freund Hans ist bloß Legatar. Er kann aber von den Erben die Herausgabe der Briefmarkensammlung verlangen.

Ein weiterer Unterschied zwischen Erbe und Legatar besteht darin, daß der Legatar im allgemeinen nicht für Schulden des Erblassers haftet. Er haftet vielmehr nur für jene Schulden, die auf der ihm vermachten Sache haften (z. B. eingetragene Hypothek auf der vermachten Liegenschaft).

Das Verhältnis zwischen Erben und Legataren ist häufig gespannt, insbesondere dann, wenn Legatare nicht zur Familie gehören (z. B. Pflege- oder Dienstpersonen) und/oder das Legat einen großen Teil des Nachlasses ausmacht. Andererseits sind Legate Instrumente, mit denen der Erblasser sein Vermögen sehr zielgerichtet verteilen kann. Mehr über Erbschaften mit Legaten auf Seite 22.

Vorsicht vorm zu schnellen Enterben: Der Pflichtteilsberechtigte
Bestimmte nahe Angehörige erhalten auf jeden Fall einen gewissen Teil des Nachlasses, auch gegen den Willen des Erblassers. Diese Personen nennt man Pflichtteilsberechtigte. Eine Enterbung, sprich: Entziehung, oder Herabsetzung auf die Hälfte des Pflichtteils, ist nur in ganz bestimmten Ausnahmefällen möglich; mehr dazu ab Seite 38.

Vom ersten Überblick über Vermögen und handelnde Personen nun zu den wichtigsten Instrumenten, wie der Nachlaß gezielt auf die Begünstigten verteilt werden kann: das Testament des Erblassers.

Das Um und Auf: das Testament

Wer Erbe werden soll, kann der Erblasser in einem Testament verfügen. Weiters kann der Erblasser in einer letztwilligen Verfügung ein Legat (Vermächtnis) aussetzen.

Grundsätzlich kann der Erblasser völlig frei bestimmen, was nach seinem Tode mit seinem Vermögen geschehen soll. Er kann Verwand-

Lebensgefährten zahlen oft drauf **Achtung!**

Mit Ausnahme der Eintrittsberechtigung des Lebensgefährten in Hauptmietverhältnisse (§ 14 MRG) ist der Lebensgefährte im Todesfall überhaupt nicht abgesichert, sodaß sich diesbezüglich eine Testamentserrichtung unbedingt empfiehlt. (Siehe auch Seite 51.)

Gewinntip ***Ein Testament sollte jeder machen***

Es ist in vielen Fällen anzuraten, das Erbe nicht durch die gesetzliche Erbfolge verteilen zu lassen. Denn so kann auch ein entfernter Verwandter, zu dem der Erblasser keinen persönlichen Kontakt hatte, zum Zuge kommen. Andererseits können dem Erblasser nahestehende Personen, die mit ihm nicht verwandt sind (z. B. der Lebensgefährte, der jahrelange Pfleger, der Schwiegersohn), bei gesetzlicher Erbfolge nicht erben.

te, Freunde, den Ehegatten, den Lebensgefährten, Kinder, Pfleger, und natürlich auch wohltätige Organisationen oder Vereine zu seinen Erben einsetzen.

Nur dann, wenn der Erblasser kein Testament errichtet hat oder dieses ungültig oder widerrufen ist, kommt es zur gesetzlichen Erbfolge. In diesem Falle bestimmt das Gesetz (ABGB), wer Erbe wird.

Der besondere Vorteil des Testamentes ist zugleich der Nachteil des eingesetzten Erben: Der Erblasser kann ein bereits errichtetes Testament jederzeit widerrufen oder abändern. Ja er kann, wenn er möchte, jeden Tag ein neues Testament machen.

Derjenige, der ein Testament macht, muß daher nicht befürchten, sich dadurch schon frühzeitig festgelegt zu haben. Er kann jederzeit ein neues Testament machen.

Beispiel ***Kein Testament ist endgültig***

Beispiel für eine unwirksame Formulierung (die jedoch alle anderen Testamentsinhalte nicht außer Kraft setzt): „Alle späteren Testamente sind ungültig."

Es ist sogar von Gesetzes wegen verboten bzw. unwirksam, ein Testament mit einer Klausel zu versehen, daß dieses die letzte Version ist und nicht mehr durch ein späteres geändert werden kann.
Mit der im Gesetz verankerten Möglichkeit, das Testament jederzeit abändern zu können, kann derjenige, der bereits ein Testament gemacht hat, eher damit rechnen, sich das Wohlwollen und die Aufmerksamkeit seiner eingesetzten Erben zu erhalten.

Umgekehrt kann sich der Verwandte oder Pfleger, der beispielsweise den Erblasser aufopfernd und gratis pflegt, betreut und deswegen als Erbe vorgesehen ist, sich niemals sicher sein, daß nicht „im letzten Moment“ und aus einer Laune heraus das Testament umgestoßen wird. Nur die Schenkung auf den Todesfall ist unwiderruflich.

Wer ein Testament errichten kann

Grundsätzlich jede Person über 18 Jahre, die im Vollbesitz ihrer Verstandeskräfte ist. Personen zwischen 14 und 18 Jahren und solche, die wegen psychischer Krankheit oder geistiger Behinderung unter Sachwalterschaft oder einstweiliger Sachwalterschaft (frühere Entmündigung) stehen, können nur eingeschränkt testieren (d. h. ein Testament errichten). Solche Personen können nur in der speziellen Form des öffentlichen Testamentes vor Gericht oder einem Notar den letzten Willen erklären, wobei das Gericht oder der Notar sich – unter Umständen unter Beiziehung eines Neurologen – vergewissern muß, daß die Testierfähigkeit gegeben ist.

Absolut testierunfähig sind Personen unter 14 Jahren, Geisteskranke und Geistesschwache sowie Personen, deren freie Willensbildung aus sonstigen Gründen, etwa ein akuter Vollrausch, gerade ausgeschlossen ist.

Der wahre Wille oder nicht, das ist die Frage

Voraussetzung einer wirksamen Testamentserrichtung ist zunächst einmal ein unzweifelhafter Testierwille (Testamentserrichtungswille). Die beiläufige Erwähnung beim Schnapsen im Wirtshaus: „Weißt eh, die Greti wird einmal alles von mir erben“, wird üblicherweise nicht als feste Testierabsicht gewertet. Zur Gültigkeit ist es vielmehr erforderlich, daß der Erblasser auch wirklich den Willen hatte, in diesem Moment (nicht etwa später) ein Testament zu errichten.

Achtung!

Strenge Rechtsvorschriften

Die Strenge der Testamentsformvorschriften führt häufig dazu, daß ernstlich gewollte Testamente ungültig sind. Zweckmäßigerweise läßt man sich daher bei Testamentserrichtung von einem Notar oder Rechtsanwalt beraten.

Welche Formen ein Testament haben kann

Ein Testament kann nur in bestimmten, im Gesetz genau geregelten Formen errichtet werden. Dies hat seinen Grund darin, daß der Erblasser vor der leichtfertigen Errichtung eines Testamentes gewarnt werden soll. Weiters soll verhindert werden, daß ein von dritten Personen vorverfaßtes Testament einfach zur Unterfertigung untergeschoben wird.

Nicht ganz so schlimm ist es, wenn ein gültiges Testament vorliegt, welches nur etwas unglücklich formuliert ist, weil im Rahmen des Verlassenschaftsverfahrens zumeist eine sinnvolle Auslegung möglich sein wird.

Trotzdem bleiben bei Formulierungen wie „meinen Pflegepersonen" Unsicherheiten bestehen: meint der Erblasser alle, die ihn gegenwärtig pflegen? Oder auch alle, die ihn früher – vielleicht über Jahrzehnte – gepflegt hatten? In diesem Fall wird der letzte Wille übrigens zugunsten der gegenwärtigen Pflegepersonen ausgelegt.

Achtung! ***Vom Testament zur Makulatur***

Ein Fehler und das Testament ist formungültig. Und ein formungültiges Testament ist zur Gänze unwirksam, die gesetzliche Erbfolge tritt in Kraft!

Das eigenhändige Testament

Beim gültigen, eigenhändigen Testament muß der gesamte Text vom Erblasser eigenhändig geschrieben und unterschrieben werden. Der Erblasser muß mit seinem Namen unterfertigen.

Es genügt als Unterschrift aber auch der Vorname oder eine sonst übliche Bezeichnung, die den Erblasser identifiziert („Eure Mutter" oder „Euer Vater").

Die Unterschrift muß am Ende des Textes erfolgen. Ergänzungen gelten nur, wenn sie neuerlich unterschrieben werden.

Sinnvoll, wenn auch nicht im Gesetz vorgeschrieben, ist es, Ort und Datum anzuführen. Das Datum gewinnt dann eine besondere Bedeutung, wenn mehrere widersprechende Testamente ein und derselben Person vorliegen, weil das zeitlich jüngere alle vorhergehenden aufhebt.

Beispiel

Beispiel für ein gültiges, eigenhändiges Testament

Testament

Ich, Martin Müller, geboren am 2. 2. 1943, Angestellter, 1070 Wien, Halbgasse 4, erkläre nach reiflicher Überlegung meinen letzten Willen wie folgt:

1. *Zur Erbin meines gesamten Nachlasses setze ich meine Frau Maria ein.*
2. *Sollte meine Erbin die Erbschaft nicht antreten können oder wollen, so berufe ich zum Ersatzerben meinen Sohn Gerhard.*
3. *Mein Freund Hans soll meine Briefmarkensammlung erhalten.*

Wien, am 2. 2. 2000
Martin Müller

Das fremdhändige Testament

Wird das Testament von einer anderen Person handschriftlich oder mit einer Schreibmaschine geschrieben, so muß zunächst der Erblasser dieses Testamentes eigenhändig unterschreiben. Zusätzlich müssen drei (nicht nur zwei, wie in vielen anderen Fällen!) fähige Testamentszeugen das Testament eigenhändig unterschreiben, damit ein fremdhändiges Testament gültig wird. Um klarzustellen, wer Erblasser und wer die Zeugen sind, müssen die Zeugen mit einem Zusatz unterschreiben, der deutlich macht, daß sie Zeugen sind. Nicht nötig ist es, daß die Zeugen den Inhalt des Testamentes kennen.

Wer ein fähiger Zeuge ist

Fähige Testamentszeugen sind

- grundsätzlich Personen über 18 Jahre.

Unfähige Zeugen sind

- blinde, taube und stumme Personen,
- im Testament bedachte (begünstigte) Personen,
- die nahen Angehörigen des Begünstigten.

Achtung!

Kein Bruder, kein Schwager

Keiner der drei Zeugen eines fremdhändigen Testamentes darf darin bedacht oder mit dem Erblasser verwandt oder verschwägert sein, sonst ist das Testament ungültig!

Beispiel ***Beispiel für ein gültiges, fremdhändiges Testament***

Testament

Ich, Martin Müller, geboren am 2. 2. 1943, Angestellter, 1070 Wien, Halbgasse 4, erkläre nach reiflicher Überlegung meinen letzten Willen wie folgt:

1. Zur Erbin meines gesamten Nachlasses setze ich meine Frau Maria ein.
2. Sollte meine Erbin die Erbschaft nicht antreten können oder wollen, so berufe ich zum Ersatzerben meinen Sohn Gerhard.
3. Mein Freund Hans soll meine Briefmarkensammlung erhalten.

Wien, am 2. 2. 2000

Martin Müller

Martha Molcher
als ersuchte Testamentszeugin

Edeltraut Huber
als ersuchte Testamentszeugin

Renate Molcher
als ersuchte Testamentszeugin

Wird eine Organisation letztwillig bedacht, können deren Organe selbstverständlich nicht fähige Zeugen sein.

Beispiel ***Der Kassier ist unfähig***

Erbe ist der Kleingartenverein, als Zeugen treten der Obmann, der Kassierer und der Schriftführer auf – **ungültig!**

Das mündliche Testament

Sooft Betrugsfälle an die Öffentlichkeit gelangen, fragt man sich, warum es noch immer ein mündliches Testament gibt. Dieses ist geradezu wie geschaffen, um sich mit Hilfe dreier willfähriger „Zeugen“ unredlich eine Erbschaft zu verschaffen.

Die Existenz des mündlichen Testamentes im Gesetz läßt sich nur noch historisch erklären. Zum Zeitpunkt der Schaffung des ABGB gab es in der Bevölkerung bestimmter inneralpiner Gegenden unseres Landes einen sehr hohen Anteil an Analphabeten. Es mußte daher die Möglichkeit einer mündlichen Testamentsform geschaffen werden, um nicht große Teile der Einwohnerschaft von der Errichtung eines Testamentes auszuschließen.

Die Errichtung eines mündlichen Testamentes geschieht dadurch, daß der Erblasser seinen letzten Willen vor drei fähigen Zeugen, welche gleichzeitig anwesend sein müssen, erklärt. Es muß überhaupt nichts Schriftliches vorliegen, speziell nichts vom Testator. Die Zeugen können allerdings eine Niederschrift machen. Liegt keine Niederschrift vor, werden die Zeugen im Verlassenschaftsverfahren vom Richter vernommen.

Nach dem Tode des Erblassers kann jede interessierte Person (z. B. ein Verwandter) verlangen, daß die Zeugen über den Inhalt des damals von ihnen Gehörten einen Eid ablegen. Wenn auch nicht immer Betrug im Spiel ist, stellt sich doch in der Praxis häufig heraus, daß die Zeugen vor dem Richter Widersprüchliches berichten. Ein Erbrechtsstreit ist somit „vorprogrammiert".

Mißbrauchsvehikel Nr. 1 **Gewinntip**

Ein mündliches Testament ist unter allen Umständen zu vermeiden.

Eine weitere Schwachstelle ist, daß ein (ursprünglich) gültiges mündliches Testament ungültig wird, wenn vor Eidesleistung bereits zwei der drei Zeugen verstorben sind. Andererseits kann der Rettungsanker für ein fehlerhaft abgefaßtes schriftliches Testament sein, daß es unter Umständen als mündliches Testament durchgeht.

Das öffentliche Testament

Eine Testamentserrichtung unter erschwerten Bedingungen, nämlich mit mündigen Minderjährigen (14 bis 18 Jahre) und mit Personen, die unter Sachwalterschaft stehen, also unter erschwerten Bedingungen, darf daher nur vor Gericht oder Notar erfolgen.

Der Ausdruck öffentliches Testament bedeutet nicht, daß der Erblasser in aller Öffentlichkeit seinen letzten Willen kundtut. Der Name rührt vielmehr daher, daß dieses Testament nur vor Gericht oder einem Notar errichtet werden kann und es sich bei Richtern und

Notaren um öffentliche beglaubigte Personen handelt, denen man besonderes Vertrauen entgegenbringt.

Siehe dazu „Das Zentrale Testamentsregister des Österreichischen Notariates“ im Anhang.

Der Inhalt des Testamentes

Die Erbseinsetzung – Wer soll erben? Der wichtigste Inhalt eines Testamentes ist die Erbseinsetzung. Der Erblasser erklärt, daß eine oder mehrere Personen seine Erben sein sollen. Weiters kann der Erblasser angeben, wieviel jeder Erbe bekommen soll – also die Erbquote. Also etwa „Ich setze meine Frau Maria zu drei Viertel und meinen Sohn Gerhard zu einem Viertel zu meinen Erben ein.“

Daneben kann der Erblasser sonstige Anordnungen treffen. Am häufigsten sind dies Legate (Vermächtnisse). Beispielsweise: „Meine Modelleisenbahnanlage soll mein Großneffe Florian bekommen.“

Bedingungen, Befristungen und Auflagen

Der Erblasser kann eine Bedingung anordnen, die erfüllt sein muß, damit der Begünstigte die Zuwendung erhält oder bei deren Wegfall die Zuwendung verlorengeht.

Die Bedingung ist immer ein ungewisses Ereignis. Eine gültige Bedingung wäre: „Onkel Dieter erhält meine gesamte Bibliothek, wenn er sich um den Verkauf meiner Wohnungseinrichtung kümmert.“

Unwirksam ist grundsätzlich die Bedingung, „nicht zu heiraten“ wie auch andere Bedingungen „außerhalb der guten Sitten“. Nur eine verwitwete Person, die schon mindestens ein Kind hat, muß erstere Testamentsbedingung akzeptieren. Vollkommen absurde Bedingungen bleiben ebenfalls außer Betracht, wie etwa folgende „Beim Leichenschmaus muß jeder Erbe zehn Krügel trinken.“

Eine unwirksame Bedingung wird laut Gesetz so betrachtet, als ob sie gar nicht geschrieben wäre. Der übrige Testamentsinhalt bleibt voll aufrecht. Wenn das Testament hingegen eine Fülle solcher nicht ganz astreiner Bedingungen enthält, wird man auch am Verstand des Erblassers zweifeln und die Ernsthaftigkeit des Niedergeschriebenen überhaupt anzweifeln können.

Die Befristung hingegen ist ein Ereignis, das sicher eintritt. Eine gültige Befristung wäre: „Meine Lieblingsnichte Julia erhält meinen gesamten Schmuck, aber erst nach Erreichung des 25. Lebensjahres.“

Der Erblasser kann den Erben auch zu einem bestimmten Verhalten verpflichten. Dies wird Auflage (Auftrag) genannt.

Zum Beispiel kann der Erblasser anordnen, daß der Erbe sein Grab zu pflegen hat. Bei Nichterfüllung dieser Auflage verliert der Erbe die Zuwendung.

Beispiel

Gültige Auflagen für Erben und Legatare

Eine gültige Auflage wäre: „Der Erbe hat für eine Erdbestattung am Zentralfriedhof im Familiengrab, lautend auf ‚Obermeier‘, und die Grabpflege auf Friedhofsdauer zu sorgen.“ Auch ein Vermächtnis, nicht nur das Erbe, kann an eine Auflage gebunden sein. Hält sich der Vermächtnisnehmer nicht an die Auflage, kann der Erbe auf Herausgabe des Vermächtnisses klagen, wenn die Formulierung etwa lautet: „Ich vermache Wilfried mein Wochenendhaus, wenn er meinen Hund Wolfi zur Pflege übernimmt“, und dieser das nicht einhält.

Nacherbschaft – Wer nach Tod des Erben erbt

Der Erblasser kann bestimmen, daß nach dem Tode seines Erben oder nach Eintritt eines anderen Ereignisses eine bestimmte andere Person sein Vermögen bekommen soll.

Achtung!

Nicht empfehlenswert: Nacherbschaft

Die Nacherbschaft (=fideikommissarische Substitution) ist in der Praxis nicht ratsam, da sie zu sehr komplizierten verfahrensrechtlichen Problemen führt und der Vorerbe über das Vermögen nicht frei verfügen kann (Ausnahme: Substitution auf den Überrest).

Ersatzerbschaft – wer bei Ausfall des Erben erbt

Der Erblasser kann auch anordnen, wer die Erbschaft erhalten soll, wenn der Ersteingesetzte die Erbschaft nicht annehmen kann oder will.

Der Ersatzerbe **Beispiel**

„Meine Frau Maria soll meine Erbin sein. Sollte meine Frau die Erbschaft nicht antreten können oder antreten wollen, so soll mein Ersatzerbe mein Sohn Gerhard sein."
Der Erblasser und seine Frau Maria versterben bei einem Autounfall. Zum Zuge kommt nun der Ersatzerbe Gerhard. Damit wird eine Zersplitterung des Vermögens der Ehegatten verhindert. Ohne Anordnung einer Ersatzerbschaft wäre folgendes passiert: Bei gleichzeitigem Ableben hätte jeweils die Blutsverwandtschaft jedes einzelnen Ehegatten geerbt. Bei nicht gleichzeitigem Ableben hätte ausschließlich die Blutsverwandtschaft des zuletzt Verstorbenen geerbt.

Die Anordnung einer Ersatzerbschaft ist in der Praxis – wie das Beispiel oben zeigt – sehr wichtig. Oft setzen sich zum Beispiel Ehegatten wechselseitig zu Erben ein und verreisen anschließend auch gemeinsam. Hier ist es wichtig, daß jeder der Ehegatten auch einen Ersatzerben bestimmt hat, um für den Fall vorzusorgen, daß bei einem Unfall beide gleichzeitig oder innerhalb einer kurzen Zeitspanne ums Leben kommen.

Teilungsanordnung – Die Aufteilung des Nachlasses

Wenn der Erblasser mehrere Erben einsetzt, werden diese Miteigentümer der Nachlaßgegenstände. Sie müssen sich daher regelmäßig einigen, wer welche Gegenstände erhalten soll. Diese Einigung wird im Erbteilungsübereinkommen niedergeschrieben. Kommt es zu keiner einvernehmlichen Lösung, so ist eine Erbteilungsklage notwendig. Umgekehrt bedeutet das: Jeder einzelne unzufriedene Erbe kann dieses Verfahren in Gang setzen.

Um solche unangenehmen Streitigkeiten hintanzuhalten, kann der Erblasser in seinem Testament auch eine bestimmte Teilungsanordnung verfügen. Desgleichen kann der Erblasser aber auch Teilungsverbote anordnen, um eine Zerstückelung des Nachlasses oder bestimmter Nachlaßwerte zu vermeiden.
Bei einer solchen Teilungsanordnung sollte darauf geachtet werden, daß die zugewiesenen Werte ungefähr den Erbquoten entsprechen.

Beispiel ***Die Teilungsanordnung***

„Meine Erben sollen zu gleichen Teilen meine Frau Maria und mein Sohn Gerhard sein. Meine Frau Maria soll die Eigentumswohnung erhalten und mein Sohn Gerhard das Wochenendhaus."

Wenn in vorigem Fall beispielsweise das Wochenendhaus doppelt soviel wert ist wie die Eigentumswohnung und kein sonstiges Vermögen vorhanden ist, könnte eventuell ein Irrtum des Erblassers behauptet werden Dieser Irrtum müßte aber von jenem Erben, der sich benachteiligt fühlt, bewiesen werden. Mit weniger als seinem gesetzlichen Pflichtteil muß er sich nicht zufriedengeben. Wenn weder ein Irrtum bewiesen werden kann, noch der Pflichtteil verletzt ist, muß das Testament beachtet werden, weil die Aufteilung als gesetzte Auflage gilt – und die muß möglichst genau beachtet werden, sonst verliert der Erbe die gesamte Erbschaft!

Alternative zum Testament: Der Erbvertrag

Nicht frei widerruflich ist der sogenannte Erbvertrag. Dabei handelt es sich um eine Sonderform einer letztwilligen Verfügung, die allerdings nur zwischen Ehegatten (Notariatsaktpflicht!) abgeschlossen werden kann. Im Erbvertrag setzt entweder ein Ehegatte den anderen oder es setzen beide einander wechselseitig zu Erben ein. Nach dem Gesetz erstreckt sich die Wirkung eines Erbvertrages jedoch maximal auf drei Viertel des Nachlasses. Üblicherweise setzen sich in einer Erbvertragsurkunde die Ehegatten darüber hinaus noch hinsichtlich des restlichen Viertels testamentarisch gegenseitig zu Erben ein.

Der Erbvertrag kann von keinem der Ehegatten alleine widerrufen werden, er kann aber einvernehmlich aufgehoben werden. Im ländlichen Bereich erfreut sich der Erbvertrag einer gewissen Beliebtheit.

Die Falle beim Erbvertrag **Achtung!**

Trotz Vorliegens eines Erbvertrages ist es möglich, daß der Ehegatte de facto nichts erbt; nämlich dann, wenn der andere Vertragspartner sein Vermögen zu Lebzeiten weitergegeben hat.

Vom Erbvertrag unter Eheleuten muß auch der Ehevertrag (=Ehepakt) unterschieden werden, mit dem eine Gütergemeinschaft vereinbart wird.

Alternative zum Testament: Schenkung auf Todesfall

Nicht frei wideruflich ist die sogenannte Schenkung auf den Todesfall. Damit läßt sich eine bestimmte Sache (z. B. eine Liegenschaft, eine Eigentumswohnung) nach dem eigenen Ableben ins Eigentum eines anderen übertragen. Diese Schenkung ist ein Vertrag zwischen dem Geschenkgeber und dem Geschenknehmer, welcher nur in Form eines Notariatsaktes gültig ist. Für den Fall, daß der Beschenkte vor dem Geschenkgeber verstirbt, gibt es zwei Möglichkeiten. Im Regelfall wird das zukünftige Recht weitervererbt, das heißt, die Erben des vorzeitig verstorbenen Geschenknehmers erhalten die im Vertrag beschriebene Sache. Es ist allerdings auch möglich, die Schenkung nur zugunsten der im Vertrag bestimmten Person abzuschließen. Dies bedeutet, daß bei Vorversterben des Geschenknehmers der Vertrag erloschen ist und der Geschenkgeber über die Sache wieder frei verfügen kann.

Vergleich zwischen Testament und Schenkung auf den Todesfall

Testament	**Schenkung auf den Todesfall**
► jederzeit widerruflich ► bezogen auf den ganzen Nachlaß ► oder einen Bruchteil davon ► verschiedene Testamentsformen möglich ► Besteuerung nach dem Todesfall	► unwiderruflich ► bezogen auf bestimmte Vermögenswerte, z. B. Liegenschaft, Wertpapierdepot ► Notariatsaktform vorgeschrieben ► Besteuerung nach dem Todesfall

Trotz unwiderruflich abgeschlossener Schenkung fällt die geschenkte Sache aber in den Nachlaß. Dies bedeutet, daß die geschenkte Sache dem Zugriff von eventuellen Gläubigern und Pflichtteilsberechtigten ausgesetzt ist. Die zuletzt beschriebene Rechtsfolge ist ein Grund dafür, daß von der Vertragsform der Schenkung auf den Todesfall häufig abzuraten ist.

Das wichtige Pflichtteilsrecht

Wie schon erwähnt, kann der Erblasser grundsätzlich – aber eben nur grundsätzlich – frei über den Verbleib seines Vermögens nach seinem Tode entscheiden. Gewisse Schranken sind ihm aber doch gesetzt, weil er bestimmten nahen Angehörigen einen Teil des Nachlasses zuwenden muß.

Ehegatten und Kinder lassen sich kaum enterben

Pflichtteilsberechtigt sind der Ehegatte und die Nachkommen (Kinder und Kindeskinder). Gibt es keine Nachkommen, sind auch die Vorfahren pflichtteilsberechtigt: Vorfahren sind die Eltern und auch noch die Großeltern und die Urgroßeltern des Erblassers. Die Geschwister des Erblassers sind weder Nachkommen noch Vorfahren und haben daher keinen Pflichtteilsanspruch.

Gewinntip

Die Rache der Enterbten

In der Nachfolgeregelung per Testament sollte unbedingt auf die Pflichtteile Rücksicht genommen, weil enterbte Pflichtteilsberechtigte den testamentarischen Erben das Leben sehr schwer machen können; vielfach muß eine vererbte Wohnung verkauft werden, um die Pflichtteilsberechtigten befriedigen zu können.

Die Höhe des Pflichtteilsanspruches

Die Höhe des Pflichtteiles ist vom gesetzlichen Erbrecht abhängig. Bei den Nachkommen des Erblassers und seinem Ehegatten beträgt der Pflichtteil die Hälfte des gesetzlichen Erbteiles (nicht die Hälfte des Nachlasses!), bei den Vorfahren ein Drittel davon.

Beispiel

Die Höhe des Pflichtteiles

Der Erblasser hinterläßt seine Frau und ein Kind. Er setzt seine Frau als Alleinerbin ein. Das Kind ist jedoch pflichtteilsberechtigt und erhält die Hälfte seines gesetzlichen Erbteiles.

Der Pflichtteilsanspruch ist grundsätzlich ein Anspruch gegen die Erben auf Zahlung einer bestimmten Geldsumme. Der Pflichtteilsberechtigte hat daher normalerweise keinen Anspruch auf eine bestimmte Sache.

Beispiel — ***Die Rache der Schwiegermutter***

Der Erblasser hinterläßt seine Witwe, aber keine Kinder. Er setzt seine Frau als Alleinerbin ein. Die überlebende Mutter ist pflichtteilsberechtigt, und ein Drittel ihres gesetzlichen Erbteiles fällt ihr zu (siehe dazu Seite 41).

Die genaue Berechnung der Höhe des Pflichtteilsanspruches kann im Einzelfall sehr kompliziert sein, da eventuell auch Schenkungen und Vorempfänge, die der Erblasser zu Lebzeiten gemacht hat, bei der Berechnung Beachtung finden können.

Aufgrund einer geänderten Gesetzeslage könnten Pflichtteilsberechtigte seit kurzer Zeit Forderungen nicht nur auf Zahlung einer bestimmten Geldsumme, sondern auch auf Herausgabe von Vermögensgegenständen (z. B. Bilder, Schmuck, Grundstück) stellen.

Da zu dieser neu aufgetauchten Zweifelsfrage eine oberstgerichtliche Entscheidung noch aussteht, ist es ratsam im Testament den Pflichtteilsberechtigten ausdrücklich nur einen Anspruch auf die Zahlung einer bestimmten Geldsumme einzuräumen, wenn den Erben die Vermögensgegenstände zukommen sollen.

Werden nur Immobilien, aber keine Barvermögen vererbt, kann dies den Erben dazu zwingen, die Immobilie zu veräußern, um die Pflichtteilsberechtigten durch Auszahlen zufriedenzustellen zu können.

Achtung! — ***Streit ist vorprogrammiert***

Bei Testamenten mit „mißglückten Enterbungen" kommt es häufig zu Erbstreitigkeiten. Die enttäuschten Angehörigen versuchen, das Testament anzufechten und einen möglichst umfangreichen Pflichtteil zu erstreiten. Weiters sind meist teure Bewertungen des Vermögens durch Sachverständige nötig.

Auch die Dauer dieser Verfahren kann ein Problem bedeuten: Prozesse aufgrund von Pflichtteilsklagen können sehr lange, meist mehrere Jahre, dauern und viel Geld kosten. Hat der klagende Pflichtteilsberechtigte zur Sicherung seines Anspruches eine Sperre des Nachlaßvermögens erwirkt (Nachlaßseparation), so ergeben sich daraus weitere Probleme, die zu einer außerordentlichen Wertminderung des gesamten Nachlasses führen können. Die Praxis zeigt, daß es aus Kosten- und Zeitgründen häufig unmöglich ist, einen Pflichtteilsprozeß durch alle drei Instanzen zu führen, da bereits ein Verfahren in der ersten Instanz bis zu acht Jahre dauern kann.

Und noch ein weiteres – steuerliches – Problem: Zuwendungen aus dem Nachlaß, die aufgrund von Pflichtteilsklagen erfolgen, sind immer voll zu versteuern. Die Endbesteuerung gegenüber Sparbüchern und Anleihen gilt in diesem Fall (unerklärlicherweise) nicht!

Fazit: Das Verfahren dauert Jahre, verursacht unnötige Kosten, der Nachlaß schrumpft, und zum Schluß muß man sich doch irgendwie einigen.

Kluges Testament ist Pflicht **Gewinntip**

Es ist immer ratsam, durch ein klug verfaßtes Testament Erbstreitigkeiten und die damit verbundenen Kosten in Grenzen zu halten. Wenn beabsichtigt ist, einen Außenstehenden (oder auch eines unter an sich gleichberechtigten Familienmitgliedern, z. B. Geschwistern) unter Umgehung der nahen Angehörigen zum Alleinerben einzusetzen, ist es besonders wichtig, vorher fachkundigen Rat einzuholen.

Pflichtteilsminderung

Seit dem Jahr 1991 sind die unehelichen mit den ehelichen Kindern im Erbrecht gleichberechtigt, somit konsequenterweise auch im Pflichtteilsrecht einschließlich des Rechtes, bestimmte Schenkungen in den Pflichtteil einzubeziehen.

Als Ausgleich für die dadurch wesentlich verschärfte Rechtslage hat nunmehr der Gesetzgeber die Möglichkeit geschaffen, den Pflichtteil eines Kindes (oder auch eines Vorfahren) auf die Hälfte zu mindern, wenn zwischen dem Erblasser und dem Pflichtteilsberechtigten zu keiner Zeit ein Naheverhältnis geherrscht hat, wie es in der Familie zwischen Eltern und Kindern gewöhnlich besteht. Damit kann z. B. der Pflichtteil eines unehelichen Kindes, welches der Erblasser nie zu Gesicht bekommen hat, auf die Hälfte gemindert werden. Umgekehrt kann natürlich auch das Kind unter den vorgenannten Voraussetzungen den Pflichtteil seines Vaters mindern.

Die Pflichtteilsminderung muß in einem formgültigen Testament vom Erblasser angeordnet werden und die Voraussetzungen dafür müssen auch tatsächlich gegeben sein. Die Behauptung genügt nicht.

Wer enterbt werden kann

Unter Enterbung versteht man die Entziehung des Pflichtteiles durch letztwillige Verfügung: Der Erblasser möchte dezidiert, daß Angehörige, Ehegatten, einzelne oder alle, nichts vom Nachlaß erhalten. Eine Enterbung läßt das Gesetz dabei aber nicht in allen Fällen zu, sondern definiert ein paar Fälle, in denen die Enterbung „angemessen" und damit gültig ist.

Die Enterbung ist nur gültig, wenn einer der folgenden Gründe vorliegt. Ein Pflichtteilsberechtigter kann enterbt werden, wenn er

- den Erblasser im Notstand hilflos gelassen hat;
- wegen einer oder mehrerer mit Vorsatz begangenen strafbaren Handlung(en) zu einer lebenslangen oder zwanzigjährigen Freiheitsstrafe verurteilt worden ist;
- beharrlich eine gegen die öffentliche Sittlichkeit anstößige Lebensart führt (z. B. Prostitution, nicht aber eine außereheliche Lebensgemeinschaft);
- „sehr verschuldet oder verschwenderisch" ist und die Gefahr besteht, daß der ihm gebührende Pflichtteil ganz oder zum größten Teil seinen Kindern entgehen würde. Diese sogenannte „Enterbung in guter Absicht" ist allerdings nur dann wirksam, wenn der dem Noterben entzogene Pflichtteil dessen Kindern zugewendet wird (siehe auch nebenstehendes Beispiel);
- gegen den Erblasser eine gerichtlich strafbare Handlung gesetzt hat, die nur vorsätzlich begangen werden kann und mit mehr als einjähriger Freiheitsstrafe bedroht ist (z. B. schwerer Diebstahl, schwerer Betrug, schwere Köperverletzung, Mordversuch);

Beispiel

Enkel statt Sohn!

Der Sohn ist ein stadtbekannter Alkoholiker, der sein Erbe mit seinen Saufkumpanen vermutlich in kürzester Zeit in den einschlägigen Lokalen durchbringen würde. Dessen Sohn wiederum (der Enkel des Erblassers) ist ein braver, strebsamer junger Mann, der bei entsprechender Dotierung mit Erfolg studieren könnte. Der Erblasser wendet den Pflichtteil, der an sich dem Sohn zustehen würde, in selber Höhe dem Enkelsohn zu. Auch vom Ehegatten zum Kind kann genauso disponiert werden.

- den Erblasser zur Erklärung des letzten Willens gezwungen oder in betrügerischer Weise verleitet, an der Erklärung des letzten Willens gehindert oder einen von ihm bereits errichteten letzten Willen unterdrückt hat;
- seine aus dem Rechtsverhältnis zwischen Eltern und Kindern sich ergebenden Pflichten dem Erblasser gegenüber vernachlässigt hat.

Die drei letzten Enterbungsgründe sind zugleich allgemeine Erbunwürdigkeitsgründe. Dies bedeutet, daß die Enterbung auch eintreten kann, wenn kein entsprechendes Testament vorliegt. Der durch den Entfall des Pflichtteiles begünstigte Erbe muß nur das Vorliegen des Erbunwürdigkeitsgrundes beweisen.

Den zuletzt genannten Erbunwürdigkeitsgrund der „Vernachlässigung der Pflichten zwischen Eltern und Kindern“ gibt es erst seit dem Jahr 1991. Davon können in erster Linie die Eltern des Erblassers betroffen sein, wenn sie ihre Pflichten dem Kind gegenüber verletzt haben. Es muß sich um eine gröbliche Verletzung der Unterhaltspflicht, der Obsorgepflicht oder um einen Verstoß gegen das Gewaltverbot handeln.

Der sinnvolle Erb- und Pflichtteilsverzicht

Nicht nur der Erblasser kann seine nahen Verwandten vom Erbe ausschließen. Diese können auch freiwillig auf ihr Erbe und auch auf ihren Pflichtteil verzichten. Ein in der Praxis recht häufig vorkommende Möglichkeit.

Der Erbverzicht ist ein Vertrag zwischen dem Erblasser und dem Erbberechtigten. In diesem Vertrag verzichtet der Erbberechtigte auf seinen Pflichtteil oder seinen Erbteil. Aufgrund seiner einschneidenden Wirkungen bedarf der Erbverzicht der Notariatsaktform.

In der Praxis ist insbesondere der Pflichtteilsverzicht bedeutsam. Der Verzicht auf den Pflichtteil gibt dem Erblasser einen größeren Gestaltungsspielraum bei der Regelung seines letzten Willens. Deshalb erfolgt der Verzicht oft „gegen Abfindung", das heißt, daß der Verzichtende vom Erblasser einen steuerpflichtigen Ausgleich in Form von Geld oder sonstigem Vermögen erhält. Der Erbverzicht hindert den Erblasser nicht daran, den Verzichtenden später testamentarisch zu bedenken. Eine solche Verfügung ist gültig.

Achtung! ***Pflichtteilsverzicht ist erblich***

Wenn nichts anderes vereinbart ist, wirkt der Verzicht auch zu Lasten der Nachkommen des Verzichtenden.

Die gesetzliche Erbfolge

Macht der Erblasser kein Testament, so tritt die gesetzliche Erbfolge ein. Wer erbt in diesem Fall? Erbberechtigt sind die Verwandten und der Ehegatte in einer genau definierten Reihenfolge. Das gesetzliche Erbrecht führt also zur Familienerbfolge unter mehr oder weniger großer Beteiligung des Ehegatten. Der Schwiegersohn, die Schwiegermutter, der Schwager, der Lebensgefährte oder der Stiefvater haben niemals ein gesetzliches Erbrecht, weil sie mit dem Erblasser nicht verwandt, sondern bloß verschwägert sind (angeheiratete Verwandte).

Achtung! ***Kein Schwager, nur jeder zweite Onkel***

Entscheidend ist immer die Blutsverwandtschaft, sodaß Stiefgeschwister nur dann erben, wenn sie mit dem Erblasser einen Elternteil gemeinsam haben. Auch der Lebensgefährte ist nach dem gesetzlichen Erbrecht nicht erbberechtigt, weil er nicht verwandt ist. Hingegen sind das uneheliche Kind und die unehelichen Elternteile (Vater, Mutter) sehr wohl erbberechtigt.

Das Erbrecht der Verwandten

Die Verwandten erben nach der gesetzlichen Erbfolge nicht alle gleichzeitig, sondern in einer bestimmten Reihenfolge. Die Reihenfolge ist im einzelnen nicht ganz einfach. Sie richtet sich nach dem sogenannten Parentelsystem (siehe Anhang). Es gibt insgesamt vier Parentelen = Linien. Angehörige des zweiten Parentels kommen nur zum Zug, wenn es keinen einzigen Angehörigen der ersten Parentel gibt. Dieselbe Logik gilt zwischen zweiter und dritter Parentel, sowie zwischen dritter und vierter Parentel.
Wer gehört nun zu welcher Parentel?

Erste Parentel – Direkte Nachkommen

Zur ersten Parentel gehören die Nachkommen des Erblassers, also seine Kinder, Enkel, Urenkel usw.

Sind noch alle Kinder am Leben, so wird die Erbschaft unter ihnen nach Köpfen geteilt. Bei drei Kindern bekommt daher jedes Kind ein Drittel.

Wie Kinder erben **Beispiel**

Der Erblasser hinterläßt drei Töchter. Diese erhalten je ein Drittel des Nachlasses.

Ist jedoch ein Kind vorverstorben oder gelangt es sonst nicht an den Nachlaß (etwa weil es nicht erben will), so wird es durch seine eigenen Kinder repräsentiert. Das bedeutet, daß die Enkelkinder den Anteil des vorverstorbenen Kindes, wiederum nach Köpfen geteilt, erhalten.

Innerhalb der Parentel haben daher die Nachkommen das Eintrittsrecht = Repräsentationsrecht.

Wie Kinder und Enkel erben **Beispiel**

Unter den drei Töchtern ist die Tochter A bereits vorverstorben und hat selbst wiederum zwei Kinder. Diese Enkelkinder des Erblassers repräsentieren A und erhalten somit je ein Sechstel, die anderen Töchter unverändert ein Drittel.

Kann ein verstorbenes Kind des Erblassers von niemandem repräsentiert werden (weil es keine erbberechtigten Nachkommen hat), wächst sein Anteil verhältnismäßig seinen Geschwistern zu (=Anwachsung).

Beispiel ***Wie Kinder ohne Enkel erben***

Ist die Tochter A vorverstorben, hat allerdings keine Nachkommen, wächst ihr Drittel den anderen beiden Töchtern zu, sodaß diese je die Hälfte des Nachlasses erhalten.

Ist aus der ersten Parentel niemand vorhanden, gibt es also keine Nachkommen, so kommt die zweite Linie (Parentel) zum Zug. Umgekehrt bedeutet das: Gibt es auch nur einen direkten Nachkommen, z. B. auch ein uneheliches Kind aus späten Mannesjahren, geht die gesamte restliche Verwandtschaft leer aus.

Zweite Parentel – Eltern und deren Nachkommen

Zur zweiten Parentel gehören die Eltern des Erblassers und deren Nachkommen, also die Brüder und Schwestern des Erblassers und deren Nachkommen.

Sind beide Eltern noch am Leben, so gebührt jedem die Hälfte des Nachlasses. Ist jedoch ein Elternteil vorverstorben, so wird dieser wiederum durch seine Nachkommen repräsentiert. Hat der vorverstorbene Elternteil keine Nachkommen, so fällt sein Erbteil dem anderen Elternteil zu.

Beispiel ***Wie Eltern und Geschwister erben***

Der unverheiratete Erblasser hat keine Nachkommen. Aus der Ehe seiner Eltern Maria und Günter stammen neben ihm selbst noch seine Brüder Karl und Ernst.

Wenn nun sowohl Maria als auch Günter noch am Leben sind, so erhalten sie je die Hälfte des Nachlasses.

Ist hingegen Günter schon vorverstorben, so fällt seine Hälfte an Karl und Erich, die daher je ein Viertel bekommen.

Sind beide Eltern verstorben, erhalten Gerhard und Ernst je die Hälfte.

Die Geschwister des Erblassers können wie hier beschrieben als gesetzliche Erben zum Zuge kommen. Sie haben allerdings keinen Pflichtteilsanspruch. Der Erblasser kann somit durch Errichtung eines entsprechenden Testamentes erreichen, daß seine Geschwister nichts aus seinem Nachlaß erhalten.

Beispiel

Wie Halbgeschwister erben

Der Erblasser hat keine Nachkommen, auch seine Eltern sind bereits verstorben. Er hat eine Schwester, der Vater hatte sich außerdem nach langer Ehe von seiner Frau getrennt und eine weitere Tochter gezeugt. Erbberechtigt sind in diesem Fall beide Schwestern zur Hälfte, obwohl der Erblasser seine Halbschwester möglicherweise nie zu Gesicht bekam.

Dritte Parentel – Großeltern und deren Nachkommen

Ist auch aus der zweiten Parentel niemand vorhanden, so wird die dritte Parentel berufen. Sie besteht aus den beiden Großelternpaaren (Großeltern väterlicherseits und mütterlicherseits) des Erblassers und deren Nachkommen.

Achtung!

Vorsicht vor Opas und Omas Nachkommen

Erbt die zweite oder gar die dritte Linie, kommt es sehr häufig zu überraschenden und vom Erblasser ungewollten Vermögensverteilungen, wenn er kein Testament errichtet. Uneheliche Kinder, voreheliche Kinder, aber auch zweite Ehen spielen hier die Hauptrolle.

Vierte Parentel – Urgroßeltern

Ist auch aus der dritten Parentel niemand vorhanden, so kommt die vierte Parentel zum Zug, die aus den acht Urgroßeltern des Erblassers gebildet wird. In dieser Linie gibt es kein Eintrittsrecht von Nachkommen der Urgroßeltern, sodaß hier die sogenannte Erbrechtsgrenze verläuft.

Zudem sorgen kinderlose „Onkeln“ und „Tanten“ der kinderreichen Vorkriegsgenerationen, die überdies durch Nationalsozialismus und Weltkrieg häufig ins Ausland versprengt wurden, immer wieder für zersplitterte und entsprechend schwierige Erbschaften, aber auch für unverhoffte Zuwendungen. Gerade in solchen Fällen ist ein Testament umso ratsamer, weil die Pflichtteile eine geringere Rolle spielen und verhältnismäßig hohe Verfahrensspesen auflaufen.

Uneheliche Verwandtschaft

Seit 1. Jänner 1991 ist die uneheliche Verwandtschaft der ehelichen gleichgestellt. Uneheliche Kinder erben daher genauso wie eheliche. Kinder aus früheren Ehen werden gegenüber den Kindern aus der aufrechten Ehe sowieso schon immer gleichbehandelt.

Auch kann nunmehr der Vater Erbe seines unehelichen Kindes sein. Die uneheliche Vaterschaft muß allerdings amtlich festgestellt sein (beispielsweise durch Gerichtsurteil oder Vaterschaftsanerkenntnis).

Achtung! ***Nur die gerichtliche Anerkenntnis zählt***

Es reicht nicht, wenn der Vater seine Vaterschaft zugesteht, auch nicht wenn er nachweislich Alimente zahlt oder beim Jugendgericht als Vater bekannt ist. Es zählt alleinig die formvollendete Vaterschaftsanerkenntnis. Wurde das zu Lebzeiten versäumt, ist es nicht mehr nachzuholen!

Kindern gleichgestellt: Adoption

Die Annahme an Kindes Statt wirkt praktisch wie die Blutsverwandtschaft. Zwischen dem Adoptivkind und seinen Adoptiveltern bestehen daher die geschilderten erbrechtlichen Beziehungen.

Darüber hinaus bleibt das Erbrecht zwischen dem Adoptivkind und seinen leiblichen Eltern aufrecht, wobei aber beim Tod des Adoptivkindes in der Erbfolge die Adoptiveltern den leiblichen Eltern vorgehen.

Das Erbrecht des Ehegatten

Der Ehegatte des Erblassers hat ein sehr umfangreiches Erbrecht, das zudem durch wichtige Gesetzesänderungen in jüngerer Zeit noch ausgedehnt wurde.

Voraussetzung für sein Erbrecht ist freilich, daß die Ehe im Zeitpunkt des Todes aufrecht war. Rechtmäßig geschiedene Ehegatten haben keinerlei Erb- oder Plichtteilsansprüche (wohl aber deren Kinder aus gemeinsamer Ehe)!

Achtung!

Lebensgefährten leben gefährlich

Auch der langjährige Lebensgefährte hat kein gesetzliches Erbrecht. Soll der Lebensgefährte etwas aus dem Nachlaß erhalten, muß der Erblasser mit einem Testament vorsorgen.

Hier muß angefügt werden, daß es bei allem, was dem gemeinsamen Besitz von Ehegatten zuzurechnen ist, es klarerweise immer nur um die Hälfte geht, die den Erben zufallen kann. Hat ein Ehepaar beispielsweise seine gesamten Ersparnisse in ein Haus gesteckt, so wird nur die Hälfte des Hauses verteilt, die andere Hälfte bleibt „von Haus aus" beim überlebenden Ehepartner. Im Streitfall können sich daran lange Diskussionen z. B. zwischen Witwe und Mutter des Verstorbenen knüpfen. Ausnahme: es besteht ein Ehevertrag.

Als Grundsatz der Teilung des ehelichen Vermögens gilt: Alles, was seit Eheschließung gemeinsam erworben wurde, gehört beiden. Alles, was in die Ehe eingebracht wurde, bleibt im Besitz dieses Ehegatten.

Ehegatte versus Lebensgefährte

	Ehegatte	Lebensgefährte
gesetzliches Erbrecht	ja	nein
Pflichtteilsrecht	ja	nein
gesetzliches Wohnrecht im Todesfall	ja	nein
Erbschaftssteuer	Steuerkl. I	Steuerkl. V
Gemeinsames Wohnungseigentum	ja	nein
Eintrittsrecht bei Hauptmietwohnungen im Todesfall	ja	ja
Abtretung des Mietrechtes unter Lebenden	ja	nein

Es gibt nur eine einzige Konstellation, bei welcher der Lebensgefährte besser gestellt ist als der Ehegatte: Schenkungen an den Lebensgefährten können von den Pflichtteilsberechtigten, namentlich den Kindern und dem Ehegatten nicht mehr angefochten werden, wenn vom Zeitpunkt der Schenkung bis zum Tod des Geschenkgebers mehr als zwei Jahre vergangen sind. Der Ehegatte hingegen muß sich Schenkungen, die an ihn erfolgten, seitens der ehelichen und unehelichen Kinder des Geschenkgebers unbefristet anrechnen lassen.

Der Erbteil des Ehegatten

Der Ehegatte erhält den gesetzlichen Erbteil, das Vorausvermächtnis, und hat eventuell einen Unterhaltsanspruch.

Achtung! ***Ehegatten erben niemals alles***

Einem weitverbreiteten Irrtum zufolge erbt der Ehegatte alles, wenn keine Kinder da sind. Das ist falsch!

Als Erbteil erhält der Ehegatte bei Vorhandensein von Kindern des Erblassers und deren Nachkommen, also neben der ersten Parentel, ein Drittel des Nachlasses.

Beispiel ***Wie Frau und Tochter erben***

Der Erblasser hinterläßt seine Frau Maria und seine Tochter Edith. Maria erhält ein Drittel des Nachlasses, die Tochter Edith zwei Drittel.

Sind keine Nachkommen vorhanden, kommen also die Vorfahren oder deren Nachkommen (d. h. Geschwister, falls vorverstorben Neffen und Nichten usw.) zum Zuge, so erbt der Ehegatte zwei Drittel des Nachlasses.

Beispiel ***Wie Frau und Mutter erben***

Der Erblasser hinterläßt seine Frau Maria, keine Kinder, aber seine Eltern. Die Gattin Maria erbt zwei Drittel, die Eltern teilen sich das restliche Drittel, erhalten daher je ein Sechstel.

Drei Beispiele zum Üben

Wenn Sie nun am Überlegen sind, wer in Ihrer Verwandtschaft von wem gesetzlich wieviel erben würde – hier drei Beispiele – zur Überprüfung Ihrer „Erbrechtfertigkeiten“:

Beispiel

Zum Üben 1

Herr A stirbt. Seine Eltern und seine Ehefrau sind bereits verstorben. Seine verstorbene Frau hatte aus erster Ehe drei Kinder, gemeinsame Kinder gab es nicht. Der einzige Bruder B von Herrn A ist ebenfalls bereits verstorben, hat aber eine Tocher C, die am Leben ist.
Wer erbt?

Beispiel

Zum Üben 2

Frau A stirbt. Der Ehemann und beide Söhne B und C sind bereits länger verstorben. Sohn B hatte ein Kind D aus einer ersten Ehe mit der verstorbenen Frau E, war dann noch zweimal kinderlos verheiratet, die letzte Ehefrau F lebt noch. Sohn C hatte keine Kinder, seine Frau G lebt aber noch. Auch der jüngere Bruder H von Frau A lebt noch.
Wer erbt?

Beispiel

Zum Üben 3

Herr A ist mit seiner ganzen Familie verkracht, weil sie sich mit seiner jungen Frau B in zweiter Ehe nicht versteht. Die beiden erwachsenen Söhne C und D aus erster Ehe enterbt er per Testament und setzt seine Frau darin als Universalerbin ein.
Falls keine Enterbungsgründe vorliegen, wieviel erhalten die beiden Söhne vom Erbteil?

Die Lösungen der drei Beispiele können Sie im Anhang auf Seite 312 finden

Der Ehegatte und die Wohnung

Das Thema „Wohnen“ ist beim Erben besonders brisant. Denn in vielen Fällen geht es mit Wohnung samt Hausrat schon um den ganzen Besitz des Erblassers, neben dem nichts übrigbleibt! Hier daher diese Regelungen im Detail in einem eigenen Abschnitt.

Das Vorausvermächtnis des Ehegatten

Neben seinem Erbteil erhält der Ehegatte vorweg das sogenannte Vorausvermächtnis („Voraus“). Dies soll dem hinterbliebenen Ehegatten ermöglichen, weiter in seiner gewohnten Umgebung zu leben. Er erhält deshalb die zum ehelichen Haushalt gehörenden beweglichen Sachen wie Haushaltsgeräte und Geschirr sowie Einrichtungsgegenstände wie Teppiche, Bilder und Möbel.

Weiters – das ist besonders wichtig – hat der Ehegatte das Recht, in der ehelichen Wohnung weiter zu wohnen. Man nennt dies das sogenannte Wohnrecht des überlebenden Ehegatten. Dieses Recht besteht allerdings nur, wenn die eheliche Wohnung im (Wohnungs-) Eigentum des Erblassers stand.

Achtung! ***Das wichtige Wohnrecht***

Das Wohnrecht besteht unabhängig davon, wer die Wohnung erbt. Es kann also durchaus der Fall eintreten, daß ein Sohn die Wohnung erbt, aber die Mutter darin bis an ihr Lebensende wohnen darf. Mehr dazu gleich im Anschluß.

Das Vorausvermächtnis ist, wie der Name schon sagt, ein Vermächtnis. Der Anspruch auf Erfüllung dieses Vermächtnisses richtet sich daher wie bei jedem anderen Vermächtnis gegen die Erben.
Ist der hinterbliebene Ehegatte selbst Miterbe, so bekommt er das Vermächtnis „voraus“, das heißt, daß er es sich nicht von seinem Erbteil abziehen lassen muß.

Das Vorausvermächtnis hat Ähnlichkeit mit dem Pflichtteil. Ein Entzug des Vorausvermächtnisses ist daher nur dann möglich, wenn der Erblasser seinen Gatten wirksam enterbt hat. Da eine wirksame Enterbung das Vorliegen eines Enterbungsgrundes voraussetzt, ist der

Entzug des Vorausvermächtnisses nur sehr selten möglich. In der Regel erhält der Ehegatte daher seinen Pflichtteil und das Vorausvermächtnis.

Achtung!

Wohnrecht geht vor Pflichtteil

Mit großer Enttäuschung müssen Pflichtteilsberechtigte zur Kenntnis nehmen, daß dieses Vermächtnis auf ihren Pflichtteil angerechnet wird. Der Wert dieses Vermächtnisses ist oft so hoch, daß damit der gesamte Pflichtteil abgedeckt ist. Vor allem jüngere Frauen sind davon betroffen, da der Wert dieses Vermächtnisses aus einer fiktiven Mietenhöhe mal der Lebenserwartung berechnet wird, was sehr hohe Beträge ergibt!

Unterhaltsanspruch des Ehegatten

Der überlebende Ehegatte hat gegen die Erben überdies einen Anspruch auf Unterhalt in dem Umfang, in dem er ihm bisher von seinem verstorbenen Ehegatten geschuldet war.

Achtung!

Der Unterhalt bleibt erhalten

Geschiedene Personen haben zueinander kein gesetzliches Erbrecht und damit auch kein Pflichtteilsrecht. Deswegen kann der Geschiedene aber trotzdem Ansprüche an den Nachlaß stellen, dann nämlich, wenn der Erblasser der geschiedenen Frau gegenüber zu Unterhaltszahlungen verpflichtet war. Der Unterhaltsberechtigte muß sich jedoch die Herabsetzung des Unterhaltes auf einen Betrag gefallen lassen, der die Verhältnisse des Erben und die Ertragsfähigkeit des Nachlasses berücksichtigt.

Der Ehegatte muß sich jedoch auf diesen Unterhaltsanspruch alles anrechnen (=abziehen) lassen, was er aus Anlaß des Todes seines Gatten erhält. Dazu gehören Erbteil, Pflichtteil und Legate, aber auch private und öffentliche Pensionsleistungen. Da der überlebende Ehegatte regelmäßig eine Witwen(Witwer-)pension erhält, ist der Unterhaltsanspruch daher meist bedeutungslos.

In der Praxis entfällt die Unterhaltspflicht häufig deswegen, weil der Geschiedene aus der staatlichen Pensionsversicherung eine Leistung erhält, die dagegen aufgerechnet wird. Nur wenn der Erblasser keinen Pensionsanspruch erworben hat und daher dem Geschiedenen keine Hinterbliebenenpension gewährt wird, kann der Geschiedene möglicherweise auf den Nachlaß zugreifen.

Wer darf in der Wohnung wohnen?

Für den im gemeinsamen Haushalt mit dem Erblasser wohnenden überlebenden Ehegatten oder Lebensgefährten oder Angehörige des Erblassers ist es von eminenter Bedeutung, ob sie nach dem Tode des Erblassers weiter in der Wohnung wohnen dürfen oder nicht. Absicht des Erbrechtes ist es, dem Ehepartner die Möglichkeit zu geben, die gemeinsame Wohnung weiter zu bewohnen.

Ob und wie das tatsächlich möglich ist, hängt von verschiedenen Faktoren ab, wobei zunächst zu klären ist, ob die Wohnung im Wohnungs-, Ehegattenwohnungseigentum des Erblassers stand oder ob es sich um eine Mietwohnung handelt.

Das Ehegattenwohnungseigentum

Ehegattenwohnungseigentum liegt vor, wenn die beiden Ehegatten je zur Hälfte Eigentümer einer Eigentumswohnung sind. Wenn der überlebende Ehegatte den Hälfteanteil des Verstorbenen nicht ohnehin als Erbe oder Vermächtnisnehmer erhält, wächst der Hälfteanteil des verstorbenen Ehegatten dem überlebenden Ehegatten „automatisch" zu, wodurch dieser Alleineigentümer wird.

Für den Erhalt der halben Eigentumswohnung muß der überlebende Ehegatte allerdings den Übernahmepreis (Schätzwert der halben Wohnung) an die Erben bezahlen.

Wenn aber – was meist der Fall ist – der überlebende Ehegatte die Wohnung „zur Befriedigung seines dringenden Wohnbedürfnisses" benötigt, so muß er nicht einmal den Übernahmepreis zahlen, sondern nur allfällige Pflichtteilsberechtigte in gewisser Weise entschädigen, und zwar mit einem Sechstel vom Schätzwert der ganzen Wohnung abzüglich Hypotheken.

Zusammengefaßt kann festgestellt werden, daß durch die Bestimmungen des Ehegattenwohnungseigentums eine beispiellose Bevorzugung des überlebenden Ehegatten gegenüber Gläubigern und Kindern gegeben ist.

Gewinntip

Gegenseitig beschenken!

Da dies für den überlebenden Ehegatten zweifellos der günstigste Fall ist, ist die Begründung von Ehegattenwohnungseigentum allein aus diesem Grunde anzuraten.

Eigentumswohnung und Einfamilienhaus

Unproblematisch ist der Fall, daß die dem Erblasser allein gehörende Eigentumswohnung dem überlebenden Ehegatten im Erbwege zukommt, wenn dieser also zum Beispiel Alleinerbe ist. Allerdings fällt die Wohnung in den Nachlaß und steht daher grundsätzlich dem Zugriff der Gläubiger und Pflichtteilsberechtigten offen. Wenn aber die Eigentumswohnung des Erblassers (dasselbe gilt auch für sein Einfamilienhaus) einer anderen Person im Erbwege zukommt, so hat der überlebende Ehegatte das Recht, weiter in der Wohnung zu wohnen wie bisher. Nun zum dritten, in Österreich noch immer häufigsten Fall: Der Erblasser hinterläßt eine Mietwohnung. Da auch dies ein umfassendes, eigenes „Rechtsgebilde" darstellt, wurde das Thema Mietwohnung ebenfalls in einen eigenem Bereich zusammengefaßt.

Weitergabe von Mietwohnungen

Bei der Frage, ob der Mietvertrag des Erblassers für den neuen Mietinteressenten aufrecht bleibt, geht es nicht wie sonst um das Spannungsfeld zwischen Ehegatten und Verwandten oder Erben und der Finanz, sondern am häufigsten um die unterschiedlichen Interessen des Mieters, der einen günstigen Mietvertrag besitzt, und dem Vermieter, der die Wohnung leer bekommen und teurer neu vermieten will. Mietverträge zu marktkonformen Mieten werden hingegen nach dem Tod des Mieters einfach aufgelöst, falls es keinen Ehepartner (Angehörigen) gibt, der ihn aufrecht erhalten will (kann).

Das Mietrecht hat als „Eintrittsrecht" definiert, unter welchen Bedingungen ein Angehöriger bzw. ein Ehegatte in einen (Haupt-) Mietvertrag eintreten kann, den der verstorbene Mieter hinterlassen hat, und zwar auch gegen den Willen des Vermieters.

Im folgenden sind die bei Drucklegung gültigen Bestimmungen niedergeschrieben, es war aber eine Gesetzesänderung in Diskussion, die die Eintrittsrechte stark einschränken sollte (siehe weiter hinten im Text).

Voraussetzung ist – Stand Frühjahr 2000 – zweierlei,

- Die eintrittsberechtigte Person hat ein dringendes Wohnbedürfnis und
- bereits mit dem Erblasser in der Wohnung gewohnt (gemeinsamer Haushalt).

Durch die häufigen Streitfälle sind die Eintrittsrechte in OGH-Urteilen auf Punkt und Beistrich geregelt worden: Wenn eine eintrittsberechtigte Person nicht innerhalb von 14 Tagen nach dem Tod

Achtung! ***Wie dringend ist das Wohnbedürfnis?***

Kein dringendes Wohnbedürfnis besteht, wenn eine andere gleichwertige Unterkunft zur Verfügung steht. Dabei ist jedoch nicht die Frage des Komforts ausschlaggebend, sondern die rechtliche Gleichwertigkeit der Ersatzunterkunft. Davon kann z. B. bei einem Kleingarten oder einer Mietwohnung, deren befristeter Mietvertrag bald endet, nicht die Rede sein. Wohl aber bei einer anderen Hauptmietwohnung (die auch viel kleiner sein kann) oder bei einer leerstehenden Eigentumswohnung (auch wenn sie abgelegen ist oder andere Nachteile aufweist).

des Hauptmieters dem Vermieter bekanntgibt, daß sie das Mietverhältnis nicht mehr fortsetzen will, ist der Eintritt perfekt, und die eintretende Person ist zum neuen Hauptmieter geworden. Sind mehrere Personen eintrittsberechtigt, so treten sie gemeinsam ein.

Achtung! ***Mietenrückstand bleibt erhalten***

Mit dem Eintritt haftet man auch für rückständige Mietzinse und damit zusammenhängende Verbindlichkeiten des Erblassers. Man sollte sich daher nach dem Tode des Erblassers rasch über allfällige Mietzinsrückstände informieren. Läßt man nämlich die 14tägige Frist untätig verstreichen, haftet man für solche Rückstände.

Die Eintrittsberechtigten

Das Eintrittsrecht haben der Ehegatte, der Lebensgefährte, Verwandte in gerader Linie einschließlich der Wahlkinder und die Geschwister des bisherigen Mieters. Beim Eintritt in den Hauptmietvertrag bleibt der Inhalt des Hauptmietvertrages und damit auch grundsätzlich der bisherige Hauptmietzins unverändert.

Wann Lebensgefährten eintreten dürfen **Achtung!**

Der Lebensgefährte ist nur dann eintrittsberechtigt, wenn er mit dem Erblasser bis zu dessen Tod mindestens drei Jahre lang in einer Haushaltsgemeinschaft gelebt hat, die in wirtschaftlicher Hinsicht der Ehe entspricht, oder die Wohnung mit dem Erblasser gemeinsam bezogen hat. Bei allen anderen Eintrittsberechtigten ist keine Mindestdauer des gemeinsamen Haushaltes vorgeschrieben.

Seit dem Wohnrechtsänderungsgesetz 1993 gilt dies jedoch nicht mehr für eintretende Geschwister, Kinder ab Erreichen der Volljährigkeit und volljährige Verwandte in gerader Linie. Treten diese

„Keinen Mietvertrag" gibt es nicht **Achtung!**

Die irrige Meinung, daß der Verwandte aus der Wohnung ausziehen muß, weil der Verblichene „keinen Mietvertrag" hatte, ist nicht auszurotten. Das Gegenteil ist richtig: Einem Mieter, und damit auch dem in den Mietvertrag Eintretenden, kann im Grunde nichts Besseres passieren, als daß es keinen schriftlichen Vertrag gibt. Denn gibt es keinen schriftlichen Mietvertrag, und der Mieter wohnt trotzdem seit längerem nachweislich in der Wohnung, so wird ein mündlicher Mietvertrag angenommen, der grundsätzlich unbefristet ist, und zwar zur laufend bezahlten Miete. Im Extremfall heißt das: Hat ein Mieter bei „guten Bekannten" seit Jahren ohne schriftlichen Mietvertrag und gegen Bezahlung einer „Freundschaftsmiete" gewohnt, so hat er und alle seine eintretenden Verwandten dort das Recht, auf ewig zu dieser Okkasionsmiete weiterzuwohnen. Eine echte Vermieterfalle.

Personen in einen Hauptmietvertrag ein, so kann der Vermieter den Mietzins auf den Richtwertzins, höchstens jedoch auf 34,50 Schilling pro Monat und Quadratmeter, anheben (mit einigen Ausnahmen).

Das hier beschriebene Eintrittsrecht ist stärker als das gesetzliche Erbrecht, was in der Praxis auch seine Bedeutung hat: Wohnt beispielsweise die Lebensgefährtin seit drei Jahren in der gemeinsamen Wohnung, so hat sie dennoch das Eintrittsrecht in den Mietvertrag, auch wenn der Sohn des Erblassers Alleinerbe ist.

Achtung! ***Eintrittsrecht wird verschärft***

Im Frühjahr 2000, bei Drucklegung, wurde ein Gesetzesentwurf zu den Mietzinsregelungen diskutiert, der eine Einengung der hier beschriebenen Eintrittsmöglichkeiten in einen Mietvertrag beinhaltete. Altmietverträge sollen nur noch an den Ehepartner bzw. Lebensgefährten übertragen werden dürfen. In allen anderen Fällen wäre mit dem Tod des Hauptmieters auch der Mietvertrag beendet.

Gab es die gemeinsame Wohnung?

In der Praxis ist die Frage der Eintrittsberechtigung aus dem Grund häufig umstritten, weil es sehr viele Mietwohnungen mit alten, weit unter den Marktmieten liegenden Verträgen gibt, die der Hausbesitzer oder Hausverwalter auf diese Weise aufheben will; bei laufenden Verträgen hat er kaum Gelegenheit dazu.

Wenn der Hausbesitzer also der Meinung ist, daß die eintrittswilligen Personen gar nicht eintrittsberechtigt sind, so wird er Klage beim zuständigen Bezirksgericht einbringen. In diesem Verfahren muß er Beweise dafür bringen, daß die betreffende Person nicht gemeinsam mit dem Verstorbenen in der betreffenden Mietwohnung, sondern woanders gewohnt hat.

Achtung! ***Polizeiliche Meldung ist nicht alles***

Entgegen landläufiger Meinung ist die in der polizeilichen Meldung angegebene Adresse im Streitfall auf keinen Fall ausschlaggebend, im besten Fall ein schwaches Indiz für den richtigen Wohnsitz.

Wo hat der Sohn die Zeitung gekauft?

Achtung!

Auf den ersten Blick skurrile Dinge dienen oft als Anhaltspunkt für den wahren Wohnsitz, wie beispielsweise, daß der eintrittswillige Sohn Eduard seine morgendliche Zeitung nicht in Wien, sondern an einer Grazer Anschrift abonniert hatte oder durch Zeugenaussage belegt bei einem Grazer Trafikanten gekauft hat. Oder daß der Nachbar Müller nie den Sohn im Haus gesehen hat, wohl aber eine tägliche Haushaltshilfe.

Auch bei einer Genossenschaftswohnung gibt es das Eintrittsrecht der nahen Angehörigen. Es gelten grundsätzlich dieselben Regelungen wie bei der Hauptmietwohnung.

Ein Unterschied besteht darin, daß bei Vorhandensein mehrerer eintrittsberechtigter Personen die Genossenschaft verlangen kann, daß nur eine Person in den Nutzungsvertrag eintritt.

Weitergabe von Sparbüchern

Das Sparbuch ist wohl eines der am häufigsten vererbten Vermögensgegenstände, und hat durch seine rechtliche Grundlage sein erbrechtliches „Eigenleben". Anonyme Sparbücher sind (wie anonyme Wertpapierkonten) Inhaberpapiere (=Überbringerpapiere): Wer sie in der Hand hält, muß von vornherein einmal als ihr Besitzer betrachtet werden. Darüber hinaus war es bei Drucklegung dieses Buches noch immer möglich, Sparbücher anonym zu eröffnen und Geld darauf einzuzahlen, was zur Folge hat, daß die Bank in diesen Fällen gar nicht die Möglichkeit hat, die Rechtmäßigkeit des Überbringers des Sparbuches festzustellen.

Das hat natürlich beim Erben, wo notgedrungen die Besitzerhand wechselt, ganz besondere Konsequenzen, noch dazu, wo das Sparbuch im Nachlaß durch seine Befreiung von der Erbschaftssteuer besondere Attraktivität genießt.

Bei Drucklegung des Buches lag jedoch ein Gesetzesentwurf vor, mit dem die Möglichkeit, anonyme Sparbücher in Österreich zu eröffnen und zu besparen, schrittweise abgeschafft werden sollte. Die

Details dieses Entwurfes und deren Folgen sind am Ende dieses Abschnittes beschrieben.

Die Regelung bis zum Jahr 2000

Vorweg also, wie sieht die bei Erscheinen dieses Buches noch gültige Regelung aus? Hier sei zunächst der Fall abgehandelt, daß ein Sparbuch gar nicht anonym eröffnet wurde, sondern mit gleichzeitiger Legitimation der Person, die das Sparbuch eröffnet. Bislang ein absoluter Minderheitsfall in Österreich, hat der Bankkunde bei der Eröffnung seinen Ausweis hergezeigt, worauf der Name auf das Sparbuch eingedruckt wurde. In diesem Fall wird üblicherweise das Sparbuchvermögen dem anderen Vermögen des Erblassers zugerechnet und fällt in die Erbmasse. Obwohl es genaugenommen auch Unterschiede zwischen jener Person geben kann, die sich bei der Eröffnung als Inhaber des Sparbuches legitimierte, und dem Eigentümer des Kapitals, das in der Folge darauf eingezahlt wurde.

Wertpapierkonten können seit 1. August 1996 überhaupt nur noch legitimiert eröffnet werden, und auch neue Wertpapierkäufe auf alten Konten sind nur noch nach Legitimation möglich.

Gewinntip ***Nummernkonten erhöhen Diskretion***

Von vielen Geldinstituten werden Nummernkonten angeboten, bei denen die Identität des Konteninhabers nur wenigen Bankmitarbeitern bekannt ist. So sehr das Nummernkonto beim diskreteren Umgang in der Bank hilfreich sein mag, in Erbschaftsangelegenheiten ist es einem normalen legitimierten Konto gleichzusetzen: Auf Anfrage des Gerichtskommissärs muß die Bank alle Kontenverbindungen offenlegen.

Anonymität und Inhaberpapier – die fatale Kombination

Die Kombination Anonymität und Inhaberpapier ist es, die die anonymen Sparbücher so speziell bis riskant macht:

- Der wahre Besitzer eines anonymen Sparbuches braucht der Bank und auch sonst niemandem seine Identität bekanntgeben. Noch immer kann ein österreichidcher Staatsbürger (laut Bankwesengesetz kann der Bankangestellte das nach dem Äußeren und der Sprache abschätzen) anonyme Sparbücher mit Beträgen bis 200.000 Schilling besparen, ohne einen Ausweis herzeigen zu müssen. Einzige Einschränkung dabei: Er darf auch sonst keinerlei Verdachtsmomente auf sich ziehen, z. B. verschwitzt und gehetzt dringend Geld einzahlen wollen, mit dem Gewehr am Rücken auftauchen oder völlig unglaubwürdig als Besitzer eines großen Geldbetrages sein.

- Das Sparbuch, das keinen Namen trägt, ist gleichzeitig ein Inhaberpapier und gehört grundsätzlich dem, der es in der Bank vorlegen kann. Natürlich gilt auch das wiederum mit Einschränkungen: Ein Bankangestellter wird in vielen Fällen den Sparbuchbesitzer trotz Anonymität kennen. Kommt nun ein Wildfremder in die Bank und will das Konto plündern, ist der Bankangestellte verpflichtet, die Auszahlung zu verweigern.

Wo ist das Sparbuch?

Genau das ist der Punkt, bei dem im Erbfall die Ungereimtheiten und Streitigkeiten beginnen können.

Zunächst einmal beim Fall, daß das Sparbuch, das im Testament erwähnt oder auch den Erben bekannt ist, nie gefunden wird. Wer weder das Losungswort noch die Sparbuchnummer weiß, noch mit dem Buch dienlich sein kann, hat keinen Anspruch auf das Geld. Auch der Notar nicht. Das Vermögen ist weg.

Ohne immer die „bösen" Verwandten zu verdächtigen, gibt es natürlich den Fall, daß eines der Geschwister die Komödie mitspielt und das Sparbuch längst selbst abgeräumt hat.

Wem gehört das Sparbuch?

Es gibt aber noch andere genauso abenteuerliche wie häufige Fälle in der Praxis, bei denen das anonyme Sparbuch gröbste Erbprobleme verursacht.

Hinter dem nachfolgenden Beispiel verbirgt sich das schwerwiegende Problem, daß vor allem ältere Menschen tatsächlich nie selbst in die Bank gehen und ihre Bankgeschäfte von jemandem erledigen lassen. Das kann in einem Extrem die Erben um ihr Geld und im anderen Extrem eine gutmütige Helferin unter schweren Verdacht bringen.

Beispiel ***Die arme Schwiegertochter***

Frau Marianne erledigt für ihre schon leicht gebrechliche Schwiegermutter jahrelang die Einkäufe, Amts- und Bankwege. Man versteht sich prächtig, aber im Umgang mit den Schwägerinnen herrscht manchmal ein eisiger Ton. Die Schwiegermutter muß ins Spital. Marianne kommt mit ihrem anonymen Sparbuch zur Bank und möchte 50.000 Schilling abheben, um den neuen Wohnzimmerschrank zu bezahlen. Der Bankangestellte verweigert ihr die Auszahlung. Begründung: Ein Familienmitglied hat angerufen und die Befürchtung geäußert, daß sich Marianne noch schnell Geld auf die Seite schaffen will, für den Fall, daß die Schwiegermutter stirbt. Der Bankangestellte weiß nicht, ob dieses Sparbuch Marianne oder ihrer Schwiegermutter gehört, und da es Zweifel an der „materiellen Berechtigung“ gibt, darf er nicht auszahlen. Der OGH gab der Bank dabei recht: Sie ist berechtigt, aber vor allem in solchen Fällen nicht verpflichtet, das Geld auszubezahlen

In Nachfogendem ist ein besonderer, aber wahrer Fall von Erbschaftsproblemen geschildert, der die besonderen Gefahren aufzeigt, die die Kombination von anonymen Sparbüchern und unklaren Testamenten zeigt (nachgedruckt aus GEWINN-Ausgabe 1/1997; alle Namen geändert; die Buchautoren distanzieren sich ausdrücklich von von allen Vorwürfen, die von den Streitparteien geäußert wurden).

Die Geschichte der 17 Sparbücher

Maria Roth verbrachte ihre letzten Wochen in einer Innsbrucker Klinik, wo sie am 6. Juni 1996 an den Folgen einer Lungenembolie starb. Das ist eine der wenigen Tatsachen, die im lange Jahre gerichtsanhängigen Streit um die Erbschaft – Sparbuchguthaben im Gesamtwert von 2,1 Millionen Schilling – unumstritten sind. Denn die zurückhaltende, kinder- und verwandtenlose, verwitwete alte Dame hat ein undurchschaubares Chaos bei ihren beiden Erben, die sie in ihren letzten Jahren gepflegt hatten, angerichtet.

Auf der einen Seite Rudolf Kramer. Kramer, beruflich in einem Sozialhilfeberuf tätig, wohnte im selben Haus wie Frau Roth. Er pflegte nicht nur die Frau und machte ihre Steuererklärungen und Amtswege, sondern arrangierte auch das Begräbnis von Frau Roth. Als einziger Fremder besaß Kramer einen Schlüssel zur Wohnung. Auf der anderen Seite der Johanniter-Unfallorden, der für Frau Roth ebenfalls Dienste verrichtete, sie auf Ausflüge mitnahm usw. In der Innsbrucker Leiterin des Johanniter-Krankenpflegedienstes hatte Frau Roth ebenfalls eine Vertrauensperson, der sie Anfang 1996 ein Paket mit Wertsachen zur Aufbewahrung übergab. Zuvor hatte dieses Paket in einem Safe gelegen, Frau Roth hatte es aus Kostengründen zu den Johannitern „übersiedelt".

Danach wird der Sachverhalt verschwommener, denn Frau Roth begann ihre Vermögensnachfolge weiter zu „ordnen". Im Paket, das die Johanniter nach dem Tod von Frau Roth dem zuständigen Notar übergaben, findet sich ein Testament, datiert vom 23. Jänner 1996. Der Notar anerkennt es als echt, genauso wie eine beigefügte, eigenhändig geschriebene Liste über 17 anonyme Sparbücher von sechs verschiedenen Banken samt Zirka-Kontenstand per Ende 1995, in Summe über zwei Millionen Schilling. Im eigenhändig geschriebenen Testament finden sich die Johanniter als einzige Erben. Neben einem Legat an eine Bekannte steht dort außerdem wörtlich: „Herrn Kramer, der im selben Haus wohnt, habe ich schon belohnt, er erhält aber noch die Filmkamera."

Das Testament überrascht Kramer, wird von ihm aber nicht bestritten. Kramer hat jedoch ganz andere Bedenken: Frau Roth habe des öfteren Listen für verschiedene Zwecke angefertigt, auch er besitze welche. Die Liste zum Testament wurde laut seiner Ansicht nachträglich ausgetauscht. Sie habe vor allem noch andere Sparbücher umfaßt, die gar nicht auf der Liste standen. Beim Notar sind jedenfalls weder Sparbücher noch eine Schmuckkassette aufgetaucht, von der Kramer ebenfalls behauptet, daß es sie im Safe gegeben hat. Und vor allem auch nicht ein zweites Testament aus dem März 1996 zugunsten Kramers, von dem dieser fest überzeugt ist, daß es geschrieben wurde.

Noch viel bedeutsamer ist aber Kramers Behauptung, daß Frau Roth ihm den allergrößten Teil des in der Liste aufgezeichneten Sparbuchvermögens später geschenkt hat:

- *1,7 Millionen Schilling im März 1996, durch Übergabe von sechs Sparbüchern und Bekanntgabe des Losungswortes im Beisein von Frau Kramers Vater. Er ist allerdings Firmendirektor in Südafrika und nur selten in Österreich.*
- *400.000 Schilling auf zwei Sparbüchern kurz vor ihrem Tod in der Klinik, diesmal im Beisein eines Oberpflegers als Zeugen.*

Der Notar besichtigt gemeinsam mit Kramer die Wohnung der Verstorbenen – schließlich besitzt nur Kramer einen Schlüssel – und findet dort weder Testament noch Schmuck noch Sparbücher vor. Bei der Besichtigung erwähnt Kramer die in seinem Besitz befindlichen Sparbücher nicht; ob der Notar danach gefragt hat oder nicht, ist nicht zu klären. Die Wohnung wird nie versiegelt, der Notar verlangt den Schlüssel erst am 7. Oktober. Den Johannitern verweigert Kramer den Zutritt zur Wohnung.

Ein großer Teil von Kramers Sparbüchern stammt von der Tiroler Sparkasse, 200.000 Schilling von der Tiroler Landeshypo. Kramer löst die Sparbücher, die er nach dem Tod Frau Roths in Händen hält – soviel steht nun wieder unzweifelhaft fest – Anfang September, als sich die gegenseitigen Verdächtigungen verdichten, auf und zahlt jeweils bei denselben Geldinstituten denselben Gesamtbetrag wieder auf andere anonyme Sparbücher ein. Um noch etwas anonymer zu sein.

Die Lage beginnt zu eskalieren; Dr. Paul Delazer, Rechtsanwalt der Johanniter in Innsbruck, erhält vom Notar die Vollmacht, sich bei den Banken Auskünfte über die Sparbücher einzuholen. Anfang Oktober erstattet Delazer deswegen Strafanzeige gegen Kramer und erwirkt vom Staatsanwalt noch am selben Tag Kontoöffnungsbeschlüsse. Die Konten sind klarerweise leer. Fast am selben Tag will Kramer, unruhig geworden, von den Sparbüchern größere Beträge abheben, was ihm in „seiner" Filiale der Tiroler Sparkasse von „seinem" Du-Bekannten verweigert wird. Die Sparkasse kann die Auszahlung laut AGB-Statuten verweigern, wenn sie einen begründeten Verdacht hegt, daß es sich um ein unrechtmäßige Abhebung handelt. Dieses Kapital ist blockiert, während Kramer die 200.000 Schilling von der Landeshypo problemlos erhält.

Bei Redaktionsschluß wartete Delazer gerade auf die Öffnung der neuen Sparkonten bei der Tiroler Sparkasse. Wenn er offiziell Einblick hat und feststellt, daß es sich um idente Beträge handelt, will er in einem Zivilrechtsprozeß Anspruch auf dieses Kapital erheben.

Kramer hat mit einer Anzeige gegen die Johanniter-Leiterin reagiert und vermutet überdies, daß es hinter den Kulissen hier weitgehende Absprachen über die Vorgangsweise zwischen der Tiroler Sparkasse und ihrem renommierten Kunden Johanniter, der von Innsbrucker Persönlichkeiten unterstützt wird, gegeben hat.

Er hat deswegen über seinen (bewußt im entfernten Oberösterreich gesuchten) Rechtsanwalt Beschwerde gegen zwei Mitarbeiter der Tiroler

Sparkasse wegen Verletzung des Bankgeheimnisses eingelegt. „Wir haben niemals gegen das Bankgeheimnis verstoßen. Unsere Mitarbeiter haben bei der ersten Anfrage des Notars korrekt reagiert. Die Auszahlung dürfen wir verweigern. Und erst im Strafverfahren haben wir detailliert Auskunft erteilt“, so Tiroler-Sparkassen-General Dr. Ernst Wunderbaldinger.

Die Familie Kramer fühlt sich generell von den Tiroler „Granden“ eingekesselt. Frau Kramer: „Die wollen doch alle nur, daß die Johanniter das Geld erhalten. Wenn mir noch einmal jemand ein Sparbuch schenkt, haue ich es ihm um die Ohren.“

Der hier beschriebene Fall ist symptomatisch für den Leichtsinn und für die Fehler, die rund ums Erben in Österreich jährlich zu Tausenden gemacht werden. Mit ihrem Vorgehen hat Frau Roth ihre Erben mehrfach „hineingeritten“:

- *Für Kramer ist das Paket in den Händen der Johanniter höchst verdächtig, für die Johanniter der Wohnungsschlüssel in den Händen von Kramer. Ein wirklich „unantastbarer“ Aufbewahrungsort wäre in jedem Fall besser gewesen.*
- *Es wird einem Gericht überlassen, die Wahrhaftigkeit und juristische Korrektheit der Schenkungen zu beurteilen. Die gerichtliche Entscheidung muß nicht unbedingt die sein, die Frau Roth tatsächlich gewollt hat. Eine beglaubigte Schenkung und/oder ein beim Notar deponiertes Testament hätte alle Zweifel beseitigt.*
- *Der Vater aus Südafrika wird als Zeuge aus seiner Verwandtschaft heraus Glaubwürdigkeitsprobleme haben, und auch der Pfleger, der bereits einmal einvernommen wurde, wird vor Gericht glaubhaft darlegen müssen, wie die Frau an ihrem Sterbebett zu den Sparbüchern kam usw.*
- *Egal wer recht behält, er muß möglicherweise jahrelang und kostspielig darum prozessieren.*
- *Ob Kramer die Sparbücher zugesprochen werden oder nicht – die Anonymität ist er in jedem Fall los.*

Es gibt aber auch simplere Fälle, in denen das Sparbuch nur noch schwer zugeordnet werden kann. Was passiert beispielsweise mit dem Vermögen auf einem anonymen Sparbuch, wenn zwei Lebensgefährten gleichzeitig bei einem Autounfall tödlich verunglücken? Der Streit unter den Erben ist auch hier vorprogrammiert.

War die Schenkung eine Schenkung?

Grund für Streitereien gibt es auch immer wieder beim verschenkten Sparbuch. Eine Schenkung ist nämlich auch dann vollzogen, wenn es keine Schenkungsurkunde gibt, aber die Schenkung dem Geschenkgeber vollständig entzogen ist und von diesem bedingungslos und ohne Einschränkung übergeben wurde. Ein Sparbuch muß unter Nennung des Losungswortes und vor einem Zeugen verschenkt worden sein.

Ist auch nur eine dieser Bedingungen nicht erfüllt, war das rechtlich keine Schenkung, die Erben können klagen.

Beispiel — ***Was alles keine Schenkung ist / 1***

Es reicht nicht, wenn der Erblasser vor seinem Tod und vor Zeugen sagt: „Die Sparbücher schenke ich meiner Lieblingsenkelin Julia", und das Sparbuch nicht übergibt.

Die Übergabe ist besonders bei einem gemeinsamen Haushalt problematisch. Wenn die Mutter ein Sparbuch nur jener ihrer Töchter schenken will, die in derselben Wohnung lebt, so muß die Tochter folglich das Sparbuch aus der Wohnung bringen.

Beispiel — ***Was alles keine Schenkung ist / 2***

Es reicht nicht, wenn der Schenker dem im selben Haushalt wohnenden Beschenkten tatsächlich die Sparbücher übergibt und das Losungswort sagt. Denn dann ist das Sparbuch dem Schenkenden nicht vollständig entzogen.

Auch Zeugen und die bedingungslose Übergabe sind Bedingung für eine gültige Schenkung. Im Zweifelsfall daher unbedingt einen Notar oder Rechtsanwalt um Rat fragen.

Die Schenkung wäre auch dann nicht vollzogen gewesen, wenn noch jemand anderer über das Sparbuch oder das Konto (Zeichnungsberechtigung) verfügen kann.

Als „Amateurschenker" ist die Gefahr riesig groß, dabei etwas falsch zu machen. Entweder sollte man gleich einen richtigen Schen-

Was alles keine Schenkung ist / 3 **Beispiel**

Es reicht schließlich auch nicht, der netten Nachbarin vor Zeugen das Sparbuch zu geben, das Losungswort zu sagen, aber dazu zu erwähnen: „Dafür bezahlen Sie mein Begräbnis, der Rest gehört Ihnen." Diese Bedingung macht die Schenkung ungültig. Formuliert der todkranke Erbonkel hingegen: „Von dem Sparbuch bezahlt Ihr meine Begräbniskosten", dann kann das rechtlich auch nur ein Verwahrungsvertrag und keine Schenkung gewesen sein.

kungsakt vor Notar oder Rechtsanwalt aufsetzen lassen oder zumindest zuvor eine Rechtsberatung einholen.

Anders ist das bei der Schenkung auf den Todesfall, die muß in jedem Fall von einem Notar beurkundet werden!

Was alles keine Schenkung ist / 4 **Beispiel**

Der schwer krebskranke Mann schenkt seiner langjährigen hingebungsvollen Pflegerin ein Sparbuch über 250.000 Schilling und eine Statue des heiligen Michael und stirbt bald darauf. Die Erben wollten das Sparbuch in die Erbmasse zurück und klagten. Sie erhielten aber nur den heiligen Michael. Grund: Rechtlich ist eine Schenkung dann vollzogen, wenn sich die Schenkung nicht mehr im Verfügungsbereich des Schenkers befindet. Die Pflegerin hatte das Sparbuch eingepackt, aber die Statue noch stehen lassen.

Problem Schwarzgeld

Ein Kärntner Hotelier verkaufte sein feudales Anwesen. Bei einer Steuerprüfung fiel der Finanz ein anonymes Sparbuch über drei Millionen Schilling in die Hände, dessen Herkunft der Ex-Hotelier nicht erklären konnte oder wollte. Die Finanz nahm Schwarzgeldzahlung beim Verkauf an und deckte ihn mit Steuernachzahlungen und Strafen ein.

Der Ex-Hotelier gab nicht nach und ging mit der Argumentation, daß er das Sparbuch von seiner verstorbenen Mutter habe, bis zum Verwaltungsgerichtshof. Der VwGH sagte ihm in trockener Sprache durch die Blume, daß er eigentlich heilfroh sein könne, daß man ihm diese Geschichte nicht glaubt. Sonst würde nämlich der gesamte Nachlaß und die Finanzgebarung der Mutter noch einmal aufgerollt werden, und das käme ihn wahrscheinlich noch viel teurer.

Verallgemeinert zeigt sich an diesem Beispiel, daß die anonymen Sparbücher, Gesetz hin oder her, in der Praxis sehr oft mit Schwarzgeld in Verbindung zu bringen sind. Schwarzgeld wird durch den Erbvorgang nicht weißgewaschen. Häufig liefern sich die Erben über die gerichtlichen Streitigkeiten sogar selbst der Finanz ans Messer.

Gewinntip ***Die richtige Weitergabe***

- Anonyme Sparbücher sollten nur mit Losungswort eröffnet werden. Sparbuch, das Blatt mit der Sparbuchnummer, Losungswort, eventuelle Einzahlungsbelege sollten getrennt voneinander aufbewahrt werden.
- Wer über ein fremdes Sparbuch verfügt oder jemanden Fremden über seines verfügen läßt, sollte sich darüber Bestätigungen geben lassen, auch wenn das unangenehm ist.
- Schenkungen sollten vor einem Notar gemacht werden. Wenn nicht, ist unbedingt wichtig das Sparbuch dem Beschenkten vor (unabhängigen) Zeugen zu übergeben, das Losungswort dabei zu nennen und keine Bedingungen oder Einschränkungen mit der Übergabe zu verbinden.

Das Beispiel läßt sich aber noch verschärfen: Die Finanzbehörden können beispielsweise nachweisen, daß es ein Sparbuch geben muß, beispielsweise weil es aus einer früheren Erbschaft oder Schenkung aktenkundig ist. Nun ist es aber nicht mehr auffindbar. Im Extremfall muß der Erbe von einem Sparbuch, das er nie gefunden hat, die Steuersünden des Erblassers übernehmen, wenn er eine unbedingte Erbserklärung abgegeben hat.

Problem Bankgeheimnis

Das Bankgeheimnis verpflichtet zwar generell die Banken zur Vertraulichkeit rund um alle Kundendaten, natürlich inklusive Sparbuchbesitz, gerade bei Verlassenschaftsverfahren kann es (neben anderen Fällen) aber völlig legal durchbrochen werden.

Der leichtsinnige Umgang in vielen Banken mit dem Bankgeheimnis kann darüber hinaus weitere Probleme rund ums Erben aufwerfen, wie das folgende Beispiel zeigt.

Gelebtes Bankgeheimnis in Österreich **Beispiel**

Ein älterer Herr hatte eine Freundin, für die er auch ein anonymes Sparbuch eröffnete und auf diesem Weg für ihren Ruhestand vorsorgen wollte. Zu seinem Todestag hatte er ihr dieses Sparbuch auch längst geschenkt. Der Notar, der die Erbschaft abwickelte, fragte pflichtbewußt bei der Sparkasse des Verstorbenen an, ob es neben dem im ehelichen Eigenheim aufgefundenen Sparbuch noch weitere nachlaßzugehörige Sparbücher gäbe. Die Sparkasse bejahte, obwohl sie dazu überhaupt nicht berechtigt war: Erstens war das Sparbuch anonym, zweitens gab es kein steuergerichtliches Verfahren, drittens konnte sie, auch wenn sie wußte, wer das Sparbuch eröffnet hatte, nicht wissen, wem es heute gehört. Dieser Fehler hatte aber nur für die Freundin, nicht für die Sparkasse schlimme Folgen. Die Witwe klagte, daß das Sparbuch zum Nachlaß gehöre. Als die Freundin Geld vom Sparbuch abheben wollte, war es gesperrt. Nach langem Hin- und Herklagen durfte die Freundin das Sparbuch behalten, mit der Anonymität war es aber längst vorbei. So kann in einem Erbschaftsverfahren auch eine an sich gründlich durchdachte „Vorsorgeaktion" über ein vor den Augen der Familie und der Finanz vorbeigeschwindeltes Vermögen durch eine Schlampigkeit der Bank auffliegen.

Alternativ zur Schenkung sollte aus steuerlichen Gründen unbedingt auch die Schenkung auf den Todesfall oder ein Vermächtnis gegenüber einer offiziellen Schenkung überlegt werden. Mehr ab Seite 99.

Das Ende der Anonymität: Kein Grund zur Panik!

Mit einer Regierungsvorlage im Februar 2000 gab die österreichische Regierung dem Drängen der FATF (Financial Task Force der OECD) und der EU-Kommission nach, die von Österreich schon seit Jahren die Abschaffung dieser so einzigartigen Sparform fordert. Begründung: Anonyme Sparbücher fördern die Geldwäsche. Und so soll, Stand Mai 2000, die Anonymität für Sparbücher abgeschafft werden:

- ab 1. 11. 2000: Nach diesem Datum ist die Eröffnung anonymer Sparbücher nicht mehr möglich. Bareinzahlungen auf bereits früher eröffnete anonyme Sparbücher dürfen nur noch dann durchgeführt werden, wenn sich der Inhaber des Sparbuches mit einem Lichtbildausweis bei der Bank legitimiert. Gleiches gilt auch für die Gutschrift von Überweisungen. Achtung: Die Identitätsfeststellung muß nur einmal erfolgen! Das bedeutet, daß für nach der Legitimation erfolgte Einzahlungen und Überweisungen keine weiteren Ausweisleistungen mehr erforderlich sind (Ausnahme: Einzahlungen ab 200.000 Schilling). Theoretisch kann also A ein Sparbuch eröffnen und sich legitimieren, dieses an B weitergeben, der sich dann der Bank gegenüber nie mehr legitimieren muß. Behebungen von anonymen Sparbüchern sind weiterhin bis 30. 6. 2002 möglich, auch wenn sich der Inhaber des Sparbuchs der Bank gegenüber noch nicht legitimiert hat.
- ab 30. 6. 2002: Ab dann sind auch Behebungen nur noch unter Vorlage eines Lichtbildausweises möglich. Guthaben auf anonymen Sparbüchern, die sich der Bank gegenüber noch nicht identifiziert haben, werden von den Banken auf besonders gekennzeichneten Konten geführt. Dies ändert aber nichts an der vereinbarten Verzinsung und es erfolgt auch keine Bestrafung des Kunden, weil er sich bis dahin noch nicht legitimiert hat!
- freiwillige Vereinbarung der Banken: Ab 1. 11. 2000 werden die Banken alle Einzahlungen und Überweisungen ab einer Höhe von 200.000 Schilling nur noch nach erfolgter Identitätsfeststellung durchführen. Gleiches gilt für alle Behebungen ab einer Höhe von 200.000 Schilling für die Zeit nach dem 1. 7. 2002.
- Bankgeheimnis: Das Bankgeheimnis wird präzisiert, das heißt,die Banken werden von der Meldepflicht an das Finanzamt im Todesfall des Bankkunden befreit. In der Regierungsvorlage wird ein klares Bekenntnis zur Endbesteuerung von Sparguthaben abgelegt. Das bedeutet: A kann weiterhin unbemerkt von seinen Erben sein Sparbuch an B zu Lebzeiten vergeben.
- Schenkungssteuerbefreiung: Schenkungen unter Lebenden, die Geldeinlagen bei österreichischen Banken betreffen, sollen bis 30. 6. 2002 von der Schenkungssteuer befreit werden. Das heißt, daß Sparbücher in der Übergangsfrist bis 30. 6. 2002 schenkungssteuerbefreit weitergegeben werden können.

- Amnestie: Alle Steuerschulden, die vor der Einführung der Zinsendbesteuerung, dem 1. 1. 1993, angefallen sind, werden amnestiert. Das bedeutet, daß das Recht der Behörde auf Festsetzung einer Abgabe auf diese Sparguthaben mit 1. 6. 2000 verjährt und daß die Strafbarkeit für vergangene Finanzvergehen erlischt. Ausgenommen davon sind bereits bei Gericht anhängige Vergehen.

Gewinntip

Vor neuen Zeiten?

Wird das Gesetz tatsächlich in dieser Form beschlossen, so eröffnen sich rund um die Weitergabe von Vermögenswerten ganz neue Perspektiven: Durch die Kombination von Amnestie und Befreiung von der Schenkungssteuer werden in Österreich wahrscheinlich ganze Schätze von Spargeldern aus dem „Sumpf der Anonymität" geholt. Wer Kapital rechtzeitig bis November 2000 anonym in Sparbücher umwandelt, kann damit Kapital ans Tageslicht bringen (das er sowieso tun müßte, wenn er irgendwann das erste Mal Kapital beheben möchte), ohne Strafen befürchten zu müssen.
Die Zeit der Vermögensübergabe in dieser Form sollte jedenfalls ausgenützt werden, wird in vielen tausenden Fällen in Österreich ein guter Ratschlag sein. Es gibt ab November 2000 de facto nur zwei – illegal bleibende – Gründe, warum man das Sparbuch weiterhin als Geheimstbesitz behandeln sollte:

- Schwarzgeldvergehen nach 1993
- „Diskrete Übergabe" des Kapitals im Familienkreis, um das Sparbuch also an anderen Familienmitgliedern vorbei zu „schieben".

Weitere Besonderheiten beim Erbrecht

Besonderheiten bei Lebensversicherungen

Was passiert mit einer Lebensversicherung, wenn der Versicherte, auf dessen Leben die Lebensversicherungspolizze lautet, tatsächlich während der Laufzeit verstirbt? Der „Begünstigte aus der Lebensversicherung", also jene Person, die den Auszahlungsbetrag im Todesfall ausbezahlt erhält, kann immer frei gewählt werden.

Das kann beispielsweise auch der Enkel, die Nichte oder der hilfsbereite Herr A, und muß nicht die Ehegattin sein. Dabei gilt im Zweifelsfall das, was im Vertrag zur Lebensversicherung steht, nicht das Testament (und schon gar nicht das gesetzliche Erbrecht): Wer beispielsweise vergißt, die geschiedene „Ex" gegen die aktuelle Ehefrau auszutauschen, wird ersterer eine ziemlich unvorgesehene Überraschung bereiten, letztere hingegen entsetzen.

Gewinntip ***Einmalerlag zur Vermögensweitergabe***

Um einzelne Verwandte oder Bekannte zu begünstigen, ist der Lebensversicherungseinmalerlag unter nahen Verwandten mit kleineren Beträgen eine optimale Variante, solange der Begünstigte mit seinem Namen in der Polizze genannt ist. Dann fällt das Geld im Todesfall nämlich nicht in die Verlassenschaft und wird sofort ausbezahlt. Es ist allerdings zum Unterschied vom Sparbuch zu versteuern.

Falls in der Lebensversicherungspolizze ein Begünstigter eingetragen ist, wird diesem nach Vorlage der Polizze und der Sterbeurkunde die Versicherungssumme (plus Gewinnanteile) sofort ausbezahlt. Lautet die Polizze hingegen auf Überbringer oder auf „meine Kinder" oder „meine Erben", fällt die Lebensversicherungssumme in den Nachlaß.

Die Begräbniskostenversicherung

Eine besondere Form der Lebensversicherung ist die Begräbniskostenversicherung: Sie zahlt nach dem Ableben genau die Kosten des Begräbnisses aus.

Der Wiener Verein ist jene Versicherung (mittlerweile in die Wiener Städtische eingegliedert), die mit Abstand die meisten Begräbniskostenversicherungen abgeschlossen hat: Gegen eine fixe, meist monatliche Prämienzahlung hat der Versicherte die Gewähr, daß im Todesfall alle Begräbniskosten von der Versicherung bezahlt werden, gedeckt ist auch die Überführung des Leichnams aus dem In- und auch Ausland. Die Versicherung kümmert sich auch um das Begräbnis; auch und gerade dann, wenn der Versicherte ohne Angehörige und Freunde verstirbt.

Wählbar sind verschiedene Stufen an Aufwand für die Begräbnisfeierlichkeit. Wer beispielsweise auf eine Versicherungssumme von 60.000 Schilling versichert ist, was eine gediegene Feier ohne Extravaganzen abdeckt, zahlt als 30jähriger dafür eine Monatsprämie von 234 Schilling. Ist das Begräbnis billiger als die Versicherungssumme, kann der Restbetrag von den Erben zurückgefordert werden. Der Wiener Verein ist nach wie vor ein eingetragener Verein und hat rund 420.000 Mitglieder.

Eine weitere Möglichkeit der Vorsorge besteht in der Überweisung eines pauschalen Geldbetrages, 25.000 bis 50.000 Schilling, an die Genossenschaft der Friedhofsgärtner, damit ist für mindestens zehn Jahre der Blumenschmuck am Grab gesichert.

Die Begräbniskostenversicherung wird auch von der UNIQA-Versicherung, von der Generali, von der Tiroler Landesversicherung und von der Donau-Versicherung angeboten. Es gibt außerdem eine Grabpflege-Versicherung und eine Sterbegeld-Versicherung auf dem Markt.

Besonderheiten bei Landwirtschaften

Es gibt eine eigene bäuerliche Erbfolge, welche von der allgemeinen abweicht. Sinn und Zweck dieser Erbhofregelungen ist es, die Landwirtschaft ungeteilt an den fähigsten Übernehmer zu übergeben. Dies bedeutet aber andererseits, daß die Auszahlung an die hofweichenden Personen so gering ausfällt, daß der Übernehmer nicht gezwungen ist, den Hof zu verkaufen oder übermäßig mit Krediten zu belasten.

Die Auszahlung jener Erben, die den Hof nicht übernehmen, wird vom sogenannten „Übernahmspreis“ berechnet, der sich zwar grundsätzlich am Wert des Erbhofes orientiert, aber zugunsten des Hofübernehmers deutlich niedriger angesetzt wird als der echte Wert. In Kärnten und Tirol ist das bäuerliche Erbrecht durch besondere „Höfegesetze“ geregelt.

Ob ein Erbhof gegeben ist, ist daher gegebenenfalls im Verlassenschaftsverfahren sehr umstritten. Es wird regelmäßig das Gutachten der Landwirtschaftskammer oder eines Sachverständigen einzuholen sein.

Viel häufiger jedoch wird eine Landwirtschaft schon zu Lebzeiten übergeben. Beim landwirtschaftlichen Übergabsvertrag handelt es sich um einen eigentümlichen Vertrag, durch den der Übergeber (Altbauer) in Absicht einer verfrühten Erbfolge seine bäuerliche Wirtschaft einem Familienangehörigen als Übernehmer abtritt. Regelmäßig bedingt sich der Übergeber ein mehr oder weniger umfangreiches Ausgedinge (Pflege und Betreuung, Verköstigung, Wohnrecht usw.) aus. Daneben werden in einem solchen Übergabsvertrag meist auch schon die Abfindungen der anderen Erben und Pflichtteilsberechtigten festgelegt.

Ähnlich wie bei der bäuerlichen Sondererbfolge werden diese Leistungen an die hofweichenden Personen nicht den rechnerischen Pflichtteil erreichen. Dies wäre schlicht zu teuer. Schließlich muß der Jungbauer ja als Eigentümer und Bewirtschafter der übernommenen Liegenschaften wirtschaftlich bestehen können. Ein landwirtschaftlicher Übergabsvertrag wird daher im Regelfall nicht als Schenkungsvertrag angesehen, mit allen Nachteilen, die ein Schenkungsvertrag ansonsten hat (Pflichtteil!). Eine Schenkung wird nur angenommen, wenn die Leistungen des Übernehmers weit unter dem ortsüblichen Ausmaß liegen.

Besonderheiten bei Zweitwohnsitzen

Zu beachten ist, daß seit der Verschärfung der Grundverkehrsgesetze in allen Bundesländern – mit Ausnahme von Wien und Niederösterreich – der Eigentumserwerb an Zweitwohnsitzen strengen Beschränkungen unterliegt. Wird die behördliche Genehmigung nicht erteilt, so hängt das Grundstück rechtlich „in der Luft", und das Verlassenschaftsverfahren kann nicht rechtskräftig beendet werden. Auf diese Umstände ist bereits bei Testamentsabfassung Rücksicht zu nehmen, damit das Enkerl das schöne Grundstück am Attersee auch wirklich bekommt. Wenn nicht, gibt es nur zwei Möglichkeiten: Ein anderer Erbe übernimmt oder der Zweitwohnsitz wird verkauft.

Besonderheiten beim eigenen Leichnam

„Ich vermache meinen Leichnam dem Anatomischen Institut." Solche Verfügungen werden relativ häufig getroffen, nicht nur, um der medizinischen Wissenschaft einen Dienst zu erweisen, sondern auch, um den Erben die unter Umständen beträchtlichen Kosten der Bestattung und Grabpflege zu ersparen. Wer sich dafür interessiert, kann sich an die jeweilige Medizinische Fakultät (Anatomisches Institut) wenden. Solche Verfügungen werden nicht in einem ordentlichen Testament getroffen, vielmehr gibt es eigene Erklärungen, die zu unterschreiben sind. Etwas anderes ist die Obduktion. Das Recht der Gesundheitsbehörde zur Obduktion besteht nach dem Gesetz bei Tod in einer öffentlichen Krankenanstalt und kann nicht ausgeschlossen werden.

Besonderheiten bei der Grabstätte

Benützungsrechte an einer Grabstätte sind zwar im Verlassenschaftsverfahren nicht zu bewerten, werden aber wie andere Vermögenswerte vererbt. Im Zweifel geht das Recht an der Grabstätte auf alle Personen über, denen der Nachlaß eingeantwortet wird. Soll eine davon abweichende Grabbenützung festgelegt werden, müßten von den anderen, verzichtenden Erben entsprechende Erklärungen eingeholt und der zuständigen Friedhofsbehörde (in Wien Magistratsabteilung 43) vorgelegt werden.

Wann „erbt" die Republik?

Das sogenannte Heimfallsrecht der Republik Österreich tritt in folgenden Fällen ein:

- Wenn in gesetzlicher Erbfolge oder aufgrund fehlenden Testaments keine Erben vorhanden sind (sondern z. B. nur Stiefkinder, Lebensgefährten, verschwägerte Personen, Nachkommen von Urgroßeltern, geschiedene Ehegatten u. dergl.);
- wenn alle Erben auf ihr Erbrecht verzichten;
- wenn das Testament ungültig ist und keine gesetzlichen Erben vorhanden sind;
- beim sogenannten negativen Testament („Liebe Anverwandte, ihr seid alle enterbt!").

Beispiel

Ganz im Sinn der Republik

„Ich setze Max und Moritz je zur Hälfte als Erben ein." Max stirbt vor dem Erblasser. Moritz erbt die Hälfte, die andere Hälfte fällt der Republik anheim. Der Grund ist, daß nach dem Gesetz der auf eine bestimmte Erbquote gesetzte Erbe keinesfalls mehr erben kann, als ihm im Testament zugedacht ist. Hätte das Testament gelautet: „Ich setze Max und Moritz zu gleichen Teilen als Erben ein", so hätte im obigen Beispiel Moritz alles geerbt.

Es gibt auch ein teilweises Heimfallsrecht – beispielsweise bei der Formulierung: „Ich setze meine Nichte zur Universalerbin ein, meinen einzigen Sohn setze ich auf den Pflichtteil." Die Nichte verstirbt vor dem Erblasser, der Sohn erhält nur den Pflichtteil, der Nachlaß wird heimfällig.

Worin bestand der Fehler bei Abfassung des Testamentes? Für den Fall des Vorversterbens der als Erbin eingesetzten Nichte hätte ein Ersatzerbe eingesetzt werden müssen.

Das Heimfallsrecht ist jedoch ausgeschlossen, wenn es auch nur ein gültiges Vermächtnis gibt, sei dieses auch von noch so geringem Wert.

„Meiner lieben Nachbarin Helga B. vermache ich 1.000 Schilling." Wenn also nur ein solches Vermächtnis vorliegt und weder Testaments- noch gesetzliche Erben auftreten, so wird – nach Durchführung eines besonderen Verlassenschaftsverfahrens – dieser Vermächtnisnehmer als Alleinerbe betrachtet. Auf diesem Wege kann es sein, daß jene Dame, der nur ein Betrag von 1.000 Schilling zugedacht war, auch Millionen erbt. Das Heimfallsrecht wird zum Teil als ungerecht empfunden, speziell, wenn es verschwägerte Personen oder Lebensgefährten gibt, welche mangels Testamentes nicht zur Erbschaft gelangen.

Der Staat als Heimfallsberechtigter wird im Verlassenschaftsverfahren durch die Finanzprokuratur in 1010 Wien, Singerstraße 17–19, vertreten. Diese Behörde sorgt auch dafür, daß die Grabstätte des Erblassers für zehn Jahre gepflegt wird.

Sollte sich innerhalb von 30 Jahren (Verjährungsfrist) ein rechtmäßiger Erbe melden, wird ihm selbstverständlich das Erbe samt Zinsen ausgefolgt.

Der unvertretene Nachlaß

Der Nachlaß ist unvertreten, wenn sich alle Erben wegen offenkundiger Überschuldung des Erbes entschlagen, oder aber wenn gar keine Erben vorhanden sind. In beiden Fällen schlägt der zum Gerichtskommissär bestellte Notar einen sogenannten Verlassenschaftskurator vor.

Aufgaben des Verlassenschaftskurators:

- Vertretung des Nachlasses,
- Ausforschung von Erben,

- Auflösung des Nachlasses, insbesondere Aufgabe der Mietrechte an der erblasserischen Wohnung,
- Versilberung des Nachlasses nach erfolgter Schätzung,
- Erstattung eines Vorschlages für die Verteilung des verbleibenden Aktivvermögens.

Das Wichtigste

- Erben, Legatare und Pflichtteilsnehmer haben grundsätzlich Anspruch auf die Verlassenschaft, unter ganz verschiedenen rechtlichen Rahmenbedingungen.
- Praktisch niemand sollte seine Verlassenschaft der gesetzlichen Erbfolge überlassen, da das Ergebnis fast nie gerecht und zur Zufriedenheit aller Beteiligten ausfallen wird.
- Die Abfassung des Testaments, des eigenhändigen wie des fremdhändigen muß genauen Anforderungen genügen. Andernfalls ist das Testament zur Gänze ungültig. Es gilt als nicht geschrieben. Diese Falle ist so gefährlich, daß man das Testament immer in Zusammenwirken mit einem Notar oder Rechtsanwalt abfassen sollte.
- Das zentrale Testamentsregister bewahrt das Testament davor, absichtlich oder unabsichtlich in der Versenkung zu verschwinden.
- Das Testament kann mit Bedingungen, Befristungen und Auflagen an die Erben wie auch an die Legatare (Vermächtnisnehmer) versehen werden. Es können auch Ersatzerben und Nacherben nominiert werden.
- Erbvertrag und Schenkung auf den Todesfall sind – wenig gebräuchliche Alternativen zum Testament.
- Kinder und Ehegatten, bei kinderlosen Erblassern auch die Eltern haben ein Pflichtteilsrecht: Auch wenn sie im Testament nicht oder zu gering bedacht werden, haben sie Anspruch auf die Hälfte bzw. ein Drittel ihres gesetzlichen Erbteiles.
- Vorsicht beim Enterben: Kinder und Ehegatten dürfen nur aus Gründen vom Erbe ausgeschlossen werden, die im Gesetz genau aufgezählt werden.

- Uneheliche Kinder (wenn sie gesetzlich anerkannt sind) und adoptierte Kinder sind leiblichen Kindern völlig gleichgestellt.
- Lebensgefährten und andere Nichtblutsverwandte (z. B. Schwager und Schwägerin, angeheiratete Onkeln und Tanten) haben kein gesetzliches Erbrecht.
- Ehegatten haben ein sehr umfangreiches Recht aufs Erbe, ein Drittel bzw. die Hälfte des Nachlasses, dazu u. a. auch das Recht, in der gemeinsamen Wohnung weiter wohnen zu dürfen.
- Für die Weitergabe von Mietwohnungen ist das „Eintrittsrecht" entscheidend. Diese Möglichkeit könnte demnächst stark eingeschränkt werden.
- Sparbücher führen in der Vermögensweitergabe fast immer ein – gewolltes oder auch ungewolltes – Eigenleben. Durch die Kombination aus Anonymität und Inhaberpapier läßt sich der rechtmäßige Eigentümer häufig nicht eindeutig feststellen. Das birgt viele Vorteile, aber auch viele Gefahren in sich.
- Das Ende der Sparbuchanonymität wird, nach dem Stand bei Drucklegung dieses Buches, auch eine Amnestie für viele Steuervergehen und eine befristete Befreiung von der Schenkungssteuer bis 2002 mit sich bringen. Dies wird in vielen Familien zu einer einfachen und steuerfreien Regelung der Vermögensübergabe führen können.
- Für Lebensversicherungen, für Landwirtschaften, für Zweitwohnsitze, für den eigenen Leichnam gibt es gesonderte Vorschriften im Erbrecht.
- Schlecht formulierte Testamente können unter Umständen sogar der Republik zum Vermögen des Erblassers verhelfen.

Teil 2

Das Verlassenschaftsverfahren

In Teil 1 haben Sie erfahren, wer erben wird, und welche Regeln und Unterschiede es dabei gibt, wer erben wird. In Teil 2 wird nun der Frage nachgegangen: Wie und wann kommen die Erben, die Legatare usw. zu ihrem Erbteil?
Falls es was zu vererben gibt, nimmt das Verlassenschaftsverfahren seinen Lauf, und der zuständige Notar gibt den „Takt“ dazu vor.

Der Weg zur Erbschaft: Verlassenschaftsverfahren

In diesem Kapitel:

- ► Wie das Verlassenschaftsverfahren abläuft
- ► Von der Todfallsaufnahme bis zum Verjähren von Ansprüchen
- ► Bedingte und unbedingte Erbserklärung
- ► Zwischenbeschluß und dringende Verfügungen
- ► Der vorteilhafte Verkauf aus der Verlassenschaft
- ► Abfertigung, Pflegegeld und andere Ansprüche
- ► Kraftloserklärung und andere Besonderheiten beim Sparbuch
- ► Der überschuldete Nachlaß
- ► Wie man einer Erbschaft „entkommt“
- ► Die Erbteilung
- ► Die Bezahlung der Erbschaftssteuer
- ► Gerichtsgebühr und andere Kosten des Verfahrens
- ► Wie Erben ausgeforscht werden
- ► Wann die Ansprüche verjähren

Wie kommen die Erben zu ihrem Erbteil? Wie kommt es rechtlich zum Übergang des Vermögens? Wie wird ausgeschlossen, daß sich niemand am Vermögen eines Verstorbenen bereichert oder daß ein Erbe an ererbten Schulden zugrunde geht? Bestimmend sind dafür die genau festgelegten Regeln des Verlassenschaftsverfahrens. Genauer gesagt ist in Österreich für jeden Erbfall ein Verlassenschaftsverfahren vorgesehen, welches weitgehend von den Notaren als Beauftragte des Bezirksgerichtes (daher der Ausdruck „Gerichtskommissär“) geführt wird. Rechtsanwälte können als Bevollmächtigte von Erben, Pflichtteilsberechtigten oder Gläubigern ins Spiel kommen.

Die Todfallsaufnahme – der erste Besuch beim Notar

Das Standesamt, welches den Todesfall beurkundet, sendet eine Ausfertigung der Sterbeurkunde an das Bezirksgericht des letzten Wohnsitzes des Verstorbenen. Dieses wiederum beauftragt den jeweils zuständigen Notar mit der Errichtung der sogenannten Todfallsaufnahme (siehe Anhang).

Diese ist Grundlage des Verlassenschaftsverfahrens, nämlich ein Fragenkatalog, der dazu dient, die wesentlichen persönlichen und finanziellen Verhältnisse des Verstorbenen aufzuzeigen (die vermutlichen Erben, Testamente, Vermögenswerte usw.).

Achtung! ***Alle Testamente vorlegen***

Es müssen auf jeden Fall alle Testamente beim Notar vorgelegt werden, also auch ungültige und aufgehobene!

Wie der Notar die Verlassenschaft erhebt

Üblicherweise bespricht der Notar bei der Errichtung der Todfallsaufnahme auch gleich die weitere Abwicklung. Dann bereitet er das entsprechende Abhandlungsprotokoll vor, welches von den Erben bzw. deren Vertretern unterschrieben wird.

Der Notar (Gerichtskommissär) richtet eine Anfrage an das Österreichische Zentrale Testamentsregister, um eventuelle Testamente, Erb- und Pflichtteilsverzichte auszuforschen, die dort registriert sind (siehe Anhang).

Ferner beschafft er bei den Banken die entsprechenden Barwertauskünfte zum Todestag, besorgt eventuell erforderliche Grundbuch- und Firmenbuchauszüge sowie alle sonstigen Daten, die für die Durchführung der Verlassenschaft von Bedeutung sind.

Der Notar wird nur bei jenen Banken anfragen, die in der Todfallsaufnahme angegeben wurden, also bei jenen Banken, bei denen das Pensionskonto geführt wurde oder von denen z. B. Sparbücher oder Wertpapierbelege vorgelegt wurden.

Der Nachlaß kann unvollständig sein — **Achtung!**

Ob von jemanden beabsichtigt oder nicht, es können auf diese Weise beträchtliche Vermögen am Nachlaß vorbeigehen.

Die Ausforschung der Erben

Ist der Erbe bekannt, aber nicht auffindbar, so muß ein Verlassenschaftskurator bestellt werden, der die Aufgabe hat, den Erben zu finden. Gelingt ihm dies nicht innerhalb einer angemessenen Zeit, so stellt auf seinen Antrag das zuständige Gericht ein Edikt aus, auf Basis dessen sein Erbanteil vom Kurator verwaltet wird, bis der Erbe aufgefunden oder sein Tod festgestellt wird.

Der Kurator bedient sich dabei oft eines Genealogen: Genealogie heißt Familienforschung, und sogenannte Genealogieinstitute betreiben das entgeltliche Geschäft der Erbenausforschung. Es handelt sich um ein freies Gewerbe („Auftrag des Aufsuchens von erbberechtigten Personen"). In den Vereinigten Staaten, in denen es keine polizeiliche Meldepflicht, zum Teil aber große Vermögen und eine häufig wohnsitzwechselnde Bevölkerung gibt, existieren schon lange derartige Büros. Der zur Vertretung eines erblosen Nachlasses bestellte Verlassenschaftskurator kann sich, speziell wenn Hinweise auf Erben in Südamerika oder im ehemaligen Ostblock bestehen, eines solchen Büros bedienen.

Ein gesteigerter Bedarf nach derartigen Instituten besteht hierzulande nicht. Soweit bekannt, gibt es in Österreich derzeit erst ein derartiges Büro. Das Entgelt für die Erbensucher wird auf Erfolgsbasis verrechnet, das heißt, der glücklich ausgeforschte Erbe wird zur Bezahlung eines Honorars verhalten, welches einen bestimmten Prozentsatz der Erbmasse (rund 20 bis 30 Prozent) ausmacht.

Auch für Hobby-Genealogen ergeben sich durch das Internet neue Möglichkeiten: So gibt es Seiten, die weltweit Eintragungen in Telefonbüchern suchen. Unglaubliche Datensammlungen über verstorbene Menschen weltweit finden sich unter www.familysearch.org, www.worldgenweb.org, www.rootsweb.com, www.ancestry.com und seniors.yahoo.com/seniors/genealogy, zwar alles USA-zentriert, aber mit Verzweigungen in die ganze Welt.

Dringende Verfügungen – was sofort geschehen muß

Ergibt sich bei der Todfallsaufnahme, daß dringende Verfügungen, z. B. über Bankguthaben oder einen Pkw, zu treffen sind, wird man mit dem Notar die Möglichkeit eines „Zwischenbeschlusses" besprechen.

Voraussetzung hierfür ist, daß Erbserklärungen abgegeben werden (siehe Seite 87) und den Erben die sogenannte „Besorgung und Verwaltung des Nachlasses" übertragen wird. Nach Vorliegen eines solchen Gerichtsbeschlusses kann etwa der Pkw verkauft oder überschrieben werden.

Gewinntip — ***„Erbautos" sind gefährlich***

Das „Weiterfahren" mit einem in die Verlassenschaft fallenden Auto ist nicht empfehlenswert, da unter Umständen kein Schutz aus der Kfz-Haftpflicht besteht!

Gesperrte Bankguthaben werden mit einem „Rotsiegelbeschluß" freigegeben. Der Name erklärt sich dadurch, daß die Beschlußfassung durch die Bank vom Richter wegen der besonderen Wichtigkeit mit einem roten Siegel versehen wird. („. . .wird ermächtigt, frei zu verfügen.")

Und noch etwas ist schon während des Verlassenschaftsverfahrens mit Bewilligung des Gerichtes möglich: Der Verkauf von Liegenschaften oder Eigentumswohnungen, die in den Nachlaß fallen.

Der vorteilhafte Verkauf aus der Verlassenschaft

Verkauf „aus der Verlassenschaft" bedeutet Verkauf vor Beendigung der Verlassenschaftsabhandlung (Fachausdruck „Einantwortung").

Gewinntip — ***Schneller Weg zum Erbe***

Diese Möglichkeit des Verkaufes aus der Verlassenschaft ist eigentlich viel zu wenig bekannt. Der Erbe kann darüber entscheiden, sobald er eine (auch bedingte) Erbserklärung abgegeben hat und das Erbe unstrittig ist.

- Vorteil 1: Ein schneller Kaufabschluß ist möglich (bereits während der laufenden Abhandlung). Dieser Zeitvorteil ist nicht zu unterschätzen, da unter Umständen bei Überlastung des Gerichtes die endgültige Beendigung einer Verlassenschaftsabhandlung auf sich warten läßt.
- Vorteil 2: Die Erben kommen schneller zu ihrem Geld, der Käufer schneller zu seinem Grundstück oder Haus.
- Vorteil 3: Der Notar, der die Verlassenschaftsabhandlung durchführt, kann mit der treuhändigen Durchführung des Vertrages beauftragt werden. Dadurch gewinnen alle Beteiligten maximale Sicherheit und Zeit. (Siehe „Das notarielle Treuhandregister" im Anhang.)
- Vorteil 4: Der Käufer muß dem Grundbuch nicht nachweisen, daß die Erben ihre Erbschaftssteuer bezahlt haben (Fachausdruck „Unbedenklichkeitsbescheinigung").
- Vorteil 5: Die Erbschaftssteuer wird trotz des Verkaufes zum Verkehrswert vom Einheitswert, und nicht vom Verkaufserlös berechnet.

Spekulationssteuer droht **Achtung!**

Auch hier ist Spekulationssteuer möglich, wenn seit dem Kauf gewisse Mindestfristen nicht eingehalten werden! (Siehe Teil 4 über die Besteuerung von Erbschaften und Schenkungen.)

Das Inventar

Ein Inventar wird vom Notar nicht grundsätzlich in jeder Verlassenschaftsabhandlung erichtet, sondern

- im Fall der bedingten Erbserklärung oder
- auf Verlangen eines Pflichtteilsberechtigten oder
- wenn ein Erbe oder Pflichtteilsberechtigter überhaupt unbekannt, unbekannten Aufenthaltes ist oder minderjährig ist bzw. einen Sachwalter hat.

Das Inventar ist ein vollständiges Verzeichnis des Vermögens, das sich im Besitz des Verstorbenen (auch Erblasser genannt) zur Zeit seines Todes befunden hat.

Die Sonderregelungen für das Inventar

Sonderregelungen für die Erstellung des Inventars und damit auch für die Weitergabe von Vermögen und Rechten gibt es für:

- Hauptmietrechte an Wohnungen (siehe Seite 51),
- Lebensversicherungen (siehe untenstehenden Hinweis)
- Abfertigungen,
- Gewerberechte,
- Pensionen,
- Leasinggüter (z. B. Pkw).

- **Abfertigung.** Angestelltengesetz, Arbeiterabfertigungsgesetz, Bauarbeiter-Urlaubs- und Abfertigungsgesetz – nach diesen Gesetzen gilt: Stirbt ein Arbeitnehmer während eines aufrechten Dienstverhältnisses, so beträgt der Abfertigungsanspruch die Hälfte des gesetzlichen Betrages.
  Anspruchsberechtigt sind die gesetzlichen Erben, zu deren Erhaltung der Erblasser im Todeszeitpunkt verpflichtet war. Die so auszuzahlende Abfertigung ist dem oder den Berechtigten direkt auszuzahlen und fällt nicht in den Nachlaß. Im Kollektivvertrag können noch günstigere Regelungen enthalten sein.
  Hat das Arbeitsverhältnis bereits vor dem Tod des Erblassers geendet und wurde dabei ein Abfertigungsanspruch erworben, aber noch nicht ausbezahlt, gebührt die Abfertigung in voller Höhe, fällt aber (im Gegensatz zu den obigen Regelungen) in den Nachlaß.

Achtung!

Feinheiten bei der Lebensversicherung

Lebensversicherungen fallen nur in den Nachlaß, wenn sie auf Überbringer lauten und die Polizze sich noch im Besitz des Erblassers befunden hat. Gleiches gilt, wenn zwar für den Fall des Ablebens ein namentlich Begünstigter in der Polizze aufscheint, dieser jedoch vorverstorben ist. Alle übrigen Lebensversicherungen fallen nicht in den Nachlaß und können vom Bezugsberechtigten in Anspruch genommen werden, unabhängig davon, ob er als Erbe berufen ist oder das Erbe überhaupt angetreten hat (siehe auch Seite 67).

- **Weiterführung des Betriebes.** § 41 Gewerbeordnung Fortbetriebsrecht: Das Recht, einen Gewerbebetrieb aufgrund der Gewerbeberechtigung einer anderen Person fortzuführen, steht zunächst der Verlassenschaft, dann dem überlebenden Ehegatten und den Kindern bis zum 24. Lebensjahr zu.
- **Pensionen** und **geleaste Wirtschaftsgüter.** Fallen nicht in den Nachlaß. Siehe dazu das untenstehende Beispiel.
- **Pflegegeld.** Auch hierzu gibt es eine Sonderregelung. § 19 des Bundespflegegeldgesetzes bestimmt: Ist im Zeitpunkt des Todes der pflegebedürftigen Person eine fällige Geldleistung noch nicht ausbezahlt, so sind folgende Personen auf Antrag in nachstehender Rangordnung bezugsberechtigt:
  1. die Person, die den Pflegebedürftigen überwiegend und ohne angemessenes Entgelt gepflegt hat (d. h. selbst),

Viel Vermögen, kein Nachlaß **Beispiel**

Der Erblasser ist Nutzungsberechtigter eines Genossenschaftsreihenhauses in bester Wohnlage, fährt einen Leasingwagen der gehobenen Mittelklasse, ist langjähriger Angestellter in einer Firma und hat zugunsten seiner Ehefrau, die im Haushalt tätig ist, eine hohe Lebensversicherung abgeschlossen. Er hat zwei volljährige Kinder, die nicht im gemeinsamen Haushalt wohnen. Kurz vor seinem Tod leiht er von einem guten Freund 500.000 Schilling, weil er Spielschulden zu begleichen hat.
Das Ergebnis erstaunt: Die Witwe behebt den vollen Versicherungserlös und zahlt davon Erbschaftssteuer. Gemäß § 14 Abs 3 Mietrechtsgesetz tritt die Witwe in die Hauptmietrechte (genossenschaftliche Nutzungsrechte) ein. Die Firma zahlt die Abfertigung allein an die Witwe aus. Wegen der Witwenpension kann die Witwe es sich leisten, das Auto zu behalten und die Leasingraten monatlich zu begleichen, bis der Vertrag ausläuft.
Fazit: Kein Nachlaß, keine Verlassenschaftsabhandlung, keine Erbserklärungen, es erhalten weder die Kinder einen Erb- oder Pflichtteil, noch kann der gute Freund sein geborgtes Geld zurückerhalten. Gerecht? Jedenfalls legal. Das ist möglich, weil im beschriebenen Fall verschiedene „Sonderregelungen“ ausgenützt worden sind.

2. die Person, die überwiegend für die Pflege aufgekommen ist (d. h. das fremde Pflegepersonal bezahlt hat).

Nur dann, wenn diese Personen innerhalb von sechs Monaten nach dem Tod der pflegebedürftigen Personen keinen Antrag auf Auszahlung gestellt haben oder solche Personen gar nicht vorhanden sind, fällt die noch nicht ausgezahlte Geldleistung in den Nachlaß.

Gewinntip ***Pflegegeld auch posthum***

Ein noch nicht abgeschlossenes Verfahren auf Gewährung oder Erhöhung des Pflegegeldes kann nach dem Tod der pflegebedürftigen Person fortgeführt werden.

Inventar als einzige und wahre Berechnungsbasis

Das vom Gerichtskommissär (Notar) zu errichtende Inventar zeigt also nur einen Teil des Vermögens des Erblassers. Dieser Teil, und nur dieser, ist maßgeblich

- für die Errechnung der Erb- und Pflichtteile,
- für die Frage, ob alle Schulden bezahlt und Vermächtnisse erfüllt werden müssen.

Vermögenswerte, die bereits zu Lebzeiten übertragen wurden, und solche, bei denen die Rechtsnachfolge in Sondergesetzen geregelt ist (Mietrechtsgesetz, Angestelltengesetz, Sozialversicherungsgesetze, Bundespflegegeldgesetz, Gewerbeordnung), gehören nicht in das Inventar. Was folgt daraus für den sorgfältigen Erblasser? Daß mit vorausschauender Planung dem „Wunscherben" unter Umständen Kummer und Verdruß erspart werden kann.

Kontensperre und Kraftloserklärung

Da zur Nachlaßsicherung die legitimierten Konten üblicherweise gesperrt werden, können sich Probleme für Erben und Kontomitinhaber bzw. Zeichnungsberechtigte ergeben.

Man muß sich vor Augen halten, daß im Fall von Erbstreitigkeiten, im Fall einer Suche nach Erben im Ausland oder von langwierigen Schätzungen des Nachlaßvermögens die Guthaben oft jahrelang, noch dazu schlecht verzinst, vor sich hin „dümpeln" und im Extremfall z. B. Betriebe zugrunde gehen, wenn keine Zahlungen mehr geleistet werden können.

Niemand mehr zeichnungsberechtigt **Achtung!**

Bei Firmen ist die Bankenzeichnungsberechtigung (nicht die allgemeine Zeichnungsberechtigung) besonders wichtig: Wenn einer der Gesellschafter stirbt, sollte nicht die gesamte Finanzgebarung einer Firma blockiert sein! Eine vorbeugende Beratung durch Ihre Bank, nicht nur bei Geschäftskonten, kann nur dringend empfohlen werden.

Sparbuch verschwunden?

Wer sein Sparbuch verloren oder verlegt hat, muß dieses beim zuständigen Landesgericht für Zivilrechtssachen (in Ausnahmefällen beim Handelsgericht) für kraftlos erklären lassen.

Auch der Erbe muß ein solches Verfahren einleiten lassen, wenn er zwar ein Sparbuch geerbt hat und die Anfrage des Notars bei der Bank die Nachlaßzugehörigkeit bestätigt, das Buch selbst jedoch im Nachlaß partout nicht aufzufinden ist. Da durch die Anfrage des Notars das Guthaben gesperrt ist, kann dem Erben kein Schaden entstehen.

Der Erbe kann nun das Kraftlosigkeitsverfahren einleiten. Es handelt sich hierbei um ein gerichtliches Verfahren, in welchem zunächst der Antragsteller die Umstände des Verschwindens (oder Nichtfin-

Das widerstandsfähige Losungswort **Achtung!**

Der Gerichtsbeschluß ersetzt das Sparbuch, jedoch nur in Ausnahmefällen ein allfällig vereinbartes Losungswort. Wie bereits erwähnt, wird das Losungswort durch die Kraftloserklärung nicht hinfällig, sondern nur durch einen Beschluß in einem Verlassenschafts- oder aber auch in einem Sachwalterschaftsverfahren. Aber auch nur dann, wenn das Gericht zur Ansicht gelangt, daß das Sparbuch dem Verstorbenen bzw. bei Sachwalterschaft dem geistig Behinderten gehört.

Wie man zu Geld kommen kann, wenn das Sparbuch verschwunden ist

Sparbuch nicht auffindbar	Kraftloserklärung
Losungswort vergessen oder nicht bekannt	Freigabe durch Gerichtsbeschluß im Verlassenschafts- oder Sachwalterverfahren
Sparbuch und Losungswort weg	Beide Maßnahmen kombinieren

dens) vorbringt. Hierauf richtet das Gericht an die Bank die sogenannte erste Anfrage.

Diese dient dazu, das Sparbuch vorläufig zu sperren, um unberechtigte Abhebungen zu vermeiden, und weiter dazu, festzustellen, ob überhaupt noch ein Guthaben vorhanden ist.

Nunmehr wird das Sparbuch im Amtsblatt zur Wiener Zeitung „aufgeboten". Nach weiteren sechs Monaten kann das Sparbuch endgültig für kraftlos erklärt werden, wenn sich kein Berechtigter gemeldet hat.

Achtung! ***Sparbuch ist kein Bargeld***

Das Kraftlosigkeitsverfahren kann auch mißbräuchlich verwendet werden.

Es ist insbesondere davor zu warnen, Sparbücher als Kaufpreis entgegenzunehmen. Der Käufer kann, da er die Daten des Sparbuches kennt, dieses noch schnell, bevor der glückliche Verkäufer das Sparbuch beheben kann, durch Einleitung eines derartigen Verfahrens sperren lassen.

Warum sollte er das tun? Vielleicht aus Bosheit, oder zur Sicherung von Gewährleistungsansprüchen, wenn sich etwa das verkaufte Liebhaberfahrzeug bei näherer Betrachtung als Rostlaube entpuppt. Mehr über die Besonderheiten des Sparbuches finden Sie auf den Seiten 55 bis 67.

Die Erbserklärung – Wie tritt man das Erbe an?

Die Erbserklärung ist die ausdrückliche Erklärung der Erben, das Erbe anzutreten, sprich: Eigentümer des Nachlasses werden zu wollen.

Zeitpunkt dafür: Nachdem der Notar die erforderlichen Auskünfte eingeholt hat und damit einen Überblick über den Nachlaß gewonnen hat, wird er die Erben dazu einladen.

Wozu braucht man überhaupt eine Erbserklärung? Nun, das wird sofort klar, wenn man sich zwei Dinge vor Augen hält:

- der Erbe „erbt" auch alle Schulden des Verstorbenen,
- niemand kann gezwungen werden, ein Erbe anzutreten.

Die wichtigste Entscheidung **Achtung!**

Die Abgabe der Erbserklärung ist für den Erben der wichtigste Akt im Verlassenschaftsverfahren. Aus gutem Grund wird eine Erbserklärung meist beim Notar zu Protokoll gegeben. Der Erbberufene soll die Möglichkeit haben, sich vorher auch ausführlich beraten zu lassen.

Die unbedingte Erbserklärung: Ohne wenn und aber

Der unbedingt erbserklärte Erbe haftet für alle Schulden und für die Erfüllung von Vermächtnissen

- in unbeschränkter Höhe,
- mit seinem gesamten Vermögen,
- auch dann, wenn er von der Existenz dieser Forderungen nichts wußte,
- auch dann, wenn der Nachlaß überschuldet ist (d. h. die Passiven die Aktiven übersteigen),
- solidarisch für die gesamte Schuld, auch wenn mehrere Erben vorhanden sind (erfüllt einer der Erben seine Verpflichtungen nicht, müssen die anderen für den Ausfall aufkommen).

Die Abgabe einer unbedingten Erbserklärung ist daher riskant, spart allerdings Kosten und Zeit, weil keine Schätzungen durchzuführen sind.

An die Stelle der Schätzung tritt die eidesstattige Bekräftigung, daß die Aufstellung des Nachlaßvermögens nach Wissen der Erben vollständig und richtig ist. In diesem Fall ist eine Schätzung der Nachlaßwerte durch Sachverständige nicht nötig.

Bedingte Erbserklärung: Auf Nummer sicher

Demgegenüber bringt die Abgabe einer bedingten Erbserklärung eine gewisse Risikobeschränkung:

Nach wie vor haftet der Erbe mit seinem gesamten Vermögen, aber zweifach beschränkt,

Beispiel

Bedingt oder unbedingt?

Anita und Gertrud beerben je zur Hälfte ihren Onkel Max.

► Die Aktiven (Bankguthaben, Eigentumswohnung) betragen	öS 2.000.000,–
► Die Passiven (Begräbniskosten, Schulden, Pflegegebühren) betragen	öS 3.000.000,–
► Der Nachlaß ist also überschuldet mit	öS 1.000.000,–

Was passiert bei unbedingter Erbserklärung?

Angenommen, die Erben haben von den Schulden zunächst nichts gewußt und eine unbedingte Erbserklärung abgegeben. Was ist die Folge? Jede der beiden muß 1,5 Millionen Schilling zahlen, zahlt daher 500.000 Schilling „dazu“.

Erfüllt eine der Erbinnen ihre Schuld nicht (etwa weil das Erbe schon verbraucht wurde und sie vermögenslos ist), muß die andere alles zahlen.

Was wäre bei einer bedingten Erbserklärung passiert?

Jede der beiden hätte nur „seine“ Million zu zahlen gehabt, auch wenn eine der Erbinnen als Zahlerin ausgefallen wäre.

Im Ergebnis wäre daher das Erbe verbraucht worden, aber kein Erbe hätte „draufgezahlt“.

Vereinfacht gesagt, lautet die Formel bei Abgabe einer bedingten Erbserklärung: „Schlimmstenfalls ist nur das ganze Erbe wieder weg!“

Kreditrestschuldversicherung **Gewinntip**

Günstig ist für die Erben, wenn der Erblasser eine Kreditrestschuldversicherung abgeschlossen hat. Dann wird nach dem Tode der laufende Kredit, zu dem die Versicherung abgeschlossen wurde, zur Gänze und auf einmal zurückbezahlt. Besonders sinnvoll bei jüngeren Ehepaaren, die sich wegen eines Hausbaues tief verschulden. Die Kreditrestschuldversicherung ist billig und im Ernstfall meist die einzige Möglichkeit, den Kindern das Haus zu erhalten.

- bis zur Höhe der Nachlaßaktiven,
- nur anteilig entsprechend seiner Erbquote.

Wann kann man beruhigt eine unbedingte Erbserklärung abgeben? Die Ehefrau dann, wenn sie für die Schulden sowieso mithaftet, beispielsweise für die Kredite auf die Wohnung oder das Haus. Natürlich kann es vorkommen, daß ein Ehepaar 30 Jahre zusammenlebt und einer der beiden heimlich noch andere Verpflichtungen eingegangen ist, trotzdem kann bei einer harmonischen Ehe aus Kostengründen eher zu einer unbedingten Erbserklärung geraten werden.

Was auch „bedingt" erhalten bleibt **Achtung!**

Die Fortführung eines Handelsgeschäftes, die Übernahme des Anteiles an einer Personenhandelsgesellschaft oder an einer GmbH birgt besondere Risken, welche auch durch eine bedingte Erbserklärung nicht ganz ausgeschlossen werden können. Hier ist besondere Vorsicht geboten.

Je weniger der Erbe hingegen von den Verhältnissen des Erblassers wußte, beispielsweise der nach Kanada emigrierte Neffe über seinen Erbonkel in Österreich, desto vorsichtiger sollte er sein. Auch bei verstorbenen Geschäftsleuten wird das Risiko von heimlichen Schuldenbergen wohl größer sein als bei Lehrern oder Beamten.

Der überschuldete Nachlaß

Wenn die Guthaben geringer sind als die Schulden, spricht man von Überschuldung.

Wer hat nun was zu bekommen? Das Außerstreitgesetz, in welchem das Verlassenschaftsverfahren geregelt ist, sieht eine Verteilung wie im Konkurs vor.

Dies bedeutet, daß die Ansprüche in einer bestimmten Reihenfolge bezahlt werden.

Vereinfacht dargestellt, besteht folgende Rangordnung:

- Kosten des Verfahrens,
- Mietzinse, die nach dem Tod entstanden sind (bis zur Räumung),
- Kosten einer einfachen Bestattung,
- alle übrigen Forderungen (Schulden),
- Pflichtteile,
- Vermächtnisse.

Achtung! ***Nicht einmal die Begräbniskosten***

Es kommt häufig vor, daß nicht einmal die Begräbniskosten zur Gänze aus dem Nachlaß refundiert werden können. Wer daher aus eigenen Mitteln ein Begräbnis bezahlt, muß damit rechnen, daß er keinen oder nur unvollständigen Ersatz erhält. Günstiger ist es jedenfalls, wenn für die Begräbniskosten in Form eines Lebzeitenauftrages oder einer Sterbeversicherung vorgesorgt ist.

Es kann aber trotzdem Sinn machen, bei einem überschuldeten Nachlaß eine bedingte Erbserklärung abzugeben. Dann nämlich, wenn sich im Nachlaß Gegenstände – wie etwa Schmuck oder Liegenschaften – befinden, die für den Erben einen ideellen, aber keinen oder nur sehr geringen Marktwert haben.

Nur bei einer (bedingten) Erbserklärung fallen diese dem Erben zu, er muß allerdings den Gläubigern der Verlassenschaft den Schätzwert dafür bezahlen.

Nichts wie weg? Erbentschlagung!

Ist die Überschuldung des Nachlasses offensichtlich, wird der Erbberufene überhaupt keine Erbserklärung abgeben. Er wird sich des Erbes entschlagen. Wer sich entschlägt, erbt nichts und haftet auch nicht.

Von der Erbentschlagung zu unterscheiden ist der Erbverzicht „zugunsten“ einer bestimmten Person.

Entschlägt sich eines von mehreren Kindern, wird dadurch der Erbteil der anderen Kinder größer.

Will der Verzichtende aber, daß sein Erbteil einer bestimmten anderen Person, z. B. der Witwe, zugute kommt, muß er ausdrücklich „zu deren Gunsten“ verzichten.

Achtung!

Ende der Endbesteuerung

Beachten sollte man, daß der Verzicht „zugunsten“ steuerlich einer Schenkung gleichkommt. Dies bedeutet, daß neben der Erbschaftssteuer auch Schenkungssteuer vorgeschrieben werden kann und bei letzterer die schöne Steuerfreiheit für endbesteuerte Sparguthaben nicht besteht.

Sehr viel mehr dazu können Sie im Teil 4„Erbschaftssteuer und Schenkungssteuer sparen“ ab Seite 115 lesen.

Kein Vermögen? Abtuung armutshalber

Vielfach wird Vermögen bereits zu Lebzeiten übertragen (siehe Kapitel 3 „Schenken, Stiften – sinnvolle Alternativen“).

Wenn das wesentliche Vermögen zu Lebzeiten übergeben wurde und kein oder nur noch geringfügiger Nachlaß (max. 30.000 Schilling Guthaben, keine Liegenschaften) vorhanden ist, findet keine Verlassenschaftsabhandlung statt, es sei denn, daß einer der Beteiligten dies extra beantragt.

In diesem Fall ist nur eine Todfallsaufnahme zu errichten (und allenfalls vom Gericht ein Sparguthaben freizugeben), womit das Verfahren auch schon wieder beendet ist.

Fürs Begräbnis: Überlassung an Zahlungs Statt

Häufiger als die „Abtuung armutshalber“ ist die sogenannte „Überlassung an Zahlungs Statt“. Dies deshalb, weil Begräbniskosten und Nebenspesen oft die vorhandenen Guthaben übersteigen.

In diesem Falle wird das vorhandene Aktivvermögen (meist Kleidung, Wäsche, Wohnungseinrichtung und ein kleines Pensionskonto) dem Zahler der Bestattung – ohne Rücksicht darauf, ob er auch Erbe ist – überlassen, um dem Verstorbenen ein ordentliches Begräbnis zu ermöglichen.

Hoffentlich rechtzeitig: Die Erbteilung

Das Gesetz schreibt vor, daß der Erb- und Pflichtteil Minderjähriger genau errechnet und sichergestellt werden muß. Vorher darf die Einantwortung des Nachlasses nicht erfolgen.

Eine Erbteilung muß auch erfolgen, wenn sich eine Eigentumswohnung im Nachlaß befindet, aber mehrere Erben vorhanden sind. Eine Eigentumswohnung kann nämlich nur von einer Person oder einem Ehepaar oder einer Firma bzw. Organisation ins Eigentum übernommen werden.

Die Erbengemeinschaft kann die Wohnung auch aus dem Nachlaß verkaufen. Näheres im Abschnitt „Der vorteilhafte Verkauf aus der Verlassenschaft" auf Seite 80.

Können sich die Erben weder zu einem Verkauf entschließen noch sich auf einen Übernehmer einigen, muß das Gericht die Versteigerung anordnen. Dies ist für alle Beteiligten so gut wie immer eine schlechte Lösung, da der Versteigerungserlös so gut wie immer unter den Erwartungen bleibt und zusätzliche Kosten abgedeckt werden müssen. Diese Problematik ist bei allen Eigentumswohnungen gegeben, da sie nur Einzelpersonen gehören dürfen (außer beim gemeinsamen Ehegattenwohnungseigentum).

Teilungsbeschränkungen gibt es nach bestimmten Landesgesetzen, z. B. im Burgenland für landwirtschaftliche Grundstücke, die ohnehin schon so klein sind, daß eine Aufteilung auf mehrere Erben nicht sinnvoll erscheint.

In den übrigen Fällen kann selbstverständlich auch eine gemeinsame Übernahme des geerbten Grundbesitzes erfolgen, z. B. drei Erben übernehmen je zu einem Drittel ein Zinshaus.

Achtung! ***Rechtzeitig teilen heißt Steuern sparen***

Denkbar ungünstig ist es, geerbte Liegenschaften zunächst gemeinsam zu übernehmen und sich erst später eine andere Erbteilung zu überlegen. Findet nämlich die Erbteilung erst nach Einantwortung des Nachlasses statt, fällt neben der Erbschaftssteuer auch die Grunderwerbsteuer (meist 3,5 Prozent vom Verkehrswert) an.

Das letzte Wort: Die Einantwortung

Sind die Ansprüche minderjähriger Erben sichergestellt und volljährige Vermächtnisnehmer nachweislich vom Testamentsinhalt verständigt worden, wird vom Gericht die Einantwortungsurkunde ausgestellt.

Zugleich werden auch im sogenannten Endbeschluß alle gesperrten Guthaben (Bank, Auto, Spital, Lebensversicherung etc.) freigegeben.

Kurz wiederholt, verläuft eine normale Verlassenschaftsabhandlung in folgenden Schritten:

- Todfallsaufnahme,
- Vermögensaufstellung (Inventar oder eidesstättiges Vermögensbekenntnis),
- Erbserklärung,
- Einantwortung.

Kosten I: Erbschaftssteuer

Nach Einantwortung schickt das Gericht den gesamten Verlassenschaftsakt an das zuständige Finanzamt für Gebühren und Verkehrssteuern, welches die Erbschaftssteuer bemißt und nach deren Bezahlung für das Grundbuch die sogenannte Unbedenklichkeitsbescheinigung ausstellt. (Die Erbschaftssteuer wird in Teil 4 ausführlich behandelt.). Erst dann können die Erben auch ins Grundbuch eingetragen werden.

Kosten II: Gerichtsgebühren

Die Gerichtsgebühren betragen bei Durchführung einer vollständigen Abhandlungspflege 0,3 Prozent des Reinnachlasses, mindestens aber 530 Schilling.

Bei Umschreibung einer Liegenschaft des Erblassers wird zusätzlich eine Eintragungsgebühr von einem Prozent eingehoben.

Kosten III: Gerichtskommissionsgebühren

Der Notar erbringt seine Leistungen im Abhandlungsverfahren in gerichtlichem Auftrag. Sein Gebührenanspruch richtet sich nach dem

Gerichtskommissionstarifgesetz. Diese Gebühr wird vom Verlassenschaftsgericht bestimmt und hängt in ihrer Höhe vor allem von der Art der Erledigung des Verfahrens und vom Wert des Gegenstandes der Amtshandlung ab.

Wann man ins Grundbuch kommt

Unter Vorlage der Einantwortungsurkunde und der steuerlichen Unbedenklichkeitsbescheinigung kann der Erbe die Einverleibung seines Eigentumsrechtes im Grundbuch beantragen. Damit wird meist der Notar beauftragt.

Achtung! ❗ ***Grundbucheintragung kann lange dauern***

Viele Erben, die aus verschiedenen Gründen dringend auf die Verbücherung ihrer neuen Eigentumsrechte warten, unterschätzen die Dauer eines Verlassenschaftsverfahrens. An dessen Ende kann sich dann auch noch die Dauer der Grundbucheintragung anreihen. Abhängig von der „Auslastung" des Grundbuchamtes im zuständigen Bezirksgericht und vom Einzelfall kann die Einverleibung von rund drei Monaten aufwärts bis zu mehreren Jahren dauern. Langwierig für das Ende des Verlassenschaftsverfahren wird es, wenn auch Erben im Ausland sitzen, es zu Parifizierungen von Zinshäusern oder anderen komplizierten Änderungen der Vermögensverhältnisse kommt.

Wann man nicht ins Grundbuch kommt

Nicht immer kommt es zu einer Einverleibung. Ausnahmen gibt es in zwei Fällen:

- Bei Verkauf aus der Verlassenschaft (wie bereits beschrieben),
- wenn der Erbe von der Möglichkeit Gebrauch macht, nach der Einantwortung – als sogenannter „außerbücherlicher Eigentümer" die Liegenschaft oder Eigentumswohnung weiterzugeben (durch Verkauf, Schenkung usw.).

In jedem Fall wird die Herstellung der Grundbuchsordnung vom Verlassenschaftsgericht überwacht, weil es nicht sinnvoll ist, wenn der Verstorbene allzu lange im Grundbuch noch als Eigentümer aufscheint.

Das Grundbuch soll schließlich die wahre Rechtslage wiedergeben. Ist die Grundbuchsordnung hergestellt, ist das Verlassenschaftsverfahren endgültig beendet, und der Akt kann geschlossen werden.

Wann die Ansprüche verjähren

Falls das Gericht die rechtmäßigen Erben bereits festgestellt hat und nachträglich noch Testamente, Erben und Vermögenswerte auftauchen, wie lange werden solche Ansprüche berücksichtigt? Relevant sind in diesem Zusammenhang zwei verschiedene Verjährungsfristen:

Verjährungsfrist drei Jahre:

- Für die Einforderung des Pflichtteils: Pflichtteilsberechtigte haben genau drei Jahre Zeit, den Pflichtteil bei Gericht anzumelden. Danach ist es zu spät.
- Anfechtung des Testaments: Drei Jahre lang hat man Zeit, vor Gericht zu behaupten, daß der Verfasser des Testaments bei Abfassung nicht mehr bei Verstand oder gerade volltrunken war.

Verjährungsfrist 30 Jahre:

- Zur Beanspruchung eines Erbteils. Da eine gerichtliche oder notarielle Verständigungspflicht an alle potentiellen Erben unmöglich ist, kann es sein, daß Erben oft Jahre oder auch Jahrzehnte später erst erfahren, daß sie geerbt haben (z. B: ein Kind ist vor 50 Jahren in die USA oder nach Brasilien ausgewandert und gab nie ein Lebenszeichen von sich). 30 Jahre danach können solche Erben noch Ansprüche geltend machen.

Was bei späteren Entdeckungen passiert

Falls nachträglich Vermögensgüter oder Forderungen auftauchen, die in den Nachlaß gehört hätten, so kann dies zu jedem späteren Zeitpunkt als Nachtragsabhandlung „abgehandelt“ werden. Häufig passiert dies bei Splitterbesitzungen an bäuerlichen Grundstücken in verschiedenen Gemeinden.

Es könnte aber auch beispielsweise ein ehrlicher Finder bei einer Entrümpelung ein Sparbuch entdecken.

Das gleiche gilt auch für die Schulden des Verstorbenen.

Das Wichtigste

- Ein Verlassenschaftsverfahren wird vom Notar als Beauftragten des zuständigen Bezirksgerichts abgewickelt und besteht aus vier Schritten
  1. Todfallsaufnahme
  2. Erbserklärung
  3. eventuell die Erstellung des Inventars
  4. Einantwortung
- Die wichtigste Entscheidung, die ein möglicher Erbe dabei zu treffen hat, besteht in der Abgabe einer bedingten oder unbedingten Erbserklärung.
- Mit der unbedingten Erbserklärung haftet der Erbe auch im Falle einer eventuellen Überschuldung der Verlassenschaft. Die bedingte Erbserklärung kostet mehr Geld und zieht das Verfahren in die Länge, schützt aber mit wenigen Ausnahmen vor der Übernahme von Haftungen aus der Erbschaft.
- Es gibt auch die Möglichkeit, sich einer Erbschaft zu entschlagen.
- Eine wenig beachtete, aber sinnvolle Möglichkeit, rasch an den Erlös eines Erbteiles zu kommen, ist der Verkauf aus der Verlassenschaft, die nach der Abgabe einer Erbserklärung zur Verfügung steht.
- Das vom Notar erstellte Inventar ist die Berechnungsgrundlage für die Verteilung des Erbes und für die Erbschaftssteuer. Dabei gibt es für verschiedene Vermögenswerte und Rechte Sondervorschriften, z. B. für Leasinggüter, Mietverträge, Abfertigungen, Pflegegeld usw.

Teil 3

Schenken, und Stiften – sinnvolle Alternativen zum Erben

Erben ist die eine, und zweifellos die gebräuchlichste Form der Weitergabe des Vermögens. Erben ist aber nicht die einzige Möglichkeit. Gerade in den letzten Jahren sind die Schenkung von Immobilien und die Privatstiftung für größere Vermögen als vorgezogene Alternativen sehr beliebt geworden. In diesem Kapitel geht es also ums Schenken und Stiften.

Schenken und Stiften – sinnvolle Alternativen zum Vererben

In diesen Kapitel:

- Wie eine Schenkung funktioniert
- Schenkungspflichtteil zum Schutz der Erben
- Wie der Verkauf gegen Leibrente berechnet wird
- Verkauf gegen geringes Entgelt und Pflichtteilsverzicht: weitere Alternativen
- Wie eine Privatstiftung funktioniert
- Wogegen es keinen Schutz durch die Sozialversicherung gibt

Die Vorwegnahme der Erbfolge durch Rechtsgeschäfte unter Lebenden, im speziellen Schenkungen und Privatstiftungen, wird immer beliebter. Im Vordergrund stehen dabei folgende Motive:

- Zusammenhalt des Familienbesitzes (Haus, Betrieb, Grundbesitz und Landwirtschaften),
- steuerliche Überlegungen,
- Vermeidung von Erbstreitigkeiten.

Schenkungen für alle Vermögensgegenstände und Privatstiftungen für größere Vermögen stehen dabei im Mittelpunkt. Für Firmenvermögen kommt die Übergabe als mögliche Vertragsart in Betracht, wird hier aber nicht weiter behandelt.

Im folgenden werden diese Möglichkeiten im Details beschrieben, um die Vermögensweitergabe mitunter lange vor dem Tod zu regeln, und trotzdem dabei nicht Hemd und Hose herzugeben.

Die Schenkung

Grundüberlegung im Zusammenhang mit dem Erbe: Was ich verschenke, fällt nicht mehr in den Nachlaß und landet sicher und rasch bei dem, dem ich das jeweilige Gut sowieso zukommen lassen will. Das ist in vielen Fällen tatsächlich sinnvoll, aber nicht immer, immerhin trennt sich der Schenkende frühzeitig von seinem Eigentum und möglicherweise damit verbundenen Rechten und Nutzungsmöglichkeiten. Darüber gleich mehr, zunächst aber zur Ausgestaltung einer rechtlich gültigen Schenkung.

Für die Schenkung von Häusern, Wohnungen und Grundstücken ist in jedem Fall die Errichtung eines schriftlichen Vertrages notwendig, den sowohl der Schenkende als auch der Beschenkte notariell oder gerichtlich beglaubigt unterschreiben.

Andere Vermögenswerte können auch ohne schriftliche Urkunde rechtsgültig verschenkt werden, etwa Hausrat, Sparbücher, Kunstwerke, Bargeld, Pkw usw.

Achtung! ***Vorsicht vor formlosen Schenkungen***

Wie im Kapitel über Sparbücher eingehend beschrieben (siehe Seite 58), ist die Wahrscheinlichkeit hoch, bei Schenkungen ohne schriftliche Urkunde Formfehler zu begehen. Beispielsweise ist eine (schriftlose) Schenkung ungültig, wenn sie mit einer Bedingung oder Einschränkung versehen wird („Ich schenke dir mein Auto, wenn du mich damit einmal in der Woche in die Nachbarortschaft chauffierst"). Die Errichtung eines Vertrages ist deswegen, außer bei Kleinigkeiten, unbedingt anzuraten.

Sicherheiten: ein bißchen geschenkt?

Geschenkt ist geschenkt – das ist klar. Bevor man seine Wohnung, sein Haus oder seinen Betrieb verschenkt oder übergibt, sollte man sich über Sicherheiten informieren.

Es ist dringend zu empfehlen, sich als Übergeber Sicherheiten im Vertrag verankern und nach Möglichkeit auch grundbücherlich eintragen zu lassen, zum Beispiel:

- Wohnungsrecht (das Recht, auf Lebzeiten im übergebenen Haus – oder der verschenkten Wohnung – weiter zu wohnen);
- oder aber dieses zu vermieten (und die Miete für sich behalten zu können);
- Belastungs- und Veräußerungsverbot (der Übernehmer darf ohne schriftliche Zustimmung des Übergebers den Besitz nicht belasten, verkaufen oder verschenken);
- eventuell auch Vorkaufsrecht: Der Geschenkgeber behält sich vor, die Wohnung bei Verkauf als erster wieder rückkaufen zu können.

Viele Gestaltungsmöglichkeiten **Gewinntip**

Die Wahl der Sicherheiten hat auch Einfluß auf die Besteuerung. Daraus lassen sich einige sehr empfehlenswerte Modelle entwickeln (siehe Seite 105).

Gemischte Schenkungen sind hoch im Kurs

Steuerlich werden Schenkungen, bei denen sich der Geschenkgeber ein Wohnrecht oder Fruchtgenußrecht zurückbehält, gemischte Schenkungen genannt. Die steuerlichen Vorteile der gemischten Schenkung werden im Teil 4 ausführlich beschrieben, hier seien die rechtlichen Konsequenzen näher beleuchtet (Seite 120).

Zunächst wichtig: Solche Rechte können die Schenkungssteuer, aber nicht den Pflichtteil mindern. Letzteres wird damit begründet, daß sie zeitlich befristete Duldungen sind und sicher irgendwann einmal enden.

Anders ist es, wenn mit der Schenkung positive Leistungen und Handlungen verbunden werden, wie sie vor allem auf dem Land häufig vereinbart werden (Pflege und Betreuung, Zubereitung der Mahlzeiten, Transport zur Kirche usw.). Es gilt als entgeltliches Rechtsgeschäft, wenn Immobilienwert und Gegenleistung in einem akzeptablen Verhältnis zueinanderstehen und der entgeltliche Teil überwiegt. Das Pflichtteilsrecht fällt in diesem Fall weg.

Ehegattenschenkung

Das „Anschreibenlassen“ des Ehegatten durch schenkungsweise Beteiligung am eigenen Grundbesitz ist nicht nur eine höfliche Geste, sondern gibt dem anderen auch das Gefühl, nicht auf der Straße sitzen zu müssen, wenn etwas „passiert".

Es besteht dafür auch ein großzügiger Steuerfreibetrag. Die Schenkung einer Hälfte des Hauptwohnsitzes (max. 150 Quadratmeter Nutzfläche) ist überhaupt zur Gänze steuerfrei.

Näheres dazu finden Sie im Teil 4 ab Seite 117 .

Gezügelte Flucht aus der Erbschaft

Alles, was der Erblasser verschenkt, verkauft oder in eine Stiftung eingebracht hat, fällt nicht mehr in dessen Nachlaß. Man spricht aus diesem Grund auch von vorweggenommener Erbfolge.

Daß solche lebzeitigen Übertragungen die Pflichtteilsberechtigten schädigen können, liegt auf der Hand.

Das Gesetz gewährt diesen Personen daher einen Ausgleich:

- Hat der Erblasser zu Lebzeiten seine gesamten Vermögenswerte verschenkt, kann der Pflichtteilsberechtigte unter bestimmten Umständen vom Beschenkten Ersatz verlangen. Kein Schenkungspflichtteil ist zu zahlen, wenn die Schenkung zu gemeinnützigen Zwecken, in Entsprechung einer sittlichen Pflicht oder aus Gründen des Anstandes erfolgte. Ferner bleiben alle Schenkungen unberücksichtigt, die früher als zwei Jahre vor dem Tod des Erblassers an solche Personen gemacht wurden, die selbst nicht pflichtteilsberechtigt sind (z. B. Lebensgefährte, Stief- und Schwiegerkinder, Geschwister, Nichten, Neffen, Organisationen).
  Das heißt: Wenn der Erblasser sein ganzes Vermögen einem seiner beiden Kinder schenkt, bleibt der Pflichtteilsanspruch des anderen Kindes dennoch unbegrenzt bestehen. Wenn jedoch der Erblasser sein ganzes Vermögen seiner Freundin schenkt und er diese Schenkung zwei Jahre überlebt, dann haben seine Kinder keinen Anspruch auf den Pflichtteil.
- Wurde nur ein Teil des Vermögens zu Lebzeiten übertragen, kommt es im Verlassenschaftsverfahren zur Pflichtteilserhöhung der restlichen Pflichtteilsberechtigten wegen Schenkungen.
  Bei Nichteinigung mit den Erben bzw. Beschenkten muß der Pflichtteilsberechtigte versuchen, seinen Pflichtteil im streitigen Verfahren durchzusetzen. Der Pflichtteil kann immer erst nach dem Tod eingeklagt werden, auch wenn die Schenkungen schon viel früher erfolgten.

Achtung!

Nur ohne meine Eltern

Eltern können keinen Schenkungspflichtteil geltend machen.

Auch Schulden werden angerechnet

Die Bestimmungen über den Schenkungspflichtteil wurden geschaffen, um eine bewußte Schädigung Pflichtteilsberechtigter oder Nachlaßgläubiger zu verhindern. Diese sollen bei Vorliegen von Schenkungen aber auch nicht bevorzugt werden. Daher müssen alle Nachlaßschulden bei der Berechnung abgezogen werden.

Beispiel

Schenkungspflichtteil

Herr A verschenkt im Jahr 1990 900.000 Schilling. 1995 stirbt er ohne Vermögen, hingegen mit Schulden in Höhe von 500.000 Schilling. Die „ausgleichende Gerechtigkeit" wird folgendermaßen berechnet:

900.000,– — 500.000,– = 400.000,–

Der Schenkungspflichtteil wird von 400.000 Schilling berechnet.

In mehr als 50 Prozent aller Wiener Fälle sind es aber nicht die Verwandten, sondern ist es die Gemeinde Wien, die die 500.000 Schilling fordert. Denn die Kosten der gemeindeeigenen Altersheime (man kann von 10.000 bis 35.000 Schilling monatlich ausgehen), werden nur zu einem Bruchteil von den Bewohnern bezahlt – diese liefern nur 80 Prozent ihrer Rente oder Pension ab, wodurch sich Monat für Monat ein von der Gemeinde genau kalkulierter Schuldenberg ansammelt.

Im Todesfall stellt die Gemeinde dann über den kumulierten Betrag eine Forderung an den Nachlaß. Darin kann sie verlangen, daß auch Schenkungen innerhalb von drei Jahren vor der Übersiedlung ins Altersheim berücksichtigt werden. Der Geschenknehmer kann zur Aufzahlung auf die Pflegeheimkosten verpflichtet werden.

Hatte sich der Geschenkgeber ein Fruchtgenußrecht zurückbehalten, ist auch die „zwangsweise Verwertung" einer verschenkten Wohnung möglich: Die Gemeinde zwingt den Geschenknehmer zur Vermietung, läßt den Mietertrag schätzen und verlangt den entsprechenden Betrag. Übrigens bestehen in Niederösterreich ähnliche Bestimmungen zugunsten der Sozialbehörden.

Gewinntip — ***Niemals reich ins Heim***

Wer plant, ins Altersheim zu gehen, sollte sein Vermögen richtig und rechtzeitig verschenken, um Rückforderungen vom Land zu vermeiden.

Wer zahlt den Schenkungspflichtteil?

Zunächst haftet für den Schenkungspflichtteil der Nachlaß des Geschenkgebers. Reicht der Nachlaß nicht aus (was normal der Fall ist), haftet der Beschenkte (und auch dessen Erben).

Verkauf gegen geringes Entgelt

Grundsätzlich gibt es neben der Schenkung und dem Erbe auch noch die Möglichkeit, das Vermögen oder einzelne Vermögensgüter an die ausgewählten Personen zu verkaufen. Das ist aber nur selten sinnvoll, denn der Käufer muß die Ware ja bezahlen, insofern tauscht er Geld gegen Ware, sein Vermögen vermehrt sich nicht.

Schlaue werden sich jetzt denken: Das ist doch nur eine Frage des Kaufpreises. Stimmt auch, allerdings hat die Überlegung dort ihre Grenzen, wo andere Erben und die Steuerbehörden ein Umgehungsgeschäft annehmen. Dann wird aus dem Kauf rechtlich das gewollte

Beispiel — ***Wie man die Finanz reizt***

Herr A verkauft die Eigentumswohnung um 50.000 Schilling – ungefähr eine Million Schilling unter dem Marktwert – an seine Lieblingsnichte. Das Finanzamt wird Schenkung annehmen und Schenkungssteuer laut Tarif in Rechnung stellen (siehe Seite 118). Die Eigentumswohnung hat aber rechtsgültig den Besitzer gewechselt. Da eine Schenkung vorliegt, können auch eventuell Pflichtteilsberechtigte ihre Ansprüche anmelden (siehe Seite 104).

Geschäft, nämlich die Schenkung, die Schenkungssteuer schlägt zu und der Pflichtteil ist zu zahlen.

Der guten Ordnung halber sei angemerkt, daß hier nicht argumentiert werden kann, daß man ja beispielsweise „genausoviel verlangt hat wie den Einheitswert".

Verkauf gegen Leibrente

Liegenschaften werden häufig auch gegen Leibrente weitergegeben: Der Leibrentenkäufer kauft die Wohnung oder das Haus. Er zahlt keinen Kaufpreis, sondern verpflichtet sich zur Zahlung einer Rente auf Lebensdauer des Vertragspartners oder auch einer dritten Person. Damit muß der Käufer den Kaufpreis nicht auf einmal erlegen, und der Verkäufer ist bis zu seinem Lebensende versorgt.

Die Rente muß mit einem bestimmten Betrag festgesetzt werden, und ist üblicherweise wertgesichert.

Als Leibrente gilt nur ein Vertrag, der ein unsicheres zeitliches Ende, eben das Lebensende einer Person hat. Soll die Zahlung darüber hinausgehen und zu einem bestimmten Tag enden, wurde damit rechtlich keine Leibrente vereinbart, sondern schlicht ein Ratenkauf.

Berechnung einer Leibrente

Beispiel

Beispiel für eine unanfechtbare Leibrente:

Alter des weiblichen Empfängers	68 Jahre
somit statistische Restlebenserwartung	15,62 Jahre
Monatsrente	öS 10.000,–
somit Jahresrente	öS 120.000,–
hochgerechnete Gesamtrente	öS 1.680.000,–
Verkehrs(Markt-)wert der Immobilie	öS 1.500.000,–

Ob der Leibrentenverkauf rechtlich als teilweise Schenkung qualifiziert wird oder nicht, hängt von der Höhe der Leibrente ab. Die Rechnung wird dabei üblicherweise nach dem Bewertungsgesetz vorgenommen, das die jährlichen Einnahmen hernimmt und diese mit einem Multiplikator aufwertet. Dieser Multiplikator soll ein statistischer Durchschnitt für die Laufzeit der Leibrente sein.

Wie Leibrenten zu bewerten sind

Lebensalter des Verkäufers

bis zu 15 Jahren	das 18fache
von 15 bis 25 Jahren	das 17fache
von 25 bis 35 Jahren	das 16fache
von 35 bis 45 Jahren	das 15fache
von 45 bis 50 Jahren	das 14fache
von 50 bis 55 Jahren	das 13fache
von 55 bis 60 Jahren	das 11fache
von 60 bis 65 Jahren	das 9fache
von 65 bis 70 Jahren	das 7fache
von 70 bis 75 Jahren	das 5fache
von 75 bis 80 Jahren	das 3fache
von mehr als 80 Jahren	das 1fache

vom Wert der einjährigen Nutzung

Im Gesetz ist genau angeführt, welche Multiplikatoren anzuwenden sind: Vereinfacht sollte Multiplikator mal Jahresrente ungefähr den Verkehrswert ergeben.

Pflichtteilsverzicht kann sich lohnen

Prozeßvermeidend – und im Sinne des Familienfriedens anzuraten – ist es, wenn bereits anläßlich der Schenkung der Beschenkte die anderen Pflichtteilsberechtigten „hinauszahlt", aber selbstverständlich nur gegen Abgabe eines Pflichtteilsverzichtes von deren Seite. Ein solcher Pflichtteilsverzicht muß sich nicht auf das gesamte Vermögen beziehen, er kann auch auf bestimmte Liegenschaften oder andere Vermögenswerte beschränkt sein.

Achtung! ***Verzicht nur vor einem Notar***

Der Plichteilsverzicht muß vor dem Notar erfolgen, er ist ohne Notariatsakt ungültig.

Erfahrungsgemäß gibt sich der Verzichtende regelmäßig mit einem wesentlich geringeren Betrag als dem rechnerischen Pflichtteil zufrieden, und zwar aus folgenden Erwägungen:

- Erstens kann der Eigentümer zu Lebzeiten solcherart verfügen, daß überhaupt kein Pflichtteil zu zahlen ist oder dieser nur schwer durchgesetzt werden kann (siehe obige Ausführungen);
- zweitens liegt durch die steigende Lebenserwartung der Zeitpunkt, wann der Pflichtteil fällig wird, unter Umständen in so weiter Ferne, daß der Berechtigte fürchten muß, diesen Zeitpunkt selbst nicht mehr zu erleben;
- drittens kann auch ein finanzieller Engpaß ein Motiv sein, gegen bescheidene Abfindung zu verzichten.

Niedrigere Schenkungssteuer für Bargeschenke

Der Fachausdruck dafür heißt „mittelbare Grundstücksschenkung“: Von der günstigeren Schenkungssteuerberechnung auf Basis des steuerlichen Einheitswerts kann man dann Gebrauch machen, wenn man die Finanz davon überzeugen kann, daß nicht einfach das für den Grundstückskauf notwendige Geld geschenkt worden ist. Dann wäre der gesamte geschenkte Betrag zu versteuern. Grundstückskäufer müssen vielmehr dem Finanzamt darlegen, daß sie von ihren Gönnern nicht bloß „Geld“, sondern die damit angeschaffte Immobilie geschenkt bekommen haben. In diesem Fall wird die Schenkungssteuer nur vom wesentlich niedrigeren steuerlichen Einheitswert des damit angeschafften Objekts berechnet. Am besten läßt sich dies durch einen schriftlichen bzw. notariellen Schenkungsvertrag, mit der ausdrücklichen Auflage der alleinigen Verwendung des Geldes für den Kauf eines Grundstücks oder einer Wohnung, beweisen.

Die Privatstiftung

Die Privatstiftung dient dazu, langfristig die Widmung von größeren Vermögen für einen bestimmten Zweck zu erreichen.

Die Privatstiftung ähnelt einer Firma, die sich selbst gehört. Das klingt eigenartig, ist aber so. Die Privatstiftung österreichischen Rechtes muß einen Vorstand mit mindestens drei Mitgliedern haben, hat Bücher zu führen und jährlich einen Jahresabschluß vorzulegen.

Das alles kostet Geld und nicht zuwenig. Daher eignet sich die Privatstiftung erst für Vermögen von mindestens zehn bis 20 Millionen Schilling.

Mit 1. September 1993 wurde das neue Privatstiftungsgesetz in Österreich in Kraft gesetzt. Und die Idee schlug sehr schnell ein, es gibt bereits über tausend Privatstiftungen in Österreich.

Etwa 70 Prozent der Privatstiftungsgründungen dienen rein privaten Zwecken; der Rest verfolgt gemischte oder rein gemeinnützige Ziele. Wobei letztere keineswegs bloß der Kunst, Wissenschaft und Forschung dienen müssen. Eine der heimischen Stiftungen hat sogar die Verbreitung der Yogalehre des Sri Aurobindo zum Gegenstand eingetragen.

Hier ein paar Einblicke in die Stiftungszwecke laut Stiftungsurkunden:

- Zusammenhalt einer Vermögensmasse über den Tod des Stifters hinaus;
- Sicherung der ganzheitlichen Weiterführung eines Unternehmens;
- Schutz einer Vermögensmasse gegen spätere Aufteilung und/oder gegen Substanzverlust;
- Schutz eines Unternehmens (oder einer Unternehmensgruppe) vor ungeeigneten oder gar unfähigen Erben;
- Sicherung der Versorgung von Familienangehörigen oder bestimmten anderen Personen;
- Ausschaltung des geltenden Erbrechts durch freie Wahl der Begünstigten (freilich ohne Schmälerung von Pflichtteilsrechten);
- Förderung sozialer Zwecke (auch als Mitarbeiterstiftung);
- Verfolgung gemeinnütziger (mildtätiger, kirchlicher) Zwecke;
- Erhaltung musealer Werte;
- die eigene Denkmalsetzung noch zu Lebzeiten.

Die Privatstiftung (PS) ist in der Gestaltung völlig frei (wenn man von der notwendigen Einhaltung der gesetzlichen Organisationsstruktur absieht). Der Stifter kann die PS gründen, ausstatten, beaufsichtigen, lenken – und er kann sie auch widerrufen, wenn ihm Konstruktion und Zielsetzungen irgendwann nicht mehr passen.

All das geht natürlich nur während der Lebenszeit des Stifters. Hat er einmal das Zeitliche gesegnet, dann ist die Stiftung endgültig sich selbst überlassen und wird nur noch von fremden Personen gemanagt und am Leben erhalten.

Wie die Stiftung entsteht

Die Privatstiftung entsteht dadurch, daß sie ins Firmenbuch eingetragen wird. Dazu bedarf es der nötigen Urkunden, die notariell beurkundet sein müssen. Verfügungen, die über die gesetzlichen Mindesterfordernisse hinausgehen, können in einer separaten Urkunde festgelegt werden. In diesem Fall wird die Stiftungserklärung in zwei Teile zerlegt: in eine eigentliche „Stiftungsurkunde" (die öffentlich einsehbar ist) und in eine „Stiftungszusatzurkunde", die der Öffentlichkeit verborgen bleibt.

Auf diese Weise bleibt zum Beispiel absolut geheim, wieviel Vermögen letzten Endes wirklich in einer PS steckt; denn in der öffentlichen Urkunde muß bloß das Mindesterfordernis von einer Million Schilling angegeben werden. Auch die begünstigten Personen scheinen namentlich bloß in der geheimen Zusatzurkunde auf. Der Stifter hat es also in der Hand, Regelungen, die niemand Fremden etwas angehen sollen und nur das Innenverhältnis betreffen, zum Betriebsgeheimnis zu erklären.

Im Gegensatz zu Kapitalgesellschaften weist die PS eine Besonderheit auf: sie hat keine Gesellschafter. Sie gehört niemandem, auch nicht dem Stifter, denn der hat ja in der Stiftungsurkunde das gewidmete Vermögen von sich abgetrennt und zu einer selbständigen Vermögensmasse gemacht. Die Privatstiftung ist eine Privatperson „sui generis" – sie gehört sich selbst. Ihr Daseinszweck besteht darin, für begünstigte Personen oder für begünstigte Zwecke zu wirken.

Die Organe der Stiftung

Die Organe einer Stiftung sind

- der Stiftungsvorstand: mindestens drei Personen (zu denen auch der Stifter selbst gehören kann, wenn er nicht gleichzeitig Begünstigter ist), zwei Vorstandsmitglieder müssen im Inland leben;
- der Stiftungsprüfer: ein Wirtschaftsprüfer (oder Buchprüfer), der den jährlich aufzustellenden Rechnungsabschluß der Privatstiftung (samt Buchführung und Lagebericht!) nach den handelsrechtlichen Vorschriften zu prüfen hat;
- in Stiftungen mit sehr großem Vermögen kann auch ein neutraler Aufsichtsrat (oder Beirat) eingerichtet werden, der den Vorstand kontrolliert.

Der erste Stiftungsvorstand wird vom Stifter selbst bestellt. Später können die Vorstandsmitglieder ihre Nachfolger selbst aussuchen oder vom Gericht bestellen lassen.

Was die Stiftung darf

Die Stiftung verwaltet, vermehrt, sichert das Stiftungsvermögen und erfüllt den Willen des Gründers; sie beteiligt die Begünstigten und/oder realisiert andere satzungsgemäße Zwecke.

Sie darf aber selbst kein Gewerbe ausüben und kein Einzelunternehmen betreiben, darf nicht Geschäftsführerin einer Handelsgesellschaft sein, und sie darf auch nicht Vollhafterin einer Personengesellschaft (OHG, KG, Erwerbsgesellschaft) sein.

Alles andere ist aber jedenfalls erlaubt und üblich: der Betrieb einer Land- und Forstwirtschaft, die Verwaltung von Beteiligungen und anderem Kapitalvermögen, die Vermietung oder Verpachtung von Immobilien und anderem Vermögen.

Die Besteuerung der Stiftung

Der Stifter kann auch sich selbst und/oder seine Familienangehörigen auf Lebenszeit zum Begünstigten machen. Neben den Begünstigten gibt es auch noch „Letztbegünstigte" – jene Personen, denen das Stiftungsvermögen im Falle einer PS-Auflösung zukommen soll.

Auch die Letztbegünstigten werden im Regelfall vom Stifter vorausbestimmt.

Die Widmung von Vermögen jeder Art an eine PS ist juristisch gesehen nichts anderes als eine Schenkung. An diesem Stichwort hängt der Begriff Schenkungssteuer, und tatsächlich kommt diese Steuer hier zur Anwendung, allerdings mit einem weit niedrigeren Tarif.

- Die Einbringung von Vermögen durch den Stifter, gleichgültig ob in Geld- oder in Sachwerten, kostet bloß 2,5 Prozent Schenkungssteuer – egal, wie hoch diese Vermögenswerte sind, und auch gleichgültig, ob sie der Stifter gleich beim Start der PS widmet oder erst irgendwann nachträglich.
- Wenn zum geeigneten Vermögen auch inländisches Grundvermögen gehört, dann erhöht sich die Einstiegsgebühr um einen Grunderwerbsteuerzuschlag von zwei Prozent, allerdings gerechnet von den erfreulich niedrigen Einheitswerten der Immobilien. Auch kein Kummergrund.

Durch die Übertragung von (gesamten) Betrieben, Mitunternehmeranteilen oder von Privatvermögen an die Stiftung ergeben sich übrigens beim Stifter keinerlei einkommensteuerliche Konsequenzen: der Übergang ist „gewinneutral", daher auch einkommensteuerneutral.

Nur bei Übertragung einzelner Betriebsvermögensgegenstände kann es zu einer fiktiven Entnahmebesteuerung kommen.

Die Privatstiftung erzielt Einnahmen (und kann damit umsatzsteuerpflichtig sein), und sie erzielt Einkünfte aus dem Sieben-Quellen-Katalog des Einkommensteuergesetzes. Aber sie ist damit als „eigennütziger" Steuerträger nicht einkommensteuerpflichtig, sondern körperschaftsteuerpflichtig, mit 34 Prozent.

Das Stiftungszuckerl

Erfreulicherweise darf die Privatstiftung eine ganze Reihe Erträge steuerfrei beziehen, und das macht sie in den Augen von Stiftern und Begünstigten gleichermaßen attraktiv.

Steuerfrei sind zum Beispiel

- alle Erträge aus Spar- und Bankeinlagen sowie aus festverzinslichen Wertpapieren (mit Inlandskupon),
- alle Erträge (Dividenden) aus Beteiligungen an inländischen Kapitalgesellschaften,
- alle Erträge aus Beteiligungsveräußerungen, auch wenn sie mehr als zehn Prozent der Beteiligungsgesellschaft ausmachen (und normalerweise steuerpflichtig wären!),
- ausländische Kapital- und Beteiligungserträge unter bestimmten Voraussetzungen.

Das gilt für die „eigennützigen" Stiftungen, bei den gemeinnützigen Stiftungen ist die Situation ein bißchen anders.

Die Besteuerung der Begünstigten

Was müssen nun die Begünstigten versteuern, wenn sie die ihnen zugedachten Zuwendungen empfangen?

Keine Schenkungssteuer, jedoch Einkommensteuer, aber auch nur 22 Prozent! Und hinsichtlich der Einkommensteuer endbesteuert!

Denjenigen denen auch das noch zuviel ist, die können sich mit den Stiftungseinkünften veranlagen lassen und brauchen sie nur zum halben Tarifsatz versteuern.

Ende der Stiftung

Eine Stiftung wird meist auf unbestimmte oder sehr lange Zeit abgeschlossen, kann aber jederzeit widerrufen werden, wenn sich der Stifter die Widerrufmöglichkeit in der Stiftungsurkunde vorbehalten hat. Im Widerrufsfall wird das gesamte Stiftungsvermögen wieder an den Stifter zurückübertragen (steuerlich Mißbrauchsfrist von zehn Jahren!). Ein etwaiger „Mehrwert" wird beim Stifter einkommensteuerpflichtig.

Die Kosten der Stiftung

Die juristischen Gebühren lassen sich generell ziemlich schwer abschätzen, hängen auch vom Umfang und Wert des Stiftungsvorhabens ab. Notar, Berater und Vertragserrichter haben ihre Honorare, die man vorab erkunden muß. Das Firmenbuch verlangt 8.500 Schilling. Die „Eintrittsgebühr" beläuft sich auf 2,5 Prozent des Vermögens plus zwei Prozent vom Einheitswert etwaiger Grundstücke; das Grundbuch verlangt nochmals ein Prozent des Einheitswerts bei Einbringung der Liegenschaften. Wesentliche Folgekosten entstehen durch das dreigliedrige Vorstandsgremium und durch den Wirtschaftsprüfer.

Das Wichtigste

- Die Schenkung ist in vielen Fällen eine interessante Variante der vorzeitigen Vermögenübergabe.
- Durch die Zurückbehaltung von Rechten kann der Schenkende sich nicht nur absichern, sondern auch dem Beschenkten Steuervorteile zukommen lassen.
- Der Schenkungspflichtteil setzt der vorzeitigen Vermögensübergabe Grenzen, zum Schutz von Pflichtteilsberechtigen und Gläubigern des Nachlasses.
- Wenn der Schenkende die Absicht hat, in ein städtisches Altersheim zu übersiedeln, sollte das Vermögen möglichst früh verschenkt werden.
- Verkauf und Verkauf gegen Leibrente sind weitere in Einzelfällen interessante Varianten einer frühzeitigen Vermögensübergabe.
- Die PS ist für Vermögen über zehn Millionen Schilling eine der beliebtesten Varianten der Vermögensweitergabe geworden.

Teil 4

Erbschafts- und Schenkungssteuer sparen

Was Erben und Erblasser immer eint, ist der Wille, die Steuern auf den Nachlaß so gering wie möglich ausfallen zu lassen.
In diesem Kapitel erfahren Sie alles über die Besteuerungen von Erbschaften und Schenkungen, aber auch handfeste Tips, wie sich die Steuerlast kräftig reduzieren läßt.

Erbschafts- und Schenkungssteuer sparen

In diesem Kapitel:

- Die Höhe der Erbschaftssteuer
- Erbschaftssteuer und Schenkungssteuer
- Welche Steuerbefreiungen es gibt
- Der Einheitswert und die Besteuerung von Liegenschaften
- Die Besteuerung von Sparbüchern
- Die Besteuerung des Pflichtteilverzichtes
- Die Gefahr des Spekulationsgeschäftes
- Die Erbschaftssteuerversicherung
- Die steueroptimale Vermögensweitergabe
- Konkrete Tips zum Steuersparen

Die Erbschaftssteuer ist ein interessantes Phänomen: Sie zählt zu den unbeliebtesten Steuern überhaupt und das Steueraufkommen ist trotzdem so gering, daß vermutlich gerade die Verwaltungskosten gedeckt sind.

Fest steht auch, daß das Geringhalten der Erbschaftssteuer wie auch der „Schwester" Schenkungssteuer in der Planung des individuellen Vermögensüberganges genauso wichtig ist wie die zielgenaue Aufteilung des Vermögens. Kein Wunder, denn bei der Erbschaftssteuer ist alles möglich – von steuerfrei bis zum fast vollständigen Verlust des Vermögens. Letzteres nicht allein durch die Erbschaftssteuer (höchster Satz 60 Prozent), wohl aber beispielsweise in widrigen Kombinationen mit Zwangsverkäufen unter dem Wert oder in Verbindung mit Steuervergehen aus der Vergangenheit.

Die Höhe der Erbschaftssteuer: von 0 auf 60

Die Höhe der Erbschaftssteuer wird nach den Antworten auf die folgenden drei Fragen bemessen:

1. **Welcher Wert wird dem jeweiligen Vermögensgut beigemessen?** Anders formuliert: Von welcher Basis wird die Erbschaftssteuer berechnet?
2. **Wie hoch ist der Prozentsatz der Erbschaftssteuer?**

Ersteres hängt von der Art des Vermögens ab: Bargeld, Sparbuch, Wertpapiere, Immobilien, Hausrat, andere Wertgegenstände werden dabei ganz unterschiedlich angesetzt. Zweiteres hängt vom errechneten Wert des Vermögens und vom Verwandtschaftsgrad zwischen Erblasser und Erben ab.

3. **Wie hoch sind die Freibeträge, die es für begünstigte Personen (je näher die Verwandtschaft, desto höher der Freibetrag) und für einzelne Vermögensgüter gibt?**

Vereinfacht dargestellt, gibt es also drei steuerpflichtige Gruppen:

- „Erben" unterliegt der Erbschaftssteuer.
- Schenkungen unterliegen der Schenkungssteuer.
- Stiftungen unterliegen ebenfalls der Schenkungssteuer (mit Besonderheiten, siehe Seite 111).

Im Detail wird es manchmal kompliziert, beispielsweise:

- Die Schenkung auf den Todesfall unterliegt der Erbschaftssteuer (siehe Seite 34).
- Die Abfindung für den Erbverzicht der Schenkungssteuer.

Nun könnte man sagen: alles egal, Erbschafts- und Schenkungssteuer sind ja doch gleich hoch.

Grundsätzlich richtig. Erbschaftssteuer und Schenkungssteuer sind Zwillingen vergleichbar, aber keinen eineiigen: Sie sind ähnlich, aber nicht gleich. Die Steuersätze sind zwar tatsächlich gleich hoch. Der entscheidende Unterschied liegt in den verschiedenen Steuerbefreiungen. Hier liegen die Chancen, aber auch die Gefahren in der Vermögensübergabe.

Sparbuch – völlig erbschaftssteuerfrei

Völlig erbschaftssteuerfrei sind alle Sparguthaben, Girokonten und Wertpapierdepots, bei denen die Bank KESt abführt (derzeit 25 Prozent), nicht jedoch Aktien. Näheres dazu auf Seite 56).

Ehegatten anschreiben – frei von Schenkungssteuer

Diese betrifft Schenkungen zwischen Eheleuten: Neben einem allgemeinen Freibetrag von 130.000 Schilling gibt es die Befreiung bei der „Hälfteanschreibung". Die großzügige Geste eines Ehegatten, den anderen entweder gleich beim Kauf eines Grundstückes oder Hauses „anschreiben zu lassen" oder ihm später eine Hälfte zu schenken, sollte nicht steuerlich bestraft werden. Aus diesem Grunde gibt es seit einigen Jahren eine besondere Bestimmung, welche jedoch nur auf Schenkungsverträge Anwendung findet. Diese Befreiungsbestimmung ist jedoch im Detail tückisch und führt nicht immer zum gewünschten Effekt. Die ursprüngliche Absicht des Gesetzgebers, die nicht berufstätige Ehegattin beim Erwerb der gemeinsamen Wohnstätte zu begünstigen, wurde nur äußerst restriktiv (man könnte auch sagen kleinlich) Gesetz. Da diese Bestimmung in der Praxis sehr wichtig ist, soll sie hier im Wortlaut wiedergegeben werden.

„Steuerfrei bleiben außerdem Schenkungen unter Lebenden zwischen Ehegatten unmittelbar zum Zwecke der gleichteiligen Anschaffung oder Errichtung einer Wohnstätte mit höchstens 150 Quadratmeter Wohnnutzfläche zur Befriedigung des dringenden Wohnbedürfnisses der Ehegatten. Diese Steuerbefreiung tritt außer Kraft, wenn diese Wohnstätte nicht unter Aufgabe der Rechte an der bisherigen Ehewohnung innerhalb von drei Monaten ab Übergabe zur Befriedigung des dringenden Wohnbedürfnisses bezogen und ohne Änderung der Eigentumsverhältnisse weitere fünf Jahre benützt wird; wird die Wohnstätte erst errichtet, muß die Benützung zur Befriedigung des dringenden Wohnbedürfnisses innerhalb von drei Monaten ab Fertigstellung, längstens jedoch innerhalb von acht Jahren nach vertraglicher Begründung des Miteigentums – bei schon bestehendem, nicht nach dieser Bestimmung steuerfrei erworbenem Miteigentum ab Einreichung des Ansuchens um Erteilung der Baubewilligung – erfolgen."

Alles klar? Jedenfalls kann bei Schenkungen zwischen Ehegatten jeglicher Art innerhalb eines Zeitraumes von zehn Jahren der allgemeine Steuerfreibetrag von 130.000 Schilling in Anspruch genommen werden, was bei den gängigen Einheitswerten durchaus zu einer sehr moderaten Besteuerung führt.

Die Erbschaftssteuer und Schenkungssteuer wird nach den in der folgenden Tabelle wiedergegebenen Prozentanteilen vom Wert der

Schenkung oder Erbschaften berechnet. Die Unterschiede, abhängig vom Verwandtschaftsgrad und von der Höhe des Gesamtbetrages, sind dabei horrend.

Der Tarif der Erbschafts- und Schenkungssteuer

Die Steuer beträgt bei Erwerben bis einschließl. Schilling	in der Steuerklasse I	II	III	IV	V
	in % vom Wert des Erwerbs				
100.000	2	4	6	8	14
200.000	2,5	5	7,5	10	16
400.000	3	6	9	12	18
600.000	3,5	7	10,5	14	20
800.000	4	8	12	16	22
1.000.000	5	10	15	20	26
1.500.000	6	12	18	24	30
2.000.000	7	14	21	28	34
3.000.000	8	16	24	32	38
5.000.000	9	18	27	36	42
10.000.000	10	20	30	40	46
15.000.000	11	21	32	42	48
20.000.000	12	22	34	44	51
40.000.000	13	23	36	46	54
60.000.000	14	24	38	48	57
und darüber	15	25	40	50	60

Steuerklasse I:
Ehegatten, eheliche und uneheliche Kinder, Adoptiv- und Stiefkinder
Steuerklasse II:
Enkel und Urenkelkinder
Steuerklasse III:
Geschwister, Eltern, Großeltern und Stiefeltern
Steuerklasse IV:
Schwiegerkinder, Schwiegereltern, Neffen und Nichten
Steuerklasse V:
alle übrigen Erwerber, inklusive Lebensgefährten

Ausgenommen von Erbschafts- und Schenkungssteuer sind Schenkungen an bestimmte gemeinnützige Organisationen, wie beispielsweise bestimmte Krebsforschungsinstitute, Amnesty International, Caritas, Rotes Kreuz und viele andere mehr. Sie genießen ebenso wie die Stiftungen einen einheitlichen reduzierten Steuersatz von 2,5 Prozent. Wer gemeinnützig ist, kann durch eine Anfrage beim Finanzamt eruiert werden. Das Finanzministerium führt diesbezüglich die maßgebliche Liste.

Schenkung an Gemeinnützige **Beispiel**

Schenkungssteuerbemessung für eine gemeinnützige Organisation oder Stiftung:

Vermächtnis	öS 100.000,–
abzüglich Freibetrag in der Steuerklasse V =	– öS 1.500,–
ergibt	öS 98.500,–
Steuer 2,5 Prozent	**öS 2.462,–**

Pointiert gesagt, kann man die Schenkungs- als auch Erbschaftssteuerklassen nur dadurch verändern, indem man jene Person, der man etwas schenken oder vererben möchte, vorher heiratet oder gerichtlich adoptiert.

Kettenschenkung kann sich rechnen **Gewinntip**

In manchen Fällen verringern zweimalige Schenkungen die Steuerlast. Beispielsweise ist es laut Tarif billiger, etwas seinem Kind zu schenken, das es dann an seinen Ehegatten weiterschenkt (zweimal Steuerklasse I), als die Variante, dem Schwiegerkind direkt etwas zu schenken (Steuerklasse V).

Noch praxisrelevanter ist die Empfehlung, das Vermögen in Teilen zu verschenken.

Allgemeine Freibeträge: Enge Familie bevorzugt

In den einzelnen Steuerklassen gelten jeweils folgende Freibeträge.

Steuerklasse I oder II	**öS**	**30.000,–**
Steuerklasse III oder IV	**öS**	**6.000,–**
Steuerklasse V	**öS**	**1.500,–**

Die Freibeträge werden vom Gesamtwert des Vermögens abgezogen und die Steuer erst von der reduzierten Basis berechnet. Bleibt das Vermögen unter den Freibetragsgrenzen, so ist ganz einfach keine Steuer zu bezahlen.

Freibeträge gebühren nur einmal innerhalb von zehn Jahren. Bei der Erbschaftssteuer werden diese Freibeträge nur dann abgezogen, wenn sie nicht durch Schenkungen vor dem Tode bereits ausgenützt wurden.

Beispiel ***Zuerst geschenkt, dann vererbt***

Der Vater schenkt dem Sohn im Jahr 1992 ein Vermögen im Wert von 500.000 Schilling. Als der Vater im Jahr 2000 stirbt, erbt der Sohn ein Vermögen von einer Million Schilling.

Schenkung vom Vater	öS 500.000,–
minus Freibetrag	öS 30.000,–
Bemessungsgrundlage	öS 470.000,–
davon 3,5 Prozent Erbschaftssteuer ergibt	**öS 16.450,–**

Erwerb von Todes wegen	öS 1.000.000,–
plus Ersterwerb Schenkung	öS 500.000,–
minus Freibetrag	öS 30.000,–
Bemessungsgrundlage	öS 1.470.000,–
davon sechs Prozent Erbschaftssteuer ergibt	öS 88.200,–
minus bereits enttrichtete Steuer	öS 16.450,–
Erbschaftssteuer 1996	**öS 71.750,–**

Andere Steuerbefreiungen: vom Hausrat bis zur Aktie

Die wichtigsten Steuerbefreiungen von Erbschafts- und Schenkungssteuer sind:

- **Hausrat** (einschließlich Wäsche und Kleidungsstücke) beim Erwerb durch Personen der Steuerklasse I oder II ohne Rücksicht auf deren Wert, in der Steuerklasse III oder IV soweit der Wert 20.000 Schilling nicht übersteigt. Dies bedeutet, daß in der Steuerklasse I und II nach herrschender Auffassung auch wertvolle Antiquitäten (Teppiche, Möbel, Gemälde und dergleichen) steuerfrei sind.
- **Andere bewegliche körperliche Gegenstände** (z. B. Pkws, nicht jedoch Geld, Edelmetall, Edelsteine und Perlen) beim Erwerb in der Steuerklasse I oder II soweit der Wert 20.000 Schilling nicht

übersteigt, in der Steuerklasse III oder IV soweit der Wert 8.000 Schilling nicht übersteigt.

- Die üblichen **Gelegenheitsgeschenke.**
- Der Erwerb von Todes wegen von Kapitalvermögen (also nur Erbschaftssteuerfreiheit, keine Freiheit von der Schenkungssteuer) soweit diese im Zeitpunkt des Todes der **Endbesteuerung** gem. § 97 Einkommenssteuergesetz unterzogen wurden.

Aktien sind nicht endbesteuert **Achtung!**

Stichwort Endbesteuerung: Die sogenannte Endbesteuerung II (Erträgnisse von AGs, GmbH, ...) führt nicht zur Erbschaftssteuerfreiheit, nur die Endbesteuerung der Sparguthaben! Nicht endbesteuert sind somit alle Aktien, Kapitalanteilscheine, Gewinnscheine, GmbH-Anteile und jene Investmentfonds, die überwiegend in Aktien oder ausländische Wertpapiere veranlagen (diese Auskunft erhält man bei der Bank bzw. Fondsgesellschaft oder im Finanzamt).

Über die bei Drucklegung dieses Buches geplante Steuerbefreiung der Sparbücher von der Schenkungssteuer anläßlich der Aufhebung der Anonymität ist auf Seite 65 mehr zu finden.

Immobilien: Es zählt der günstige Einheitswert

Derzeit erfolgt die Besteuerung von Schenkungen und Erbschaften vom sogenannten Einheitswert. Bei den Finanzbehörden ist der Einheitswert jeder österreichischen Liegenschaft aktenkundig und kann dort erfragt werden.
Dieser Einheitswert stimmt – vor allem im städtischen Bereich – schon lange nicht mehr mit dem echten Wert (Verkehrswert) überein; er ist weit zurückgeblieben.

Seit Jahren wird deshalb eine Anhebung der Einheitswerte (oder eine andere Methode, um den Liegenschaftsübergang zu verteuern) befürchtet, und viele versuchen dem durch Schenkungen zuvorzukommen. Da die Erhöhung der Einheitswerte vor allem bei der großen Zahl an Eigentumswohnungsbesitzern und bei den Landwirten auf großen Widerstand stoßen würde, sind die zuständigen Politiker aber bisher davor zurückgeschreckt.

Gewinntip — ***Steuerzuckerl gilt auch frühzeitig***

Auch dann, wenn eine zum Nachlaß gehörige Liegenschaft vor Beendigung der Verlassenschaftsabhandlung verkauft wird, wird die Erbschaftssteuer nur vom Einheitswert und nicht vom Verkaufserlös berechnet.

Die leidige Zusatzsteuer

Solange die Besteuerung von Liegenschaften, Häusern, Eigentumswohnungen und dergleichen noch vom Einheitswert erfolgt, ist die steuerliche Situation somit günstig. Allerdings wird bei Grundbesitz eine zusätzliche Steuer fällig, welche im Fachjargon Grunderwerbsteueräquivalent heißt. Dieser Steuerzuschlag (häufig auch Zusatzsteuer genannt) wird damit begründet, daß über Schenkungen und Erbschaften die Grunderwerbsteuer umgangen werden kann.

Der Zuschlag wurde mit Wirkung vom 1. 6. 1996 verdoppelt und beträgt nunmehr bei Zuwendungen

- an den Ehegatten, einen Elternteil, ein Kind, Enkelkind, Stief-, Wahl- oder Schwiegerkind zwei Prozent,
- an andere Personen vier Prozent des Einheitswertes der erworbenen Liegenschaft.

Die Steuern auf Auslandsvermögen

Wann muß für Auslandsvermögen österreichische Erbschaftssteuer bezahlt werden? Wer ist überhaupt in Österreich steuerpflichtig?

Steuerpflichtig ist jeder Erblasser, der zum Ablebenszeitpunkt als Inländer qualifiziert wird. Als Inländer zählen dabei alle österreichischen Staatsbürger, ausgenommen jene, die sich länger als zwei Jahre im Ausland aufhielten und in Österreich keinen Wohnsitz mehr hat-

Achtung! — ***Von Inländern und Ausländern***

Wer im Sinne der Einkommensteuer Inländer ist, muß es nicht unbedingte nach den Regeln der Erbschafts- und Schenkungssteuer sein und umgekehrt.

Teure Auslandswohnung **Beispiel**

Hatte ein Erblasser mit österreichischem Hauptwohnsitz eine Eigentumswohnung in Venedig oder ein Haus in Athen, wird das für den Erben ziemlich teuer. Warum? Im Gegensatz zu inländischen Liegenschaften, bei welchen (wie lange noch?) der günstige steuerliche Einheitswert herangezogen wird, wird ausländischer Grundbesitz schon jetzt nach dem Verkehrswert (Marktwert) besteuert. Sohn erbt von Vater (Erbschaftssteuerklasse I):

Haus in Wien, Einheitswert	öS 300.000,–
minus Freibetrag Steuerklasse I	öS 30.000,–
ergibt	öS 270.000,–
davon drei Prozent Erbschaftssteuer ergibt	**öS 8.100,–**

gleichwertiges Haus in Athen mit einem ungefähren Verkehrswert von	öS 3.000.000,–
minus Freibetrag Steuerklasse I	öS 30.000,–
ergibt	öS 2.970.000,–
davon acht Prozent Erbschaftssteuer ergibt	**öS 237.600,–**

ten (Ausnahme: öffentliche Bedienstete, die ihren Auslandssitz aus dienstlichen Gründen hatten). Aber auch Ausländer, die in Österreich einen Wohnsitz oder ihren „gewöhnlichen Aufenthalt" haben, werden zur Erbschafts- und auch Schenkungssteuer herangezogen.

Wird ein Erblasser als Inländer eingestuft, ist automatisch der gesamte Nachlaß mit seinem gesamten inländischen und auch ausländischen Anteil steuerpflichtig.

Die inländische Erbschaftssteuer ist unabhängig von der ausländischen zu entrichten. Ein kleines Steuerzuckerl gibt es aber doch: Die im Ausland bezahlte Erbschaftssteuer kann im Inland als Schuldposten abgezogen werden. Noch besser ist es, wenn die Auslandssteuer direkt von der inländischen Erbschaftssteuer abgezogen werden kann. Letzteres bewilligt das Finanzministerium aber nur bei italienischem Besitz.

Eine Doppelbesteuerung (das heißt: eine Besteuerung in beiden Ländern) wird jedoch bei den für Österreich wichtigsten Staaten über

Beispiel ***In- und Auslandsvermögen***

Sohn erbt von Vater (Erbschaftssteuerklasse I):

Inländisches Vermögen	öS 1.000.000,–
Ausländisches Vermögen	öS 600.000,–
Gesamterwerb	öS.600.000,–
minus Freibetrag Steuerklasse I	öS 30.000,–
ergibt	öS 1.570.000,–
davon sieben Prozent Erbschaftssteuer	**öS 109.900,–**

Grundsätzlich wäre das inländische Vermögen mit fünf Prozent (Progressionsstufe I) steuerpflichtig. Da die Erbschaftssteuer aber vom Gesamterwerb errechnet wird und die Erbschaftssteuer progressiv gestaffelt ist, fällt Steuer in Höhe von sieben Prozent an.

Doppelbesteuerungsabkommen (DBA) reduziert (andererseits wird damit auch die gegenseitige Auskunftsleistung deutlich erhöht).

Eine Steuerreduktion läßt sich durch Verteilung von Vermögen auf mehrere Staaten im übrigen keineswegs erreichen. Das macht schon der Progressionsvorbehalt unmöglich, dessen detaillierte Berechnung hier ausgespart sei.

Wie erfährt der hiesige Fiskus vom Auslandsbesitz? Zunächst einmal durch die Angabe des Erben in der Erbschaftssteuererklärung. Denkbar ist aber auch, daß durch die Erwähnung im Testament oder in Prozeßakten eines Erbrechtsstreites eine derartige Tatsache offenkundig wird. Speziell bei Pflichtteilsstreitigkeiten muß mit dem Bekanntwerden von Auslandsvermögen gerechnet werden, da der Pflichtteil selbstverständlich vom möglicherweise weltweit verstreuten Nachlaß gebührt.

Müssen Sparbücher beim Notar angegeben werden?

Abgesehen von der strafrechtlichen und moralischen Problematik (Unterschlagung?) bei Schmälerung von Miterben, Pflichtteilsberechtigten und Gläubigern ist heute auch aus egoistischen Gründen die Angabe der Sparbücher zu empfehlen: Im Gesetz ist eindeutig festgehalten, daß steuerfrei nur der Erwerb von Todes wegen ist. Wenn im

Verlassenschaftsakt das Sparbuch (oder die Sparbücher) nicht aufscheint und dann später doch noch auftaucht, nimmt das Finanzamt (Hauptanlaß dafür: finanzamtliche Erhebungen anläßlich größerer Anschaffungen) an, daß das Sparbuch nicht geerbt, sondern geschenkt wurde.

Folge: Vorschreibung von Schenkungssteuer, denn man kann davon ausgehen, daß das Finanzamt die ungünstigere Sachlage annimmt. Es ist dann die Sache des Betroffenen, den Referenten vom Gegenteil zu überzeugen. Und das ist so gut wie unmöglich, wenn das bewußte Sparbuch nicht im „Eidesstättigen Vermögensbekenntnis" aufscheint (siehe Seite 81).

Geheimnisvolle Sparbuch-Vermehrung **! Achtung!**

Es soll sogar Erben geben, die beim Notar mehr Sparbücher angegeben haben, als der Verstorbene jemals besessen hat. Vielleicht deswegen, weil es für manche Erben ein einfacher Weg ist, aus Schwarzgeld völlig legales Geld zu machen. Der Betrag kann natürlich nicht allzu hoch sein, weil die Finanzbehörden andernfalls die Herkunft nachfragen würden; und ein gegen den Verstorbenen bzw. gegenüber dem Nachlaß eingeleitetes Verfahren trifft den Erben finanziell genauso wie ihn selbst.
Umgekehrt kann nicht weggeleugnet werden, daß viele Sparbücher des Erblassers nie beim Notar auftauchen, aus verschiedenen Gründen: reine Bequemlichkeit und Angst, daß trotz Amnestie und Steuerfreiheit doch noch etwas passiert, oder die Vereitelung der Ansprüche anderer Erben, illegal zwar, aber leider Tatsache. Oder es liegt Vermögen auf dem Sparbuch, das aus Schwarzgeldquellen gekommen ist und wohlgemerkt dadurch nicht amnestiert wurde.

Außerdem ist mit der Deklarierung von Sparbüchern im Verlassenschaftsverfahren eine umfassende Amnestie hinsichtlich der Herkunft der Gelder verbunden. Diese Amnestiewirkungen treten nur dann ein, wenn der Erbe von sich aus die Existenz der Bücher offenlegt. Eine Amnestie die nach dem Wissenstand bei Drucklegung dieses Buches sogar noch viel umfassender ausfallen könnte. Mehr darüber ab Seite 65.

Da das Sparbuch ein Inhaberpapier ist, kann immer der Inhaber darüber verfügen, außer der Bankangestellte hegt „materielle Zweifel"

Achtung! ***Schenkungssteuer droht***

Dies bedeutet, daß er bei Empfangnahme eines Sparbuches Steuer zahlen muß (da ja nur der Erwerb von Sparbüchern von Todes wegen steuerfrei ist).

am Überbringer (siehe Seite 57). Wird das Sparbuch am Nachlaß vorbeigeschwindelt, ist es durch Streitigkeiten mit anderen Erben (vor Gericht oder auch nur durch eine fundierte anonyme Anzeige eines Verwandten, der sich beispielsweise sicher war, daß es dieses Sparbuch geben muß), durch Finanzstrafverfahren gegen den Nachlaß oder jetzigen Besitzer gefährdet.

Die Finanzbehörden können auch annehmen, daß es das Sparbuch gegeben hat, wenn es zwischen den nachgewiesenen jährlichen Einnahmen und Ausgaben des mutmaßlichen Inhabers eine eklatante Differenz gibt.

Pflichtteilsverzicht heißt nicht Steuerfreiheit

Fall 1: Verzicht vor Erbanfall

Erhält der Verzichtende für die Abgabe des Verzichtes nichts, erfolgt er daher aus freien Stücken und unentgeltlich, so ist diese Erklärung steuerfrei. Wird der Verzichtende mit Geld oder Geldeswert abgefunden, muß er hingegen dafür Schenkungssteuer bezahlen, wenn die Summe über den Freibeträgen liegt.

Fall 2: Verzicht nach Erbanfall

Der unentgeltlich abgegebene Verzicht nach Erbanfall, d. h. im Verlassenschaftsverfahren vor dem Notar ist steuerfrei. Erhält der Ver-

Achtung! ***Nachträglich zählt nicht***

Der nachträgliche Verzicht nach Erbanfall ist für die Besteuerung ohne Bedeutung, d. h. der Pflichtteil wird in voller Höhe besteuert, und zwar so, wie er sich aus dem jeweiligen Rechtsanspruch aufgrund des Nachlaßvermögens ergeben hätte.

zichtende für seinen Verzicht etwas, muß er davon Erbschaftssteuer zahlen.

Fall 3: Verzicht nach Erbanfall und Geltendmachung des Pflichtteiles
Im Verlassenschaftsverfahren kommt es des öfteren vor, daß zunächst einmal der Pflichtteil geltend gemacht wird,d. h. vom Erben verlangt wird, und nachher aus irgendwelchen Gründen wiederum auf den Pflichtteil verzichtet wird.

Vorsicht beim Verzicht „zugunsten"!

Der Verzicht zugunsten einer Person, die nicht ohne weiteres zur Erbschaft gelangen würde, muß in einem Notariatsakt oder Protokoll des Gerichtskommissärs oder in einem sonstigen gerichtlichen Protokoll festgehalten werden. Dies ist nicht nur wegen der Wichtigkeit der Erklärung vonnöten, sondern hat auch seit einiger Zeit steuerliche Auswirkungen.

Nach derzeitiger Rechtsprechung des Verwaltungsgerichtshofes (welcher praktisch oberste Instanz in Steuersachen ist) führt der Erbverzicht zugunsten einer anderen Person (Fachausdruck qualifizierte Erbentschlagung) zu einer doppelten Steuer:

Teurer und billiger Verzicht

Beispiel

Der Vater ist ohne Testament verstorben und hinterläßt seiner Ehefrau und dem Sohn ein Bankguthaben von einer Million Schilling.

Fall 1: Sohn und Mutter erhalten ihren gesetzlichen Erbteil von zwei Drittel bzw. einem Drittel. Da es sich beim Vermögen um Sparbücher handelt, fällt keine Erbschaftssteuer an. Über die tatsächliche Vermögensaufteilung einigt man sich außergerichtlich.
Fall 2: Der Sohn verzichtet nach dem Tod des Vaters auf den ihm zustehenden Erbteil zugunsten der Mutter. Sein Erbe ist nach wie vor steuerfrei, der Verzicht jedoch ist schenkungssteuerpflichtig, und zwar in Steuerklasse III (vom Sohn auf die Mutter)!

Erbteil	öS 666.000,–
Steuersatz, Klasse III	12 %
ergibt eine Schenkungssteuer von	**öS 79.920,–**

- Der ursprünglich berufene, aber verzichtende Erbe zahlt ganz normal Erbschaftssteuer so, als ob er das Erbe angetreten hätte. Begründung: Wenn er nicht als Erbe berufen gewesen wäre, könnte er ja gar nicht verzichten.
- Derjenige, zu dessen Gunsten verzichtet wurde und der daher letztlich geerbt hat, zahlt nicht Erbschaftssteuer, sondern Schenkungssteuer. Dies ist deshalb von besonderer Bedeutung, weil in diesem Fall für endbesteuerte Sparguthaben und dergleichen keine Steuerfreiheit besteht.

Im Beispiel vorher ist es noch dazu so, daß das Erbe ja doch, zumindest der Wahrscheinlichkeit nach, einmal wieder von der Mutter auf den Sohn übergeben wird und zu diesem Zeitpunkt erneut eine Steuerbarriere überwunden werden muß.Vor dem Verzicht kann also nur gewarnt werden. Ganz allgemein kann gesagt werden, daß bei der qualifizierten Erbausschlagung (vielfach auch als Erbrechtsschenkung bezeichnet) speziell bei höheren Nachlässen besondere Vorsicht geboten ist.

Vorsicht vor Spekulationsgeschäften

Neben der Erbschaftssteuer kann dem Erben, wenn ein „Spekulationsgeschäft" vorliegt, auch Einkommensteuer vorgeschrieben werden (§ 30 Einkommensteuergesetz).

Beispiel ***Zehn Jahre müssen es sein***

Der Erblasser kauft im Jahr 1990 eine Liegenschaft um eine Million Schilling. Der Erbe verkauft 1996 um 2,5 Millionen. Es sind also nur sechs Jahre vergangen. Damit liegt ein Spekulationsgeschäft vor, da nach dem Gesetz zehn Jahre vergangen sein müßten, damit die Steuerfreiheit erlangt wird. Die Tatsache, daß dazwischen ein Erbvorgang oder eine Schenkung lag, wird seit längerem bei der Berechnung der Spekulationsfrist nicht mehr berücksichtigt.Der Spekulationsgewinn liegt in diesem Beispiel bei 1,5 Millionen Schilling, wovon gegebenenfalls noch Kosten wie Kreditzinsen, Grundbucheintragungsgebühren usw. abgezogen werden können. Dieser Betrag wird beim Erben zu seinem sonstigen Jahreseinkommen dazugeschlagen und besteuert. Faustregel bei größeren Erbschaften: Die Hälfte des Spekulationsgewinnes gehört dem Finanzamt.

Erbschaftssteuer wird angerechnet — **Gewinntip**

Ein kleines Zuckerl gibt es aber auch hier für den Erben: Im Absatz 7 des genannten § 30 EStG ist vorgesehen, daß die Spekulationssteuer um die zu zahlende Erbschaftssteuer ermäßigt wird.

Die Spekulationsfrist für Immobilien liegt bei zehn Jahren (in wenigen Ausnahmen – Haussanierung mit $^{1}/_{15}$-Absetzung – bei 15 Jahren).

Die Spekulationssteuer fällt nicht an, wenn der Verkäufer die Liegenschaft unmittelbar nach dem Kauf als Hauptwohnsitz benutzt hat, und das für mindestens zwei Jahre. Diese Steuerbefreiung gilt dann auch für das gesamte Grundstück, wenn es nicht größer als rund 1.000 Quadratmeter ist.

Nur auf Antrag — **Achtung!**

Die Ermäßigung der Spekulationssteuer muß vom Steuerpflichtigen beantragt werden!

Schenkt ein Hausherr das Haus seinem Kind, dann muß dieses dort mindestens zwei Jahre seinen Hauptwohnsitz gehabt haben (gemeinsam mit dem Vater oder alleine), damit die Steuerbefreiung gilt. Hat es gemeinsam mit seinem Vater schon mehr als zwei Jahre dort gewohnt, kann es das Haus sofort verkaufen.

Werden unbebaute Grundstücke binnen zehn Jahren verkauft, so verringert sich die Spekulationsfrist nach dem Ablauf von fünf Jahren jährlich um zehn Prozent.

In seltenen Fällen tritt das Problem der Spekulationsfrist auch beim Vererben von Wertpapieren auf. Hier liegt die Behaltefrist nur bei einem Jahr; der Erbe darf hier nur nicht den Fehler machen, die Wertpapiere zu früh zu verkaufen.

Einer für alle, alle für einen

Die Sicherung der Einbringlichkeit einer Steuer zieht sich durch sämtliche Steuer- und Gebührengesetze. Im Bereich der Erbschaftssteuer ist zu beachten, daß nach ständiger Übung die Finanzämter für

Gewinntip ***Zahlt der Cousin aus Kanada?***

Wenn ausländische Berechtigte vorhanden sind, lassen Sie sich durch den Notar die zu erwartende Steuer ausrechnen, und behalten Sie diesen Betrag bei der Überweisung oder Ausfolgung ein. Allzu leicht kann es nämlich passieren, daß der „liebe Cousin aus Kanada“ nach einem halben Jahr, wenn die Steuer vorgeschrieben wird, plötzlich nicht mehr so lieb ist, kein Geld mehr hat, verzogen ist oder sich jedenfalls nicht rührt. In diesem Fall muß der in Österreich verbleibende Haupterbe (der ja vom Finanzamt als Gesamtschuldner herangezogen wurde), der die Steuer des ausländischen Erben aus eigener Tasche bezahlen mußte, den Verlust abschreiben.

Gebühren und Verkehrssteuern bei Vorhandensein mehrerer steuerpflichtiger Erben, Legatare oder Pflichtteilsberechtigter die gesamte Steuer einer Person vorschreiben. Dies geschieht durch Erlassung eines sogenannten „Haftungsbescheides“. Im Normalfall führt dies zu keinen Problemen, da speziell bei nahen Angehörigen die Steuerbeträge eher niedrig ausfallen und derjenige, der die Steuer bezahlt hatte, die auf die anderen Personen entfallenden Beträge leicht wieder zurückbekommen kann.

Anders ist es, wenn Teile der Erbschaft ins Ausland auszufolgen sind.

Gewinntip ***Steuerdepot beim Notar***

Neben der „Einbehaltung“ bei ausländischen Verwandten gibt es eine weitere Möglichkeit, sich davor zu schützen, daß die Miterben ihren Erbschaftssteueranteil nicht zahlen. Im Verlassenschaftsverfahren wird vereinbart, daß die Auszahlung aller Erbteile und Legate durch den zuständigen Notar unter Einbehalt der Erbschaftssteuer erfolgen soll. Der Notar richtet auf einem Treuhandkonto ein Steuerdepot ein, bezahlt hiervon – nach Überprüfung der Richtigkeit – die Erbschaftssteuer und überweist einen verbleibenden Restbetrag samt Zinsen an die Erben. Das ist überhaupt der sicherste Weg.

Die oben beschriebene Haftung für fremde Erbschaftssteuerschuld trifft auch den Bevollmächtigten. Höchst unangenehm für einen, der „gefälligkeitshalber“ für einen im Ausland befindlichen Erben diesen bei der Abwicklung einer Erbschaft vertreten hat und nun für die Steuer aus eigener Tasche aufkommen muß.

Die Versicherung vor großen Erbschaften

Eine Erbschaftssteuerversicherung liegt vor, wenn in einem Lebensversicherungsvertrag vereinbart wird, daß die Versicherungssumme innerhalb von zwei Monaten nach dem Eintritt des Versicherungsfalles (sprich: Tod) an das zuständige Finanzamt zur Deckung der Erbschaftssteuer zu überweisen ist.

Diese Versicherung ist nur für größere Vermögen gebräuchlich, zumal sie nur bei sehr hohen Steuerbeträgen zu einer spürbaren

Was die E-Versicherung bringt

Beispiel

Der Erblasser hinterläßt seinem Neffen einen Gesamtnachlaß von zwei Millionen Schilling, zuzüglich einer Erbschaftssteuerversicherung mit einer Million Versicherungssumme.

Erwerb von Todes wegen	öS 3.000.000,–
minus Freibetrag Steuerklasse IV	öS 6.000,–
Bemessungsgrundlage	öS 2.994.000,–
davon 32% Erbschaftssteuer ergibt	**öS 958.080,–**

Im Erwerb war eine Million Erbschaftssteuerversicherung enthalten, daher Ermässigung um die max. Erbschaftssteuer

d. h. 32% von 958.080 Schilling ergibt	öS 306.580,–
zu entrichtende Erbschaftssteuer	**öS 651.500,–**

Der Differenzbetrag zwischen der tatsächlichen Versicherungssumme und der anrechenbaren Versicherungssumme ist auf jeden Fall erbschaftssteuerpflichtig. Wäre die Versicherungssumme geringer als die errechnete Erbschaftssteuer, so könnte man die gesamte Versicherungssumme zur Berechnung heranziehen.

Gewinntip

Versicherungssumme richtig wählen

Die Versicherungssumme der Erbschaftssteuerversicherung sollte nach Möglichkeit in einer Höhe gewählt werden, die eine anfallende Erbschaftssteuer nicht übersteigt.

Steuerentlastung führt und bereits beim Abschluß der Steuerversicherung die zukünftige Steuerbelastung schätzungsweise eruiert werden müßte (was praktisch unmöglich ist).

Die steueroptimale Vermögensweitergabe

Welches Vermögen wird vererbt?

Der Erblasser hat eine grundsätzliche Wahl, welche Art von Vermögen er seinen Erben hinterläßt. Da dieses ganz unterschiedlich von der Erbschaftssteuer bedacht wird, ist diese grundsätzliche Entscheidung besonders wichtig:

Beispiel

359.040,– oder 0,– Steuern

Der Erblasser vererbt seinem Schwiegerkind (Steuerklasse IV) ein Vermögen im Gesamtwert von zwei Millionen Schilling.

Variante I

Bargeld	öS 1.500.000,–
Sparbuch	öS 500.000,–
steuerpflichtiges Vermögen	öS 1.500.000,–
minus Freibetrag Steuerklasse IV	öS 6.000,–
Bemessungsgrundlage	öS 1.494.000,–
davon 24 % Erbschaftssteuer ergibt	**öS 359.040,**

Variante II

Sparbuch	öS 2.000.000,–
steuerpflichtiges Vermögen	öS 2.000.000,–
ist bereits endbesteuert, daher Steuer	**0,–**

- Schenkungssteuerfrei. Mit der KESt von derzeit 25 Prozent ist nicht nur die Einkommensteuer, sondern eben auch die Erbschaftssteuer abgegolten. Sparbücher sind somit grundsätzlich am günstigsten – nämlich gar nicht – besteuert.
- Sowohl bei der Schenkungs- als auch bei der Erbschaftssteuer sind inländische Liegenschaften, wie bereits erwähnt, sehr günstig, weil nur der niedrige Einheitswert als Berechnungsbasis dient.

Eher ungünstig (in Extremfällen sogar prohibitiv) ist die Besteuerung von:

- gutgehenden Unternehmungen aller Art, Anteile an GmbHs,
- Aktien,
- Pflichtteilen, wenn sie in barem Geld ausbezahlt werden,
- Vermächtnissen, die auf bares Geld lauten.

Abzugsposten verringern die Erbschaftssteuer

Alle Ausgaben, die unmittelbar oder mittelbar mit dem Todesfall zu tun haben, verringern als Abzugposten die Basis, von der die Erbschaftssteuer berechnet wird. Die wichtigsten Abzugsposten bei der Erbschaftssteuer sind:

- allgemeiner Steuerfreibetrag, z. B. 30.000 Schilling in der Steuerklasse I und II,
- alle Passiven (Begräbniskosten, Schulden und dergleichen),
- Trauerkleidung,
- Kosten der Verlassenschaftsabhandlung (Gebühr des Gerichtskommissärs, gerichtl. Pauschalgebühr, allfällige Sachverständigenkosten),
- Vertretungskosten (Honorare).

Auf Sparbuch umschichten, aber nicht zu früh

Wegen der grundsätzlich höheren Besteuerung von Pflichtteilen und Geldvermächtnissen kann der Erblasser, wenn er dem Begünstigten Steuer sparen helfen will, auch endbesteuerte Sparbücher oder dergleichen testamentarisch hinterlassen.

Von Barvermögen oder Wertpapieren kann dabei auch ganz kurzfristig umgeschichtet werden. Dabei ist aber zweifach Vorsicht geboten.

Vorsicht zunächst beim Legat: Wird das Sparbuch im Verlassenschaftsverfahren nicht vorgefunden oder (soll ja immer mal wieder

Beispiel — ***Das „wasserdichte“ Sparbuch-Legat***

„Ich vermache meinem Lieblingsneffen Hans das Sparbuch mit der Nummer 1380051375, lautend auf Überbringer, bei der XX-Bank mit einem ungefähren Einlagestand von derzeit 300.000 Schilling. Für den Fall, daß dieses Sparbuch bei meinem Ableben nicht mehr vorhanden sein sollte, vermache ich ihm einen Barbetrag von 300.000 Schilling.“

vorkommen) nicht vorgelegt, wurde das Guthaben auf ein anderes Sparbuch übertragen oder dererlei mehr, ist das Legat damit vernichtet und der testamentarisch Begünstigte geht völlig leer aus. Warum? Weil der Legatar nur Anspruch auf die im Testament genau bezeichnete Sache hat.

Diese Schwierigkeit ließe sich nur bei sehr sorgfältiger Testamentsgestaltung verhindern, wie im obigen Beispiel formuliert. Sollte das Sparbuch dann wirklich nicht mehr vorhanden sein, bekommt der Legatar jedenfalls den ihm zugedachten Geldbetrag, muß jedoch davon Erbschaftssteuer zahlen.

Etwas besser ist die rechtliche Position des Pflichtteilsberechtigten. Warum? Dieser hat ja ohnehin einen bestimmten Geldbetrag zu bekommen. Sein Anspruch hängt bloß vom Wert des Gesamtnachlasses ab, und nicht vom Vorhandensein bestimmter Sparbücher.

Achtung! — ***Niedriger Ertrag, hohe Steuerfreiheit***

Sparbücher sind bekanntlich nicht besonders gut verzinst. Es ist langfristig sicher unwirtschaftlich im Bewußtsein, daß es ja jeden Tag soweit sein kann, das Kapital nur auf Sparbüchern zu lagern. Die vorsorgliche Umschichtung empfiehlt sich nur in jenen traurigen Fällen, in denen das Lebensende absehbar ist.

Vorsicht ist grundsätzlich geboten, wenn man kurzfristig Immobilien, Kunstgegenstände und auch Wertpapiere raschest zu Bargeld machen und dann in Sparbücher umwandeln will. Da kann ein schlechter Verkaufspreis etwaige Steuervorteile gleich wieder wettmachen.

Konkrete Tips zum Steuersparen

Im folgenden finden Sie eine Sammlung konkreter Tips und Empfehlungen, wie man durch geschickte Umschichtungen schon vor dem Todesfall die Steuerbelastung beim Schenken und Erben ganz legal vermindern kann.

Heiraten senkt die Steuerklasse auf I.

Ein Blick auf die insgesamt fünf Steuerklassen (siehe Seite 118) genügt, und man kennt den simpelsten Trick, um Erbschaftssteuer zu sparen. Vom Lebensgefährten in Steuerklasse 5 kassiert das Finanzamt bis zu 60 Prozent seines gerade ererbten Vermögens. Die aufopfernde Pflege des „Wahlonkels" an dessen Lebensabend wird von diesem möglicherweise mit einer schönen Erbschaft belohnt, die Freude darüber wäre aber sicherlich noch größer, wenn sich die Finanz davon nicht ebenfalls bis zu 60 Prozent einbehalten würde. In beiden Fällen könnte man die Lösung mit „Verbesserung des Grades der Verwandtschaft" umschreiben. Wird der Lebengefährte zum Ehegatten, muß er nur noch maximal 15 Prozent Erbschaftssteuer bezahlen. Gleiches gilt für den adoptierten „Krankenpfleger". Ersparnis bei einem angenommenen Vermögen von fünf Millionen Schilling: jeweils 1,65 Millionen Schilling.

Adoption senkt die Steuerklasse ebenfalls auf I.

Wie eine Heirat vonstatten geht, dürfte einigermaßen bekannt sein, weniger eine Adoption. Wichtig ist, daß – zumindest formal – ein „außersteuerlicher Anlaß" vorliegt. Im immer schriftlichen und gerichtlich genehmigten Adoptionsvertrag könnten beispielsweise dazu „Kindeswohl" oder „gerechtfertigtes Interesse" angeführt werden. Grundsätzlich kann jeder (Ehepaare oder Einzelpersonen) jeden (Minder- oder Volljährige) adoptieren. Einschränkungen: Der Adoptivvater muß mindestens 30, die Mutter mindestens 28 Jahre alt sein, und der Altersunterschied zwischen Adoptiveltern und -kind muß mindestens 18 Jahre betragen. Außerdem müssen noch die Ehepartner des Adoptierenden, des Adoptierten sowie natürlich auch die leiblichen Eltern des zukünftigen Adoptivkindes zustimmen. Zu berücksichtigen ist aber, daß bei einer Adoption eine Vertragsgebühr anfällt, die bis zu ein Prozent des Vermögens des Adoptierenden ausmachen kann. Bei der Adoption eines Minderjährigen fällt diese Gebühr aber weg.

Firmengründung: Schuß nach hinten . . .

Wenn eine „Verbesserung des Verwandtschaftsgrades" Erbschaftssteuer spart, bewirkt eine, wenn auch unabsichtliche Verschlechterung selbstverständlich das Gegenteil.

Die folgende Geschichte ist einem – hoffentlich gut versicherten – Anwalt tatsächlich passiert. Ein von diesem Anwalt beratenes Ehepaar wollte seinen zwei Kindern eine Eigentumswohnung schenken. Da nur Ehepaare gemeinsam Wohnungseigentümer sein können, schlug der Anwalt eine Eingetragene Erwerbsgesellschaft (EEG) der Kinder vor. Anschließend schenkten die Eltern die Wohnung dieser EEG. Problem dabei: Die EEG ist im Verhältnis zu den Eltern der Kinder in der schlechtesten, also der 5. Steuerklasse. Über den Einheitswert der Wohnung ist zwar nichts bekannt, wäre er aber bei etwa 200.000 Schilling gelegen, dann wäre die Schenkungsteuer dank des „trickreichen" Anwalts von 3.400 (für die Steuerklasse I) auf 27.790 Schilling geschnellt.

Beispiel ***Gemischte Schenkung bringt`s***

Eltern wollen ihrem Kind ihr Einfamilienhaus mit einem Verkehrswert von drei Millionen Schilling (Einheitswert 300.000 Schilling) zukommen lassen:

1. Schenkung

Einheitswert	öS 300.000,–
abzgl. Freibetrag	öS 30.000,–
	öS 270.000,–
davon 3% (Steuerklasse I)	öS 8.100,–
zzgl. Grunderwerbsteuer (2% v. öS 300.000,–)	öS 6.000,–
gesamte Steuerbelastung	**öS 14.100,–**

2. „Gemischte" Schenkung

Hier fällt bei der steueroptimalen Gestaltung nur die zweiprozentige Grunderwerbsteuer, berechnet vom Einheitswert (300.000 Schilling), an. Statt 14.100 muß das Kind nur 6.000 Schilling bezahlen. Anmerkung: Bei Immobiliengeschäften unter nahen Verwandten (Eltern, Kindern und Enkel) beträgt die Grunderwerbsteuer nicht wie sonst 3,5 Prozent, sondern nur zwei Prozent.

„Gemischte“ Schenkung.
Bei einer sogenannten „gemischten“ Schenkung wird die Wohnung, das Haus oder das Grundstück zwar verschenkt, aber mit einer Gegenleistung (z. B. Fruchtgenußrecht) belastet. Innerhalb der Familie ist das eine legale, von der Finanz tolerierte Möglichkeit zum Steuersparen. Der Vorteil dabei: Bei der normalen Schenkung fallen Schenkungssteuer und Zusatzsteuer (siehe Seite 122) an; bei der gemischten Schenkung nur die Grunderwerbsteuer.

Versorgungsrente: Einkommensgefälle ausnutzen
Selbe Idee, anders ausgelegt. Das Einkommensgefälle zwischen Eltern mit geringem Einkommen und gutverdienenden Kindern wird ausgenutzt: Ein Vater überträgt dem Sohn mittels einer „gemischten“ Schenkung sein Haus und vereinbart dafür eine monatliche Rente. Erstens erspart sich der Sohn damit wie eben beschrieben die Differenz zwischen der Grunderwerbsteuer und der Schenkungssteuer, dazu zweitens jährlich einen Teil seiner Einkommensteuer. Der gutverdienende Sohn (Steuerbelastung 42 bis 50 Prozent) kann die Rente als Sonderausgabe absetzen. Der Vater mit einem geringen Einkommen muß die Rente nur mit einer Steuerprogression von 22 bis 32 Prozent versteuern. Der Differenzbetrag von zehn bis 18 Prozent der Rente verbleibt als jährlicher Steuervorteil.

Schnelles Weiterverschenken
Verschenken oder vererben Eltern das von ihren eigenen Eltern erhaltene Vermögen innerhalb von fünf Jahren an ihre Kinder, dann wird nur noch die Hälfte des vorherigen Steuersatzes verrechnet. Beim schnellen Weiterverschenken innerhalb von zehn Jahren reduziert sich die Steuer um ein Viertel. Das gilt allerdings nur für den hier beschriebenen Fall. Ansonsten gilt:

Steuerersparnis durch „Splitting“
Wird das Vermögen (z. B. ein Zinshausbesitz) in Teilen verschenkt, kann damit erstens eine Minderung der Steuerprogression und zweitens eine mehrmalige Ausschöpfung der Freibeträge erreicht werden.

Allerdings, zum Unterschied von oben, müssen die Teilschenkungen jeweils mehr als zehn Jahre auseinander liegen. Ansonsten gilt: Mehrere Schenkungen (und Erbschaften) von ein und derselben Person innerhalb von zehn Jahren sind zusammenzurechnen, und die Steuer wird dann vom Gesamterbe berechnet.

„Kettenschenkung"

In manchen Fällen verringern zweimalige Schenkungen („Kettenschenkungen") die Steuerbelastung. So kommt es günstiger, etwas seinem Kind zu schenken, das es dann an seinen Ehepartner weiter-

Beispiel ***Doppelt geschenkt rechnet sich besser***

Wieder auf das schon vorher benutzte Beispiel des „Drei-Millionen-Einfamilienhauses" umgelegt, würde sich aus dieser „Kettenschenkung" folgender Vorteil ergeben:

1. Variante: direkte Schenkung an das Schwiegerkind

Einheitswert des Hauses	öS 300.000,–
abzgl. Freibetrag	öS 6.000,–
	öS 294.000,–
davon 12% (Steuerklasse II)	öS 35.280,–
Zusatzsteuer (2% vom Einheitswert)	öS 7.056,–
Steuerbelastung	**öS 42.336,–**

2. Variante: indirekte Schenkung über den Sohn

a) Vater an sein Kind

Einheitswert des Hauses	öS 300.000,–
abzgl. Freibetrag	öS 30.000,–
	öS 270.000,–
davon 3% (Steuerklasse I)	öS 8.100,–
Zusatzsteuer (2% vom Einheitswert)	öS 6.000,–
Steuerbelastung	**öS 14.100,–**

b) Kind an Ehepartner

Einheitswert des Hauses	öS 300.000,–
abzgl. Freibetrag	öS 30.000,–
	öS 270.000,–
davon 3%(Steuerklasse I)	öS 8.100,–
Zusatzsteuer (2% vom Einheitswert)	öS 6.000,–
Steuerbelastung	öS 14.100,–
Steuerbelastung gesamt	öS 28.200,–
Ersparnis bei der „Kettenschenkung"	**öS 14.136,–**

schenkt (zweimal Steuerklasse I), als Schwiegersohn oder -tochter direkt zu beschenken (Steuerklasse IV). Ein Beispiel dazu ist im nebenstehenden Kasten durchgerechnet.

„Gemeinsames Vermögen“

Die Bildung von gemeinsamem Vermögen zu Lebzeiten zwischen den Ehepartnern oder zwischen Eltern und Kindern bringt fast immer erhebliche Steuervorteile. Stirbt der Erblasser, müssen die Erben dann nur noch für dessen Teil Steuern bezahlen. Insbesondere die Eigentumswohnung sollte beiden Ehepartnern gehören. Wenn – was meist der Fall sein wird – der überlebende Ehepartner die Wohnung „zur Befriedigung seines dringenden Wohnbedürfnisses“ benötigt, so muß er nur allfällige Pflichtteilsberechtigte entschädigen, und zwar mit einem Sechstel vom Schätzwert der ganzen Wohnung abzüglich Hypotheken. Dann wird der halbe Wohnungsanteil an ihn überschrieben. Gehört die Wohnung bislang nur einem Ehepartner, gibt es dazu die Möglichkeit der extrem günstigen „Hälfteanschreibung“: Wenn die Wohnung unter 150 Quadratmeter groß und sichergestellt ist, daß es sich um den gemeinsamen Hauptwohnsitz handelt, bleibt die halbe Wohnung schenkungssteuerfrei.

Bei Immobilien und Firmen: Der Bärentaltrick

In Anlehnung an eine der prominentesten Transaktionen dieser Art hat sich für die Schenkung mit Zurückbezahlung des Fruchtgenußrechts der Name „Bärentaltrick“ durchgesetzt: Da Jörg Haider das Bärental von seinem Onkel nur unter der Bedingung geschenkt

Beispiel

Belastungsverbot sichert Fruchtgenuß

Ein Hinweis für den Fall, daß Sie das Risiko scheuen, Ihrem Sohn (Tochter, Neffen ...) schon zum jetzigen Zeitpunkt Ihre Wohnung (Haus, Grundstück, Firma) zu übertragen, weil man ja jetzt noch nicht absehen könne, wie sich der Beschenkte charakterlich weiterentwickeln wird: Wenn Sie ihn gleichzeitig mit der Übergabe des Vermögens mit einem Belastungs- und Veräußerungsverbot belegen, dann ist das Risiko, plötzlich ohne Fruchtgenuß dazustehen, beträchtlich minimiert.s

Beispiel

Ohne Bärental-Trick

Beispiel einer verschenkten Eigentumswohnung (wie bei den folgenden Beispielen auch, werden alle Freibeträge nicht berücksichtigt):

Einheitswert der verschenkten Wohnung (entspricht einem Verkehrswert von drei bis vier Millionen Schilling)	öS 322.037,–
Gegenleistung aufgrund der Gewährung des Fruchtgenusses (Wohnrechtes)	öS 180.000,–
Gewährung des Fruchtgenusses (Wohnrechtes) maßgeblicher Wert	öS 142.037,–
abzüglich Freibeträgen, gemäß § 14 Erbschaftsteuergesetz	öS 12.037,–
somit Schenkungssteuer	**öS 1.661,–**

bekam, daß der übernehmende Junior den scheidenden Senior ausgiebig alimentiert, wurde bei der Übergabe fast keine Schenkungssteuer fällig. Der zu leistende Fruchtgenuß wird in solchen Fällen entsprechend der Lebenserwartung des Begünstigten hochgerechnet und dann mit der (theoretisch) fälligen Schenkungssteuer gegengerechnet. Heraus kommt im Idealfall: null Steuer.

Das Modell, im Grunde nichts anders als die bereits beschriebene „gemischte" Schenkung, funktioniert im Prinzip bei allen Immobilien (Grundstücken, Häusern, Eigentumswohnungen), wo es in der Praxis schon hundertfach erprobt wurde, aber auch bei der Übergabe von Unternehmen, jeweils nach diesem Grundmuster: „Alles, was ich aufgebaut habe, gehört nun dir, mein Sohn, ich behalte mir jedoch bis an mein Lebensende den Fruchtgenuß." Dies bedeutet steuerrechtlich, daß der Beschenkte bis zum Ableben seines Gönners eine „geldwerte Gegenleistung" erbringt – und diese verringert seine Steuerlast.

In der steuerlichen Praxis wird diese Gegenleistung nach den Regeln des Bewertungsgesetzes (siehe dazu Seite 106) bewertet, also der Wert des Fruchtgenußrechtes bestimmt und mit einem Multiplikator aufgewertet, der von der Restlebenserwartung abhängt. Untervarianten in diesem Modell ergeben sich danach, wie der Wert des Fruchtgenußrechtes errechnet wird, das dem Geschenkgeber zusteht.

Mit Bärental-Trick

Beispiel

Vater übergibt seiner Tochter bereits zu Lebzeiten eine Landvilla.

Steuerlicher Einheitswert	öS 1.000.000,–
Wert des Fruchtgenusses (Nettomietwert): 10.000 Schilling pro Monat, pro Jahr	öS 120.000,–
Vervielfacher für einen 65- bis 70jährigen: siebenfacher Jahresbetrag, ergibt	öS 840.000,–
Schenkungssteuerberechnungsbasis: 2,5% von 160.000	öS 4.000,–
2% Zuschlag von 160.000	öS 3.200,–
2% Grunderwerbsteuer unter nahen Verwandten von 840.000	öS 16.800,–
Summe	**öS 24.000,–**

Zum Vergleich die Erbschaftssteuer:

5% von 1.000.000	öS 50.000,–
2% Grunderwerbsteuerzuschlag	öS 20.000,–
Summe	**öS 70.000,–**

Die (fristgerechte) Schenkung spart 46.000 Schilling an Steuern

- das Wohnrecht wird über Restlebenserwartung mal fiktiver Miete errechnet;
- falls die Immobilie Ertrag abwirft (Zinshaus, vermietete Eigentumswohnung, Forstbetrieb, genauso ein Unternehmen) und sich der Geschenkgeber diesen vorbehält, wird der Jahresnettoerlös auf die Lebenserwartung hochgerechnet;
- wirft eine Immobilie keinen Ertrag ab, so kann ein Betrag vereinbart werden, den der Beschenkte jährlich an den Geschenkgeber bezahlt, woraus dann der Wert dieses Fruchtgenusses errechnet wird.

Der Bärentaltrick hilft auch gegen künftige Erhöhungen von Einheitswert, Steuersätzen und auch Zusatzsteuer (Grundwerbsteueräquivalent).

Beispiel ***Schenken einer Landwirtschaft***

Beispiel mit der Weitergabe eines land- und forstwirtschaftlichen Vermögens: Ein Forst mit 1.000 Hektar soll von einem 72jährigen an seinen Sohn übergeben werden. Im Fall der Schenkung behält sich der Vater das Fruchtgenußrecht (jährlicher Ertrag 2.000 Schilling pro Hektar) vor.

Steuerlicher Einheitswert	8.000.000,–
Wert des Fruchtgenusses	2.000.000,–
Vervielfacher für einen 70– bis 75jährigen: fünf	10.000.000,–
Schenkungssteuer:	
Berechnungsbasis:	8.000.000 minus 10.000.000,–
Schenkungs– und Zusatzsteuer somit	0,–
2% Grunderwerbsteuer unter nahen Verwandten von 10 Millionen	öS 200.000,–
Summe	**öS 200.000,–**
Zum Vergleich Erbschaftssteuer:	
10% von acht Millionen	öS 800.000,–
plus 2% von acht Millionen Zusatzsteuer	160.000,–
Summe	**öS 960.000,–**

Die (fristgerechte) Schenkung erspart 760.000 Schilling an Steuern

Steuersparmodell für ein Unternehmen

Bei Unternehmungen empfiehlt es sich grundsätzlich, einen Generationenwechsel zu Lebzeiten durchzuführen, wobei es hierfür eine ganze Palette von Möglichkeiten gibt. Nicht nur wegen der Erbschaftssteuer, sondern auch wegen der noch größeren Problematik der Pflichtteile von nahen Angehörigen, welche im Unternehmen nicht nachfolgen sollen oder können.

Ein Beispiel dazu finden Sie auf der nächsten Seite.

Die Steuer auf das Vermächtnis wird dem Erben vorgeschrieben

Normalerweise bezahlt jeder Begünstigte aus einer Erbschaft die Steuer, die seiner Bereicherung entspricht. Hat der Erblasser jedoch in einem Testament die auf einen Erbteil oder ein Vermächtnis entfal-

Beispiel

Erbschaftssteuer – zahlt wer anderer

Der gesamte Nachlaß macht 550.000 Schilling in Bargeld aus. Der Sohn ist Alleinerbe. 100.000 Schilling werden per Testament dem Nachbarn vermacht, es gibt keine testamentarische Anordnung, wer die Erbschaftssteuer zahlen soll. Steuerliches Ergebnis: Der Sohn bezahlt 3,5 Prozent von 450.000 Schilling (Steuerklasse I), macht 15.750 Schilling. Der Vermächtnisnehmer ist nicht verwandt, somit Steuerklasse V, und zahlt 26 Prozent von 100.000 Schilling, somit 26.000 Schilling. In Summe sind 41.750 Schilling zu bezahlen.
Verfügt hingegen der Erblasser im Testament, daß der Sohn die Erbschaftssteuer des Legatars zahlen muß, so kann dieser die errechneten 26.000 Schilling von seiner Steuerbasis abziehen. Die 3,5 Prozent werden somit nur von 424.000 Schilling berechnet, ergibt 14.840 Schilling. Die gesamte Erbschaftssteuer reduziert sich damit um 910 Schilling.

lende Steuer einem anderen auferlegt, so führt dies insgesamt zu einer Steuerersparnis, da ansonsten laut Gesetz die Erbschaftssteuer vom reinen Wert des Erbes nicht abgezogen werden kann.

Die Steuerersparnis ist umso höher, je größer der Anteil des Legates am Gesamtvermögen ist und je höher der Steuersatz des Legatares ist. Mit der Wahl eines Legatares, der dem Erben nahesteht, ergeben sich somit einige Gestaltungsmöglichkeiten.

Das gewählte Beispiel ist im übrigen nur zur einfachen Darstellung des Steuervorteiles geeignet, da der Erblasser sowohl dem Erben als auch dem Legatar die gesamte Erbschaftssteuer erspart hätte, wenn er das Bargeld auf ein Sparbuch einbezahlt hätte.

Das Wichtigste

- Die Erbschaftssteuer ist grundsätzlich genauso hoch wie die Schenkungssteuer. Beide bemessen sich anhand derselben Tabelle abhängig vom betroffenen Vermögen und vom Verwandtschaftsgrad.

- Steuerfreibeträge können vor allem bei nahen Verwandten die beiden Steuern stark reduzieren.
- Es gibt zwei Unterschiede in der Berechnung von Erbschafts- und Schenkungssteuer: die anwendbaren Freibeträge, und – noch wichtiger – Sparbücher und inländische Anleihen. Sie sind nur von der Erbschaftssteuer, nicht aber von der Schenkungssteuer befreit.
- Für Immobilien gilt eine besondere Art der Besteuerung: Die Steuer wird nicht am Verkehrswert (Marktwert) bemessen, sondern am sogenannten Einheitswert; ein von den Finanzbehörden festgesetzter Preis, der fast immer viel niedriger ist als der Verkehrswert, im Durchschnitt liegt er nur bei zehn Prozent.
- Für Auslandsimmobilien gilt diese Begünstigung nicht. Ihre Steuer wird vom Verkehrswert bemessen.
- Die völlige Steuerfreiheit erreicht man durch Vererben von Sparbüchern. Bei Drucklegung des Buches war überdies geplant, die Sparbücher für einen gewissen Zeitraum (geplant von Ende 2000 bis 2002) auch von der Schenkungssteuer zu befreien. Dies wäre eine Art der Vermögensweitergabe, die sich in vielen Fällen auszahlen wird.
- Auch die Senkung der Steuerklassen durch Heirat oder Adoption sind bei größeren Vermögen häufig genutzte Möglichkeiten.
- Bei der Weitergabe von Immobilien ist die „gemischte“ Schenkung eine empfehlenswerte Variante: Der Erblasser verschenkt die Immobilie, behält sich aber Rechte daran, z. B. das Fruchtgenußrecht auf die Mieteinnahmen, zurück. Diese Rechte werden bewertet und von der errechneten Schenkungssteuer abgezogen, was bei steueroptimaler Gestaltung die zu bezahlende Schenkungssteuer gegen Null reduziert.
- Bei der Weitergabe von Immobilien ist die Einhaltung der Spekulationsfristen besonders wichtig: Wer die Immobilie veräußert, muß den Veräußerungsgewinn versteuern, wenn seit dem letzten Kaufvorgang weniger als zehn Jahre vergangen sind. Von dieser Regel gibt es aber einige Ausnahmen.

Teil 5

111 Fallbeispiele mit praktischen Tips

Die Theorie ist das eine. In den ersten vier Teilen dieses Buches haben Sie das komplette theoretische Rüstzeug erworben, um alle Fragen rund ums Erben selbst beantworten zu können. Theoretisch! In Teil 5 geht es in die Praxis. Fünf erfahrene österreichische Notare haben 111 Fallbeispiele und typische Fragen aus der Praxis zusammengetragen und sie, nach Themen geordnet, einfach und verständlich beantwortet.

111 Fallbeispiele mit praktischen Tips

Nach der Beschreibung der wichtigsten Bestimmungen unseres Erbrechts kommen wir nun von der Theorie in die Praxis: Im folgenden Teil des Buches finden Sie 111 ausgewählte Fallbeispiele – aus der Praxis für die Praxis!

Erfahrene Experten aus renommierten Notariatskanzleien haben diese 111 Fallbeispiele für Sie nicht nur übersichtlich zusammengestellt, sondern Fall für Fall auch noch optimale Verhaltensweisen als GEWINN-Tip hinzugefügt. Damit können Sie auf einen Blick erkennen, was in Ihrem persönlichen Fall am ehesten zutreffen würde.

Um Ihnen die Suche dabei möglichst zu erleichtern, sind die 111 Fallbeispiele entsprechend ihrer Hauptthematik in einzelne „Kategorien" unterteilt. Sie brauchen also nur die jeweiligen Kapitelüberschriften anzuschauen, und schon wissen Sie, wo Sie „Ihren" Fall am ehesten finden.

Die Fallbeispiele basieren auf ganz konkreten Erfahrungen – bei Streitfällen, aber auch bei intelligenten, Kosten und Zwist vermeidenden Lösungen. Besonders werden Sie von den jeweiligen GEWINN-Tips, die jedem Fallbeispiel angefügt sind, profitieren. Damit werden Sie souverän Erben und Vererben,Schenken und Stiften können.

Das Verdienst an diesen 111 Fallbeispielen kommt folgenden Autoren zu: **Dr. Michael Fembek, Dr. Bernhard Kirchl, Dr. Robert Löffler, Dr. Alexander Michalek, Dr. Diethard Strausz und Dr. Renate Weihs-Raabl.**

Das Finden Sie in diesem Teil

16 Fragen & Antworten zum **Erbe innerhalb der Familie**

1. . . . und wenn wir beide ums Leben kommen?

Mein Mann und ich haben ein gemeinsames Kind; er hat noch zwei Kinder aus erster Ehe. Ich begleite meinen Gatten des öfteren auf Geschäftsreisen ins Ausland. Dann lassen wir unsere Kinder bei meinen Eltern oder meiner Schwiegermutter. Was geschieht, wenn wir bei einer solchen Reise bei einem Unfall ums Leben kommen, mit den Kindern? Wer ist dann für sie verantwortlich?

Wenn Sie beide gleichzeitig versterben sollten, beerben Sie Ihre (gemeinsamen) Kinder gleichteilig. Kinder aus früheren Ehen beerben nur den verstorbenen Elternteil.

Erben sind: nach dem Mann dessen drei Kinder; sie erben je ein Drittel, nach der Frau deren Kind allein. Es würde also das gemeinsame Kind die Hälfte plus ein Drittel der anderen Hälfte, in Summe zwei Drittel, erben; die beiden Kinder aus erster Ehe je ein Sechstel.

Wenn die verunglückten Eheleute nicht gleichzeitig versterben (angenommen, der Mann mit den beiden Kindern aus früherer Ehe erliegt seinen Verletzungen erst später im Krankenhaus), beerbt der überlebende Ehegatte den vorverstorbenen noch zu einem Drittel. Für den oben geschilderten Sachverhalt (Mann überlebt Frau) bedeutet das, daß vom Nachlaß der Frau ihre beiden Stiefkinder (seine Kinder) noch je ein Neuntel erhalten würden. Im umgekehrten Fall (die Frau überlebt den Mann) bekommen seine beiden Kinder aus früherer Ehe nur jeweils zwei Neuntel seines Nachlaßvermögens, aus dem Nachlaß der Frau erhalten sie nichts.

Angenommen, das Nachlaßvermögen der Ehegatten wäre gleich groß, so bedeutet das für die beiden Kinder aus früherer Ehe des Mannes eine – vom Zufall abhängige – Verdopplung bzw. Halbierung ihrer Erbteile! Wenn die hinterbliebenen Kinder noch minderjährig sind, wird vom Pflegschaftsgericht in der Regel der nächste (geeignete) Verwandte zum Vormund bestellt.

GEWINN-Tip

- Durch eine entsprechende letztwillige Anordnung kann eine solche – von zufälligen Ereignissen abhängige – wesentliche Änderung der gesetzlichen Erbportionen, wie es in den Fällen des Kurznacheinander-Versterbens möglich sein kann, ausgeschlossen werden. Besonders wenn Kinder von verschiedenen Partnern vorhanden sind, sollten die künftigen Erben bestimmt und alle möglichen Eventualitäten testamentarisch (etwa durch die Einsetzung von Ersatzerben) geregelt werden.
- Sie können auch letztwillig einen Vormund für Ihre Kinder bestimmen. Das Pflegschaftsgericht ist nicht unbedingt daran gebunden, wird dem aber Folge leisten, wenn Ihr Wunsch dem Kindeswohl entspricht.

2. ... *erbt sicher kein Außenstehender?*

Wir sind eine Ein-Kind-Familie. Wir haben keine Kinder außerhalb dieser Ehe. Angenommen, ich und unser Kind kommen bei einem Autounfall ums Leben. Würde mein Mann jedenfalls das Haus, das allen dreien gehört, erben?

Entscheidend ist, ob einer den anderen überlebt hat (dann müßte man die gesetzliche Erbfolge für jeden gesondert beurteilen). Würde Ihr Sohn Sie – auch nur um Stunden – überleben, würde zuerst Ihr Vermögen vererbt werden; in diesem Fall sind Ihr Kind und Ihr Gatte die Erben. Anschließend wäre Ihr Gatte Alleinerbe des Vermögens Ihres Kindes, sodaß er tatsächlich alles erben würde. Anders, wenn Ihr Kind zuerst verstirbt. In diesem Fall kämen auch Ihre Verwandten in der gesetzlichen Erbfolge zum Zug.

GEWINN-Tip

- Auch hier wäre wie bei Frage 1 ein Testament mit Ersatzerben sinnvoll.
- Wenn der Sohn das Haus von Ihnen und/oder Ihrer Frau unentgeltlich erworben hat, entfällt die Erbschaftssteuer und/oder ermäßigt sich um die Hälfte (wenn der Erwerb längere Zeit zurückliegt, um ein Viertel).

3. Sind adoptierte Kinder völlig gleichgestellt?

Unser ältestes Kind wurde von uns adoptiert. Erst danach haben wir noch zwei leibliche Kinder bekommen. Stimmt es, daß die Kinder erbrechtlich völlig gleich behandelt werden?

Ja. Adoptivkinder verlieren aber durch die Adoption nicht das Erbrecht nach ihren leiblichen Eltern. In umgekehrter Richtung – also, wenn ein Adoptivkind vor seinen Adoptiveltern verstirbt – gehen die Adoptiveltern als Erben den leiblichen Eltern vor. Das Vermögen Ihres Adoptivkinds würden Sie erben.

GEWINN-Tip

Bei voraussichtlich hohem Nachlaßvermögen zahlt es sich manchmal aus, den präsumtiven Erben zu adoptieren. Damit wird der Erbe in die Steuerklasse I versetzt: zu höheren Freibeträgen und niedrigeren Steuersätzen. Einschränkung: Es muß wirklich ein Eltern-Kind-Verhältnis bestehen; der Adoptierte erhält den Namen des Annehmenden; es werden Unterhaltspflichten und -rechte begründet.

4. Zahle ich bei Verzicht Erbschaftssteuer?

Mein Vater ist verstorben. In seinem Testament hat er meine Mutter zur Alleinerbin eingesetzt. Ich bin pflichtteilsberechtigt. Da ich der einzige Sohn bin, mein Verhältnis zu ihr ausgezeichnet ist und ich sie durch eine Forderung nicht brüskieren möchte, möchte ich auch keinen Pflichtteil geltend machen (ich werde als ihr einziger Sohn sowieso einmal alles erben). Muß ich etwas tun, damit mir wenigstens keine Erbschaftssteuer vorgeschrieben wird?

Der Gesetzgeber hat das Entstehen der Steuerschuld von der (auch außergerichtlichen) Geltendmachung dieses Anspruches abhängig gemacht: weder der Zeitpunkt des Entstehens des Anspruches selbst noch dessen Fälligkeit oder wirkliche Zuteilung sind maßgeblich. Sie brauchen daher gar nichts zu unternehmen.

Wenn Sie wollen, können Sie auch einen formellen Verzicht abgeben; am besten machen sie das schriftlich im Zuge des Verlassenschaftsverfahrens oder beim Notar, der Ihren Verzicht zu Protokoll nimmt.

GEWINN-Tip

- Bei einem bedeutenden Nachlaß mit einer entsprechend hohen Erbschaftssteuerbemessungsgrundlage sollte man, bevor ein Pflichtteilsverzicht abgegeben wird, bedenken, daß die Geltendmachung eines Pflichtteils beim Erben zu einer nicht unbeachtlichen Steuerersparnis führt: Es könnte durch die Leistung des Pflichtteils – allenfalls bereits unter (teilweiser) Vorwegnahme einer weiteren Erbfolge – die Erbschaftssteuerbemessungsgrundlage des Erben vermindert werden.
  Wenn Sie beispielsweise zugunsten Ihrer Mutter auf Ihren Pflichtteil von einem Einfamilienhaus verzichten, zahlen Sie keine Erbschaftssteuer; Ihre Mutter erbt das Haus und zahlt Erbschaftssteuer.
  Wenn Sie später ihr Erbe antreten, zahlen Sie nicht nur für das Haus Erbschaftssteuer, sondern die Erbschaftssteuer wird von einem viel größeren Betrag bemessen, was auch den Prozentsatz erhöht.
- Viele haben Hemmungen, vermögensrechtliche Fragen, die sich künftig beim Ableben von Familienmitgliedern stellen werden, im Familienkreis zu erörtern.

Als Ausweg bietet sich ein solches Gespräch an einem neutralen Ort, bei einem unvoreingenommenen und unparteiischen Fachmann, z. B. aus gegebenem Anlaß bei dem Notar, der gerade den Erbfall abhandelt, an.

5. Meine Geschwister wurden bereits beschenkt!

Ich bin das jüngste von drei Geschwistern. Meine älteste Schwester ist schon verheiratet und hat als Hochzeitsgeschenk seinerzeit eine Wohnungseinrichtung bekommen; für meinen Bruder hat mein Vater einmal für einen Geschäftskredit „geradestehen" müssen. Meine Vater ist, ohne ein Testament verfaßt zu haben, verstorben. Kann ich jetzt für die Leistungen an meine Geschwister einen Ausgleich verlangen?

Ja! Bei der gesetzlichen Erbfolge werden bestimmte, im Gesetz angeführte Zuwendungen, die der Erblasser unter Lebenden gemacht hat, letztlich bei der Aufteilung des Nachlasses unter Kindern berücksichtigt. Damit soll eine vom Erblasser vermutlich nicht beabsichtigte Ungleichbehandlung der Kinder vermieden werden. Zur Anrechnung kommen dabei aber nur bestimmte Vorempfänge: das Heiratsgut, die Ausstattung, das zum Antritt eines Amtes oder Gewerbes Gegebene und das vom Erblasser zur Bezahlung von Schulden eines volljährigen Kindes Aufgewendete sowie überhaupt alle vom Erblasser unter Lebenden als Vorschuß (auf den Erb- oder Pflichtteil) geleistete Zuwendungen.

Zum wertmäßigen Ausgleich der Vorempfänge kann nur der Nachlaß herangezogen werden; Sie können Ihre Geschwister nicht direkt zu Ausgleichszahlungen oder ähnlichem verpflichten.

GEWINN-Tip

- Zur Klarstellung, ob eine Anrechnung beabsichtigt ist, sollte das bei jeder Schenkung an den Ehegatten oder ein Kind – wenn darüber schon eine Urkunde errichtet wird, wie zum Beispiel bei der Schenkung einer Liegenschaft – festgehalten werden.
- Zur Feststellung des Wertes eines Vorempfanges sollte auf eine entsprechende Beweissicherung (Belege aufbewahren!) geachtet werden.

6. Beide Eltern sind verunglückt. Wer erbt?

Meine Eltern sind bei einem Verkehrsunfall verunglückt. Meine Schwester und ich sind die einzigen Kinder, es gibt aber noch eine Schwester meines Vaters. Der Nachlaß besteht aus Gehaltskonten, einem Wertpapierdepot, der Einrichtung in der gemeinsamen Genossenschaftswohnung sowie dem schrottreifen Pkw. Wer wird erben?

Gibt es kein Testament, tritt die gesetzliche Erbfolge ein, wonach die beiden Kinder je zur Hälfte sowohl den Nachlaß des Vaters als auch der Mutter erben. Dies gilt für den Fall, daß die beiden Eltern gleichzeitig verstorben sind, beispielsweise beide von der Feuerwehr nur noch tot aus dem Autowrack geborgen werden konnten (auf die anderen Fälle wird in den Fragen 1 und 2 eingegangen).

Die Schwester des Vaters erbt in beiden Fällen nicht, da sie jedenfalls durch die Kinder von der Erbfolge ausgeschlossen ist.

GEWINN-Tip

- Wenn die beiden Kinder auf ein mögliches Eintrittsrecht in die Genossenschaftswohnung verzichten, so fällt ein vorhandenes Baukostenguthaben zusammen mit dem Wert des Genossenschaftsanteiles in den Nachlaß.
- Wenn die beiden Kinder über die Vermögensverhältnisse der Eltern nicht genau unterrichtet sind, sollten sie bedingte Erbserklärungen abgeben, um ihre Haftung für Schulden der Eltern auf die Höhe des Nachlaßvermögens zu beschränken.
- Sobald auch nur ein Erbe die bedingte Erbserklärung abgegeben hat, muß zum Gläubigerschutz ein Inventar errichtet werden. Es ist daher zu empfehlen, daß auch weitere Erben nur noch bedingte Erbserklärungen abgeben, um ebenfalls in den Genuß der Haftungsbeschränkungen zu kommen.
- Soferne nach Befriedigung der Gläubiger und Bezahlung der Verfahrensspesen noch Nachlaßvermögen für die Erben verbleibt, wird von diesem Reinnachlaß die Erbschaftssteuer, unter Berücksichtigung der Freibeträge und der Endbesteuerung von vielen Wertpapieren, berechnet.

7. Nur eine von uns vieren soll erben. Wie geht das?

Wir sind vier Schwestern. Unsere Eltern leben beide noch, sind aber schon über 80 Jahre alt. Eine von uns pflegt den mittlerweile bettlägrigen und stark sehbehinderten Vater und wohnt auch im Elternhaus, sonst gibt es jedoch kein nennenswertes Vermögen. Wir sind uns eigentlich alle einig, daß diese Schwester das Elternhaus auch einmal erben soll, es erhebt daher niemand einen Anspruch auf seinen Teil der Erbschaft. Wie stellen wir es nun am besten an, daß diese Schwester tatsächlich alles erbt und die Eltern außerdem dort bis an ihr Lebensende wohnen können und gepflegt werden?

Freuen Sie sich zunächst über das gute Einvernehmen in der Familie, das ist nicht immer so.

Da sich das Einvernehmen aus verschiedensten Gründen auch wieder verschlechtern könnte (es könnte beispielsweise passieren, daß eine der anderen Schwestern vor den Eltern stirbt und deren Kinder über die von Ihnen geplante Erbteilung ganz anderer Ansicht sind), sollten Sie relativ bald handeln.

Folgende Vorgangsweise wäre anzuraten: Sie und Ihre beiden Schwestern verzichten formell auf Ihren Erbteil, gleichzeitig schenken die Eltern das Haus der pflegenden Schwester. Da es für den Verzicht keine Gegenleistung gibt, ist dieser schenkungssteuerfrei. Auch für die Schenkung des Elternhauses wird keine oder kaum Schenkungssteuer anfallen, da die Schenkung an das Kind erfolgt (Steuerklasse I), der wahrscheinlich niedrige Einheitswert als Berechnungsbasis herangezogen wird und auch noch hohe Freibeträge geltend gemacht werden können.

Als Sicherheit sollte aber in jedem Fall das lebenslange Wohnrecht der Eltern im Haus grundbücherlich verankert werden.

Der Vollständigheit halber sei erwähnt, daß die Kinder der pflegenden Schwester bei dieser Lösung rechtlich nicht automatisch zur Pflege verpflichtet sind, falls die Schwester vor den Eltern verstirbt.

8. *Meine „Tante“ hat mich als Erben ausgewählt.*

Meine Tante, das heißt, eigentlich ist sie die Frau meines richtigen Onkels (also des Bruders meiner Mutter), ist immer sehr großzügig zu mir; sie beschenkt mich bei allen möglichen Anlässen so, daß es mir manchmal fast unangenehm ist; wahrscheinlich deshalb, weil sie selbst keine Kinder hat und ich ihre einzige Nichte bin. Sie sagt dann immer, sie braucht ja nichts mehr, und es wird einmal sowieso alles mir gehören. Ich bin skeptisch, daß das wirklich so ist, möchte sie aber nicht so direkt darauf ansprechen. Was soll ich tun?

Die sogenannte „Tante“ ist mit Ihnen nur verschwägert. Sie war die Ehegattin Ihres Onkels. Sie ist somit keine Blutsverwandte, daher besteht zwischen Ihnen kein gesetzliches Erbrecht! Mangels entsprechender letztwilliger Anordnung würden Sie folglich überhaupt nicht als Erbe zum Zuge kommen!

Eine mündliche Erbeinsetzung ist zwar grundsätzlich möglich, doch ist aus Gründen der Rechtssicherheit und aus Beweisgründen zu einer schriftlichen Niederschrift des letzten Willens zu raten. Oft mangelt es bei der Errichtung eines außergerichtlichen „mündlichen Testaments“ an der Ernstlichkeit des Erklärenden und kann überdies auch leicht übersehen werden, daß gewisse nahe Verwandte des Begünstigten oder mit ihm verschwägerte Personen überhaupt als Testamentszeugen ausgeschlossen sind.

Im Fall des Falles haben die Zeugen (zumindest zwei von ihnen) auf Verlangen eines jeden, dem daran gelegen ist, übereinstimmende eidliche Aussagen darüber vor Gericht abzugeben, widrigenfalls ist die mündliche Anordnung nicht gültig.

Weisen Sie also Ihre „Tante“ bei Gelegenheit darauf hin, daß mangels einer Blutsverwandtschaft zwischen ihnen gar kein gesetzliches Erbrecht besteht und ein Testament erforderlich wäre. Sollte sie ihren letzten Willen wieder einmal mündlich äußern, sollten Sie darauf achten, daß genügend (mindestens drei) fähige Zeugen anwesend sind. Diese könnten und sollten sich dann bei Ihrer Tante vergewissern, ob sie diese Äußerungen auch tatsächlich in der Absicht, eine letztwillige Anordnung zu treffen, gemacht hat.

GEWINN-Tip

- Vermeiden Sie unklare Rechtsverhältnisse und ersparen Sie sich etwaige Rechtsstreitigkeiten mit den damit verbundenen psychologischen Belastungen und wirtschaftlichen Risken. Ein klärendes Wort zur rechten Zeit kann viel Ärger und Geld sparen helfen.
- Ein mündliches Testament ist keine wirklich sichere Sache. Berücksichtigen Sie, daß auch kaum jemand darüber glücklich sein wird, vor Gericht aussagen zu müssen und vielleicht auch noch vereidigt zu werden.

9. ... und plötzlich hat mein Bruder ein Testament!

Ich dachte mir, mein Bruder und ich sind je zur Hälfte Erben nach unserem Vater aufgrund gesetzlicher Erbfolge, das ergab sich nach den ersten Gesprächen beim Notar. Nun, Wochen nach dem Tod, kommt mein Bruder plötzlich mit einem Testament zu seinen Gunsten daher. Was geschieht jetzt?

Jedes Testament, gleichgültig wann es aufgefunden worden ist, muß dem Notar zur Kundmachung vorgelegt werden.

Danach ergeben sich verschiedene Rechtsfolgen, je nachdem, wann dieses Testament kundgemacht wurde.

Wenn das Verlassenschaftsverfahren noch nicht durch Einantwortung beendet worden ist, wird Ihr Bruder aufgrund des Testamentes die Erbserklärung zum gesamten Nachlaß abgeben.

Sollten dadurch widersprüchliche Erbserklärungen dem Gericht vorliegen, etwa weil Sie aufgrund des Gesetzes die Erbserklärung abgegeben haben, wird das Gericht das Verlassenschaftsverfahren unterbrechen und Ihnen eine Frist einräumen, um die Erbrechtsklage zu überreichen. (Die weitere Vorgangsweise ist genau im Beispiel „Verfahren, Frage 18" beschrieben.)

Wenn das Verlassenschaftsverfahren bereits abgeschlossen wurde und der Nachlaß Ihnen und Ihrem Bruder eingeantwortet wurde, hat der Bruder die Möglichkeit, von Ihnen mittels Erbschaftsklage die Herausgabe der Erbschaft zu verlangen.

Ihnen bleibt dann nur der Anspruch auf den Pflichtteil, sofern das Testament des Vaters ordnungsgemäß errichtet worden ist.

GEWINN-Tip

Die Hinterlegung jeder letztwilligen Verfügung bei einem Notar Ihrer Wahl garantiert, daß diese letztwillige Verfügung im Zuge der Verlassenschaftsabhandlung berücksichtigt wird.

10. Wann teilen wir am besten?

In meiner Verwandtschaft gab es den sprichwörtlichen „Erbonkel". Er hat mir, zusammen mit anderen Verwandten, ein beträchtliches Vermögen, nicht nur Geld, sondern auch Kunstgegenstände und mehrere Liegenschaften, hinterlassen. Wann ist es am günstigsten, untereinander die Erbteilung vorzunehmen?

Grundsätzlich sollte die Erbteilung noch vor der Einantwortung – am besten einvernehmlich und außergerichtlich – erfolgen, denn für den Fall, daß Liegenschaften hinterlassen werden, ist eine Teilung unter den Miterben grunderwerbsteuerfrei. Jede nachträgliche Übertragung, sei es durch Kauf oder Schenkung, kann mit nicht unerheblichen Mehrkosten verbunden sein: nicht nur durch Steuern, die bei jedem Erwerbsvorgang anfallen – auch der Notar oder Rechtsanwalt, der dann zusätzliche Urkunden zu errichten hat, arbeitet nicht gratis!

Man sollte also die Erbteilung bereits dem Notar anläßlich des Vermögensbekenntnisses oder der Inventarserrichtung bekanntgeben, denn danach könnte das Gericht bereits das Verlassenschaftsverfahren mit Rücksicht auf das Vorliegen einer Erbteilung beenden.

Nur wenn eine Eigentumswohnung hinterlassen wird, die mehreren Personen zufallen würde, muß – um eine Versteigerung zu vermeiden – bereits vor der Einantwortung dem Gericht verpflichtend eine entsprechende Erbteilung vorgelegt werden.

Strittig gebliebene Fragen der Erbteilung sind nach der Einantwortung im Rechtsweg auszutragen.

GEWINN-Tip

Sollte keine schnelle Einigung über den zu verteilenden Nachlaß möglich sein oder sich die Erbteilung schwierig gestalten, wird das Gericht auf Antrag den Nachlaß nicht sofort einantworten und eine entsprechende Frist gewähren.

11. Testament mit Sachwalter?

Ich bin Sachwalter meines Vaters. Leider hat er nie ein Testament errichtet. Ist das jetzt noch möglich?

Personen, denen ein Sachwalter bestellt wurde, können mündlich vor Gericht oder mündlich notariell testieren. Der Testator muß vor dem zuständigen Richter und einer weiteren Gerichtsperson oder zwei Zeugen beziehungsweise vor dem Notar und zwei Zeugen seinen letzten Willen erklären. Über diesen Vorgang und diese Erklärung ist ein Protokoll aufzunehmen, zu verwahren und beim Österreichischen Zentralen Testamentsregister zu registrieren.

Dasselbe gilt für Minderjährige unter 18 Jahren (= vor Erreichen der allgemeinen Testierfähigkeit).

12. Was tun mit Opas Jagdwaffen?

Mein Großvater war ein Jäger und Sportschütze. Was mache ich mit seinen Waffen, die ich geerbt habe?

Gewehre, gleichgültig ob Jagd- oder Sportwaffen, darf jedermann besitzen, der älter als 18 Jahre ist und für den kein behördliches Waffenverbot besteht. Dies gilt nicht für den Besitz von Pumpguns. Dafür ist eine behördliche Bewilligung erforderlich.

Der Erwerb und Besitz von sogenannten Faustfeuerwaffen, das sind Feuerwaffen mit einer Gesamtlänge von höchstens 60 Zentimetern, also Revolver oder Pistolen, bedarf der behördlichen Erlaubnis.

Erwirbt man eine Faustfeuerwaffe durch Erbschaft oder Vermächtnis, ist man verpflichtet, binnen sechs Monaten nach Erlangen des Besitzes diesen der Behörde, Polizei oder Bezirkshauptmannschaft anzuzeigen. Dies gilt nur dann nicht, wenn man bereits ohnehin aufgrund einer Waffenbesitzkarte oder eines Waffenpasses zum Besitz einer Faustfeuerwaffe berechtigt ist.

Eine Waffenbesitzkarte berechtigt, wie der Name sagt, zum Besitz einer Faustfeuerwaffe, ein Waffenpaß berechtigt zum Führen, darunter versteht man das Mit-sich-Herumtragen der Waffe außerhalb der eigenen Wohnung.

Dem Erben oder Vermächtnisnehmer ist, sofern er von der Behörde als verläßlich beurteilt wird, und die Voraussetzungen zur Ausstellung eines Waffenpasses nicht vorliegen, eine Waffenbesitzkarte auszustellen.

Abgesehen von speziellen Ausnahmen für Sammler und Sportschützen wird der Besitz auf zwei Faustfeuerwaffen beschränkt.

Wird die Erlaubnis nicht erteilt, ist die Waffe binnen zwei Wochen einer Person zu überlassen, die eine entsprechende Berechtigung zum Besitz hat (z. B. Händler), oder der Behörde abzuliefern.

Diese Waffen sind von der Behörde über den befugten Waffenhandel zu veräußern oder zu versteigern, der Erlös steht dem Erben oder Vermächtnisnehmer zu.

GEWINN-Tip

- Zur Verfügung über die Faustfeuerwaffen benötigen Sie immer einen Beschluß des Abhandlungsgerichtes.
- Geben Sie die Daten der Faustfeuerwaffen (Marke, Kaliber, Seriennummer) gleich anläßlich der Todfallsaufnahme dem Gerichtskommissär bekannt.

13. *Muß ich die Schnupftabakdosen versteuern?*

Mein Vater war leidenschaftlicher Sammler von Schnupftabakdosen, die auch einen beträchtlichen Wert darstellen. Muß ich die Sammlung versteuern ?

Unter gewissen Voraussetzungen nicht.

Wenn die Sammlung tatsächlich geschichtlichen, kunstgeschichtlichen oder wissenschaftlichen Wert besitzt, der im Zweifelsfall durch das Gutachten eines Sachverständigen zu bestätigen ist, und dies vom Finanzamt anerkannt wird, weiters sich die Sammlung bereits seit mindestens 20 Jahren im Familienbesitz befindet und darüber hinaus an einen nahen Verwandten oder den Ehegatten fällt, dann kann der Erwerb erbschaftssteuerfrei bleiben.

Um in den Genuß der Steuerbefreiung zu gelangen, muß die Sammlung aber über behördliche Anweisung zu Zwecken der Forschung oder Volksbildung nutzbar gemacht werden und darf auch innerhalb von zehn Jahren nach dem Erbanfall nicht veräußert werden.

Wird dennoch innerhalb von zehn Jahren veräußert, dann tritt die Steuerbefreiung außer Kraft und wird der Wert der Sammlung nachträglich versteuert.

14. Zwei Lebensversicherungspolizzen!

Im Nachlaß habe ich zwei Lebensversicherungspolizzen gefunden. Auf einer steht, daß der Überbringer der Polizze der Bezugsberechtigte ist, auf der anderen steht, daß meine Mutter die Bezugsberechtigte ist. Welchen Unterschied macht das ?

Wenn der Begünstigte aus einer Lebensversicherung der Überbringer der Polizze ist, dann muß die Versicherung an die Person die Versicherungssumme auszahlen, die die Polizze zusammen mit der Sterbeurkunde zur Einlösung vorlegt. Wenn in der Polizze bereits eine bezugsberechtigte Person namentlich genannt ist, dann zahlt die Versicherung auch nur an diese aus.

Im Verlassenschaftsverfahren liegt ein weiterer Unterschied darin, daß bei einer Überbringerpolizze die Versicherungssumme in den Nachlaß fällt, da der Erblasser zu seinen Lebzeiten nicht verfügt hat, an wen das Guthaben ausbezahlt werden soll und es daher an die Erben fällt.

Umgekehrt steht mit der Bestimmung des Bezugsberechtigten fest, an wen die Versicherung zahlen muß, sodaß über die Zuteilung dieses Vermögenswertes das Gericht nicht zu entscheiden hat.

Aus erbschaftssteuerlicher Sicht macht es aber keinen Unterschied wie die Polizze gestaltet ist, da sowohl die Zahlung an den Überbringer als auch an den namentlich genannten Begünstigten der Erbschaftssteuer unterliegen.

GEWINN-TIP:

Bei der Todfallsaufnahme sollten Sie dem Notar eine Kopie der Polizze übergeben oder die genauen Daten (Versicherungsgesellschaft, Polizzennummer) bekanntgeben. Dadurch erleichtern Sie die zügige Durchführung der Verlassenschaftsverfahrens.

15. Zuerst ich und dann meine Kinder? Wozu?

Mein verstorbener Mann hat ein Testament hinterlassen, in welchem ich als Alleinerbin eingesetzt bin und zugleich verfügt ist, daß nach meinem Ableben alles an unsere gemeinsamen Kinder gehen soll. Was bedeutet das?

Die Anordnung des Erblassers ist als Nacherbseinsetzung („fideikommissarische Substitution“) zu verstehen: Der Testator setzt eine bestimmte Person zu seinem Erben ein, mit der Beschränkung, daß nach dem Ableben dieser Person (oder nach dem Eintritt sonstiger Ereignisse oder Bedingungen) eine oder mehrere bestimmte andere Personen das vererbte Vermögen erhalten sollen.

Der zunächst eingesetzte Erbe heißt „Vorerbe“, die anschließend an diesen zum Zug kommenden heißen „Nacherben“.

Der Vorerbe erhält zwar das gesamte Nachlaßvermögen, wird dessen Eigentümer und darf es unter Schonung der Substanz gleich einem Fruchtgenußberechtigten nutzen, in der Verfügung über die Substanz selbst (z. B. durch Verkauf oder Belastung von Nachlaßgegenständen) ist er jedoch an die Zustimmung der Nacherben gebunden, die bereits eine Art Anwartschaftsrecht auf das Nachlaßvermögen haben. Des weiteren ist dem Vorerben verwehrt, über das auf diese Weise erlangte Vermögen letztwillig zu disponieren; vielmehr fällt es „automatisch“ nach Ableben des Vorerben (oder Eintritt des sonstigen den Nacherbsfall auslösenden Ereignisses) entsprechend dem Willen des „ursprünglichen“ Erblassers – dessen Verlassenschaftsverfahren zu diesem Zweck noch einmal eröffnet und fortgesetzt wird – an die Nacherben. Im Rahmen des Verlassenschaftsverfahrens ist im Falle der Anordnung einer fideikommissarischen Substitution die Inventarisierung des Nachlaßvermögens zwingend vorgesehen, damit feststeht, welches Vermögen an den Vorerben unter der Beschränkung der Nacherbschaft übergeht und daher bei Ableben des Vorerben (oder Eintritt des vom Erblasser festgelegten sonstigen Ereignisses) an die Nacherben herauszugeben ist.

Gehören unbewegliche Güter zum Nachlaß, so wird bei dem als Eigentümer im Grundbuch einzutragenden Vorerben die Beschränkung durch die fideikommissarische Substitution angemerkt.

Diese Anmerkung im Grundbuch verhindert, daß ohne Zustimmung des Nacherben die Liegenschaft verkauft oder belastet (z. B. Psandrecht) wird.

GEWINN-Tip:

- Die Vorerbschaft wird erbschaftssteuerlich wie ein „echter" Erbfall behandelt, d. h. der Vorerbe zahlt für das auf ihn übergehende Vermögen Erbschaftssteuer, ohne Rücksicht darauf, daß er in der substantiellen Verfügung hierüber durch die Nacherbschaft beschränkt ist und eigentlich nur Fruchtnießer des Vermögens wird. Der Eintritt des Nacherbfalles stellt einen neuerlichen, der Erbschaftssteuer unterliegenden Erbschaftsanfall dar, wobei jedoch der Nacherbe wählen kann, ob bei der Besteuerung im Hinblick auf die für ihn anwendbare Steuerklasse das Verwandtschaftsverhältnis zum Vorerben oder zum ursprünglichen Erblasser herangezogen werden soll.
- Durch die Anordnung einer Nacherbschaft können Sie bestimmte Vermögenswerte oder Ihren gesamten Nachlaß über eine bestimmte Zahl von Generationen hinweg binden, dadurch erhalten und eine Vermögenszerschlagung durch Erbteilungen im Rahmen von Verlassenschaftsverfahren verhindern; insofern kann sie als Alternative zur Errichtung einer Privatstiftung in Erwägung gezogen werden.
- Die Anordnung einer Nacherbschaft sollte inhaltlich genau durchdacht werden. Die Auswirkungen derselben sowohl in Ihrem Verlassenschaftsverfahren als auch für die eingesetzten Nacherben hängen sehr wesentlich von der genauen Ausformulierung Ihrer letztwilligen Anordnung ab, weshalb hiefür unbedingt der fachjuristische Rat eines Notars oder Anwalts eingeholt werden sollte.

16. *Was ist ein Erbschaftskauf?*

Aufgrund der nach meiner verstorbenen Cousine eingetretenen gesetzlichen Erbfolge bin ich zum Alleinerben berufen. Ich habe jedoch keine Zeit, mich um das Verlassenschaftsverfahren, die Ermittlung und Verwertung des Nachlasses sowie das Erbschaftssteuerverfahren zu kümmern. Nun hat mir der langjährige Lebensgefährte meiner Cousine einen Erbschaftskauf angeboten. Was ist darunter zu verstehen?

Der Erbschaftskauf zählt zu den „Glücksverträgen“ und ist tatsächlich ein gewagtes Geschäft. Es handelt sich hierbei um die entgeltliche Veräußerung und Übertragung des Erbrechts im Zeitraum zwischen Erbanfall und Einantwortung, d. h. im Zeitraum zwischen Ableben des Erblassers und Beendigung des Verlassenschaftsverfahrens. Der Käufer wird zwar durch den Erwerb des Erbrechts nicht selbst Erbe, tritt aber an dessen Stelle und wird Gesamtrechtsnachfolger des Erblassers. Der Erbschaftskauf bedarf der Form eines Notariatsaktes oder eines gerichtlichen Protokolls, muß also vor einem Notar oder vor Gericht abgeschlossen werden.

Auch im Verlassenschaftsverfahren tritt der Käufer an die Stelle des Erben und setzt es in jenem Stadium fort, in dem es sich beim Erbschaftskauf gerade befindet; die vom veräußernden Erben gesetzten Rechtsakte können demnach nicht mehr rückgängig gemacht werden. Soferne der Erbe noch keine Erbserklärung abgegeben hat, kann sie der Erbschaftskäufer unter Berufung auf den erfolgten Erbschaftskauf selbst abgeben; die Einantwortung des Nachlasses erfolgt an ihn. Durch den Erbschaftskauf werden die Rechte der Erbschafts- und der Erbfallsgläubiger nicht berührt, jedoch haften ihnen sowohl der Verkäufer als auch der Käufer entsprechend dem Inhalt der Erbserklärung solidarisch.

Haben die Vertragsparteien dem Erbschaftskauf ein Nachlaßinventar zugrundegelegt, so hat der Verkäufer in diesem Umfang für die Richtigkeit und Vollständigkeit des Nachlasses Gewähr zu leisten, andernfalls haftet er nur für die Richtigkeit des Erbrechts.

Analog zum Erbschaftskauf wird auch die „Erbschaftsschenkung“ behandelt, bei welcher die Übertragung des Erbrechts unentgeltlich erfolgt. Auch sie bedarf der Form des Notariatsaktes oder des gerichtlichen Protokolls. Eine Erbschaftsschenkung kann insbesondere auch darin zu sehen sein, daß sich ein Erbe zugunsten einer Person, die bei seinem Wegfall nicht ohnedies als Erbe zum Zuge käme, entschlägt.

GEWINN-Tip

- Erbschaftskäufe sind in der Praxis selten und wie schon erwähnt gewagte Geschäfte. Das Risiko des Käufers liegt darin, daß er zumeist nicht sicher weiß, welchen Wert das Erbrecht hat, insbesondere wenn er die Verhältnisse des Erblassers bzw. des Nachlasses nicht näher kennt. Das Risiko des Verkäufers liegt darin, daß er als Erbe allen Gläubigern für deren Forderungen gegen den Erblasser nach außen hin weiter haftet, und zwar solidarisch mit dem Käufer, was insbesondere bei Abgabe einer unbedingten Erbserklärung durch letzteren – die auch für den Verkäufer bindend ist – ein erhebliches Risiko nach sich ziehen kann.

► Erbschaftssteuerlich ist zu beachten, daß der Erbschaftskauf (ebenso wie die Erbschaftsschenkung) den Erbanfall voraussetzt, an welchen wiederum die Erbschaftssteuerpflicht für den Erben anknüpft. Den Erben trifft daher in Ansehung des gesamten auf ihn entfallenden Nachlasses infolge eingetretenen Erbanfalls ungeachtet des späteren Erbschaftskaufs (bzw. einer Erbschaftsschenkung) die volle Erbschaftssteuerpflicht. Die nachfolgende Erbschaftsschenkung unterliegt ihrerseits der Schenkungssteuer; ein nachfolgender Erbschaftskauf kann andere Kapitalverkehrsteuern auslösen, z. B. Grunderwerbsteuer, wenn Liegenschaften in den Nachlaß fallen.

9 Fragen & Antworten zum
Erbe bei unehelichen und Kindern aus früheren Ehen

17. *Ich bin einer von mehreren Unehelichen ...*

Ich bin ein uneheliches Kind und habe immer bei meiner Mutter gewohnt. Mein Vater war nie verheiratet, hatte aber mehrere Lebensgefährtinnen. Aus diesen Verbindungen sind auch Kinder hervorgegangen. Wie schaut das in erbrechtlicher Hinsicht für mich aus?

Grundsätzlich haben außereheliche Kinder das gleiche gesetzliche Erbrecht wie eheliche. Alle Kinder sind daher zu gleichen Teilen erbberechtigt.

Es kann aber durchaus der Fall sein, daß uneheliche Kinder ungleich behandelt werden: Das Gesetz eröffnet nämlich dem außerehelichen Vater die Möglichkeit, den Pflichtteil seines unehelichen Kindes (zwar auf die Hälfte) zu mindern, aber nur dann, wenn zwischen den beiden nie ein Naheverhältnis bestanden hat, wie es in der Familie zwischen Eltern und Kindern normalerweise besteht.

Diese Pflichtteilsminderung wird daher bei den aus einer Lebensgemeinschaft entstammenden Kindern in der Regel nicht möglich sein.

Es kann also durchaus sein, daß Sie – wenn Ihr Vater das anordnet – bezüglich des Pflichtteiles benachteiligt sind, weil die oben erwähnten Voraussetzungen für die Minderung des Pflichtteils zwar auf Sie, aber nicht seine anderen Kinder zutreffen.

Gewinn-Tip

- Beschaffen oder sichern Sie sich rechtzeitig die Dokumente, die Ihre Abstammung beweisen, denn naturgemäß kann ein außereheliches Kind nur dann sein Erb- oder Pflichtteilsrecht geltend machen, wenn die Abstammung noch zu Lebzeiten des Vaters rechtswirksam festgestellt wurde. Es sollten daher die – erforderlichenfalls sogar gerichtlichen – Schritte so rechtzeitig erfolgen, daß die Verwandtschaft sicher außer Streit steht. Es reicht nicht als Anerkenntnis, daß der Vater Alimente bezahlt hat!
- Die oben geschilderte Möglichkeit der Pflichtteilsminderung steht übrigens auch dem Kind gegenüber dem Vater oder seiner Vorfahren zu, was in der Praxis natürlich nicht so bedeutend ist.

18. *Was bekomme ich mit meinem Pflichtteil?*

Mein Vater hat nach dem Tod meiner Mutter nochmals geheiratet, hat in dieser Ehe aber keine Kinder mehr. Im Testament zugunsten meiner Stiefmutter wurde ich auf den Pflichtteil gesetzt. Wieviel bekomme ich? Wie kann ich meine Rechte durchsetzen?

Die Höhe des Pflichtteiles hängt davon ab, wieviel Sie als gesetzliche r Erbe bekommen hätten, da einem pflichtteilsberechtigten Kind die Hälfte seines gesetzlichen Erbteiles zusteht. Da das gesetzliche Erbrecht des einzigen Kindes neben der Witwe zwei Drittel des reinen Nachlasses beträgt, ergibt sich ein Pflichtteil von einem Drittel des reinen Nachlasses. Es steht Ihnen daher eine Forderung in Höhe von einem Drittel des reinen Nachlaßvermögens zu. Das ist der Nachlaß, vermindert um die Schulden und die Verfahrensspesen. Diese Forderung ist bislang eine Geldforderung, daher haben Sie kein Recht,

Gegenstände aus dem Nachlaß zu fordern, wenn nicht eine einvernehmliche Regelung des Pflichtteilsanspruches mit der Witwe zustande kommt. Hier könnte sich die Rechtslage aber gerade ändern und Sie auch bestimmte Gegenstände beanspruchen.

In den Pflichtteilsanspruch ist auch alles einzurechnen, was Ihnen Ihr Vater, ob als Erbteil oder Legat, letztwillig hinterlassen hat.

Die Zahlung des Pflichtteiles an einen volljährigen Erben wird vom Abhandlungsgericht nicht überwacht. Es liegt daher bei Ihnen, eine konkrete Forderung, gestützt auf die Unterlagen aus dem Verlassenschaftsakt, zu stellen und die Zahlung des Pflichtteiles zu fordern.

Das eidesstättige Vermögensbekenntnis (Ihrer Stiefmutter) oder das Inventar in der Verlassenschaft sind für die Pflichtteilsforderung zwar üblicherweise die Basis, aber für eine Pflichtteilsklage nicht bindend. Der Anspruch auf Leistung des Pflichtteils wird mit Kundmachung des Testamentes fällig und kann ab diesem Zeitpunkt durch Klage geltend gemacht werden.

Gewinn-Tip

Wenn in den Nachlaß eine Liegenschaft (Grundstück oder Eigentumswohnung) fällt, beantragen Sie als Pflichtteilsberechtigter unbedingt immer die Schätzung der Liegenschaft, sofern Sie mit dem Erben nicht schon die Höhe Ihrer Pflichtteilsforderung einvernehmlich fixiert haben. Ohne diesen Antrag wird die Liegenschaft im Verlassenschaftsverfahren nur zum niedrigen Einheitswert angesetzt, und Ihnen fehlt ein wichtiger Anhaltspunkt zur Bewertung Ihrer Pflichtteilsforderung.

19. *Ich bin nicht rechtsgültig anerkannt!*

Ich habe erst bei der Verlassenschaftsabhandlung nach dem Tod meines unehelichen Vaters erfahren, daß kein rechtsgültiges Anerkenntnis der Vaterschaft vorliegt. Was kann ich jetzt noch machen?

Eigentlich nichts mehr. Um mißbräuchliche Abstammungsklagen gegen die Verlassenschaft auszuschalten, hat der Gesetzgeber vorgesehen, daß die Abstammung bereits zu Lebzeiten festgestellt worden sein muß. Das bloße Zugeständnis der Vaterschaft gegenüber Personen oder Behörden, die nach dem Gesetz zur Entgegennahme von Vaterschaftsanerkenntnissen nicht befugt sind, entspricht nicht dem Gesetz, auch nicht die Erwähnung des Kindes als leibliches Kind in einem Testament.

Von dieser Regel gibt es lediglich eine gesetzliche Ausnahme: Bei ungeborenen Kindern genügt es, daß die Abstammung binnen Jahresfrist nach ihrer Geburt feststeht oder gerichtlich geltend gemacht wird. Die Klagemöglichkeit wird von den Gerichten daher nicht nur Ungeborenen, sondern auch bereits Geborenen zugestanden. Voraussetzung ist lediglich, daß die Feststellung der Abstammung oder die Einleitung eines darauf gerichteten Verfahrens innerhalb eines Jahres nach der Geburt des Kindes erfolgt, da es vom bloßen Zufall abhinge, ob der Kindesvater z. B. sechs Monate nach der Zeugung oder vierzehn Monate nach der Zeugung verstorben ist. In beiden Fällen muß dem unehelich geborenen Kind die Möglichkeit gegeben werden, seine Abstammung nachzuweisen und so zum Erbrecht zu gelangen. In allen anderen Fällen ist eine Abstammungsklage – wie bereits erwähnt – ausgeschlossen, da diese mangels wichtiger Beweisführungen, z. B. durch Bluttests beim vermuteten Vater, bloß Glücksspielcharakter hätte.

20. *Wie halte ich die Tochter aus erste Ehe draußen?*

Mein Lebensgefährte hat mich als Erbin eingesetzt. Die Erbschaft besteht nur aus unserem gemeinsamen Sparbuch mit einigen hunderttausend Schilling. Seine Tochter aus erster Ehe verlangt nun ihren Pflichtteil. Was kann ich machen, damit sie nicht auch bei meinem Vermögen mitnascht?

Weisen Sie so früh wie möglich auf diesen Umstand (daß ein Teil des auf dem Sparbuch veranlagten Geldes Ihnen gehört) hin – am besten bereits anläßlich der Todfallsaufnahme beim Notar. Geht die Tochter vor Gericht, muß der Richter entscheiden, ob er Ihren Argumenten und vorgelegten Berichten Glauben schenkt.

Gewinn-Tip

Lassen Sie es gar nicht soweit kommen, daß Schwierigkeiten bei der Vermögensauseinandersetzung entstehen können, und vermeiden Sie, daß Sie in einen Beweisnotstand geraten: Halten Sie bereits zu Lebzeiten Ihr Vermögen entsprechend getrennt, heben Sie Belege auf, oder führen Sie zumindest über größere Geldtransaktionen schriftliche Aufzeichnungen bzw. lassen Sie sich Bestätigungen ausstellen.

21. Hätte ich nicht verständigt werden müssen?

Zu meinem außerehelichen Vater hatte ich wenig, aber doch regelmäßigen Kontakt. Nun habe ich erfahren, daß er seit einem Jahr verstorben ist. Hätte ich nicht verständigt werden müssen?

So wie andere Kinder auch (seit 1991 sind außereheliche Kinder den ehelichen erbrechtlich gleichgestellt, also erb- oder pflichtteilsberechtigt). Wenn kein Nachlaßvermögen vorhanden ist und deswegen eine Verlassenschaftsabhandlung unterbleibt, ergehen auch keine besonderen Verständigungen durch das Gericht (oder den Notar).

Gewinn-Tip

- Auch erbrechtliche Ansprüche können verjähren. Der Anspruch, den Pflichtteil geltend zu machen, schon nach drei Jahren! Innerhalb dieser Frist müssen die Schritte unternommen werden, die die Verjährung unterbrechen.
- Die rechtzeitige Beauftragung eines Notars oder Rechtsanwaltes zur Durchsetzung Ihrer Rechte kann sich durchaus rechnen.

22. Bin ich rechtsgültig als Tochter anerkannt?

Ich bin unehelich geboren, und mein Vater hat immer brav Alimente bezahlt. Ich bin aber nicht sicher, ob das ausreicht und ich nach seinem Tod auch ein Erbrecht habe.

Ihre Skepsis ist berechtigt. Tatsächlich reicht es nicht aus, wenn der Kindesvater mehr oder weniger „heimlich" für den Unterhalt aufkommt. Speziell in kleineren Ortschaften wird oft der Name des Kindesvaters von der Mutter nicht preisgegeben, vor allem, wenn es sich um eine bekannte Persönlichkeit handelt. Die gesetzliche Regelung für die uneheliche Abstammung lautet derzeit wie folgt:

„Ist die Mutter zum Zeitpunkt der Geburt des Kindes noch ledig oder war sie zwar verheiratet, ist ihre Ehe jedoch seit mehr als 302 Tagen aufgelöst, oder hatte eine Ehelichkeitsbestreitungsklage Erfolg, so wird nach dem Gesetz nur der Mann als Vater des Kindes betrachtet, dessen Vaterschaft festgestellt wurde." Diese Feststellung kann ausschließlich durch ein Anerkenntnis des Mannes oder durch ein gerichtliches Urteil erfolgen. Sie ist für das uneheliche Kind zur Wahrung seiner Rechte gegenüber seinem Vater (beispielsweise Unterhalt, Erbrecht) von besonderer Bedeutung, weshalb sie vom gesetzlichen Vertreter des Kindes (das ist üblicherweise die Mutter) umgehend erwirkt werden sollte. Unterstützung bietet dabei der Jugendwohlfahrtsträger (das Jugendamt), der seine Hilfe anzubieten hat und bei Vorliegen der schriftlichen Zustimmung des gesetzlichen Vertreters für die Feststellung der Vaterschaft als Sachwalter des Kindes einschreitet.

Ein Anerkenntnis kann nur persönlich, und zwar in erster Linie mündlich erklärt werden. Eine entsprechende Erklärung kann vor jedem Standesamt, vor einem Jugendwohlfahrtsträger (Jugendamt), vor einem Notar, vor einer österreichischen Vertretungsbehörde im Ausland (Botschaft oder Konsulat) oder vor dem Bezirksgericht abgegeben werden. Schriftliche Anerkenntnisse müssen von einer dieser Stellen beglaubigt sein. Der Anerkennende gilt aber nur dann rechtswirksam als Vater des Kindes, wenn die Urkunde über das mündlich erklärte Anerkenntnis bzw. das öffentlich beglaubigte schriftliche Anerkenntnis beim zuständigen Standesamt einlangt. Zuständig ist das Standesamt in Österreich, in dessen Geburtenbuch die Geburt des Kindes eingetragen ist. Ist die Geburt nicht oder noch nicht in einem Geburtenbuch in Österreich eingetragen, ist das Standesamt Wien-Innere Stadt zuständig. Der Standesbeamte wird in der Regel Mutter und Kind (oder dessen gesetzlichen Vertreter) vom Anerkenntnis verständigen.

Die Mutter oder das Kind können innerhalb eines Jahres ab Kenntnis vom Anerkenntnis dagegen Widerspruch erheben; dies wird sich immer dann empfehlen, wenn die Mutter der Meinung ist, der Anerkennende sei nicht der Vater des Kindes. Der Widerspruch ist bei dem Bezirksgericht einzubringen, in dessen Sprengel das Kind seinen gewöhnlichen Aufenthalt hat. Er bewirkt, daß das Gericht die Rechtsunwirksamkeit des Anerkenntnisses festzustellen hat. Der anerkennende Mann kann dann das Kind auf Feststellung seiner Vaterschaft gerichtlich klagen.

Gewinn-Tip

Ist der mutmaßliche Vater nicht bereit, seine Vaterschaft freiwillig anzuerkennen, so kann gegen ihn vom Kind (von dessen gesetzlichem Vertreter) eine Klage auf Feststellung der Vaterschaft erhoben werden. Sie ist grundsätzlich wieder bei jenem Bezirksgericht einzubringen, in dessen Sprengel das Kind seinen gewöhnlichen Aufenthalt hat. Nähere Informationen erteilt der Jugendwohlfahrtsträger (das Jugendamt), der bei Vorliegen der schriftlichen Zustimmung des gesetzlichen Vertreters in diesem Bereich als Sachwalter des Kindes tätig wird. Zu seinen Aufgaben gehört es dann insbesondere, das Kind im „Vaterschaftsprozeß" zu vertreten, sodaß die Mutter von der Besorgung dieser oft mit Schwierigkeiten verbundenen Angelegenheit – natürlich nur mit ihrem Einverständnis – entlastet wird.

23. *Verliere ich auch die Unterhaltszahlungen?*

Ich war nie verheiratet und bin Alleinerzieherin meines Kindes, welches heuer maturieren wird. Es ist durchaus möglich, daß mein Kind nach der Matura weiterstudieren wird. Nun ist der Vater dieses Kindes gestorben. Er hat in letzter Zeit die Alimente, wenn überhaupt, nicht immer pünktlich bezahlt. Da er noch andere Kinder aus einer späteren Ehe hat, wird für mein Kind wahrscheinlich nicht viel zu erben sein. Muß ich damit rechnen, auch die Unterhaltszahlungen zu verlieren?

Zunächst: Die bereits fällig gewesenen, rückständigen Alimente können als Nachlaßschulden geltend gemacht werden. Die Unterhaltsschulden, die der Erblasser noch künftig zu leisten gehabt hätte, nehmen dabei eine eigenartige Stellung ein: Sie entstehen erst mit dem Tod des unterhaltspflichtigen Erblassers, der (oder die) Erbe(n) haftet aber für sie – ohne Rücksicht auf die Erbserklärung – nur bis zum Wert der Verlassenschaft.

Der Unterhaltsberechtigte hat in den Anspruch alles einzurechnen, was er aus dem Nachlaß (zum Beispiel als letztwillige Zuwendung, als Erb- oder Pflichtteil) oder durch öffentlich-rechtliche Leistung (zum Beispiel Waisenrente) erhält.

Der Unterhaltsanspruch kann nur gegen den Nachlaß, nicht gegen die Erben gerichtet werden. Ist der Nachlaß also überschuldet, geht der Unterhaltsberechtigte leer aus.

24. Zehn Jahre später finde ich das Testament!

Der Nachlaß meines verstorbenen Lebensgefährten ist seinen beiden Kindern aus einer geschiedenen Ehe eingeantwortet worden. Ein zu meinen Gunsten errichtetes Testament ist nicht aufgefunden worden, weshalb ich leer ausgegangen bin. Jetzt, mehr als zehn Jahre nach Beendigung des Verlassenschaftsverfahrens, habe ich ein Testament gefunden, in dem ich zur Alleinerbin bestimmt bin und die Kinder auf den Pflichtteil beschränkt werden. Kann ich meine Rechte aus diesem Testament noch geltend machen?

Wenn sich nach Einantwortung des Nachlasses herausstellt, daß eine andere Person als der eingeantwortete Erbe ein besseres Recht zum Nachlaß hat, so kann sie die Herausgabe der Erbschaft vom eingeantworteten Erben im Wege der Erbschaftsklage verlangen. Das stattgebende Urteil vernichtet die durch die Einantwortung geschaffene Vermutung der Erbberechtigung des eingeantworteten Erben.

Die Erbschaftsklage setzt die Rechtskraft der Einantwortung voraus; davor steht dem besser Berechtigten die Erbrechtsklage zu, mit welcher – nach diesbezüglicher Unterbrechung des Verlassenschaftsverfahrens – über das bessere Erbrecht aufgrund widerstreitender Erbserklärungen entschieden wird. Die Erbschaftsklage verjährt in 30, zu Lasten der Kirche, der Republik Österreich und ihrer Gebietskörperschaften in 40 Jahren. Sofern allerdings zum Nachweis des besseren Erbrechtes die Bestreitung der Gültigkeit eines Testamentes erforderlich ist (z. B. weil es gefälscht oder vom Erblasser widerrufen war), muß dies innerhalb von drei Jahren getan werden. Die Frist beginnt nach herrschender Auffassung in jenem Zeitpunkt, in dem klar ist, daß zur Erlangung der Erbschaft der Klagsweg beschritten werden muß.

Mit Rechtskraft des stattgebenden Urteils erlangt der Kläger rückwirkend die Stellung des eingeantworteten Erben und wird Universalrechtsnachfolger des Erblassers.

Gewinn-Tip

- Stellen Sie sicher, daß der von Ihnen testamentarisch eingesetzte Erbe nach Ihrem Ableben von der Existenz des Testamentes Kenntnis erlangt bzw. in dessen Besitz kommt. Hierbei hilft Ihnen die Möglichkeit der Verwahrung des Testamentes bei einem Notar, Anwalt oder Gericht und dessen Registrierung im Zentralen Testamentsregister der österreichischen Notariatskammer. Auf diese Weise stellen Sie die Kundmachung des Testamentes im Rahmen Ihres Verlassenschaftsverfahrens sicher und können Ihrem Erben später einen zeitaufwendigen und kostenintensiven Prozeß im Zusammenhang mit einer allenfalls notwendigen Erbschaftsklage ersparen.
- Sollten Sie in der Situation sein, Ihr Erbrecht nur im streitigen Wege durch Erhebung einer Erbrechts- oder Erbschaftsklage durchsetzen zu können, holen Sie hierfür anwaltlichen Rat ein und besprechen Sie die prozessualen Aussichten für die Durchsetzung Ihrer Ansprüche.

25. *Gilt der Samenspender als Vater?*

Ich habe gehört, daß bei medizinisch unterstützter Fortpflanzung nicht der Samenspender als Vater gilt, sondern ein anderer. Wie ist das wirklich?

Als Vater eines durch medizinisch unterstützte Fortpflanzung gezeugten unehelichen Kindes gilt jener Lebensgefährte, dessen Samen verwendet wurde.

Wenn aber bei der medizinisch unterstützten Fortpflanzung der Samen eines Dritten verwendet wurde und der Lebensgefährte dieser medizinisch unterstützten Fortpflanzung in Form eines gerichtlichen Protokolls oder eines Notariatsakts zugestimmt hat, wird der Lebensgefährte als Vater festgestellt werden.

Für die Feststellung der unehelichen Vaterschaft durch Anerkenntnis oder gerichtliches Urteil sind auch im Fall einer medizinisch unterstützten Fortpflanzung die allgemeinen Regeln wie bei unehelicher Abstammung anzuwenden.

6 Fragen & Antworten zu Nachbarn, Freunden und Vereinen als Erben

26. Die Nachbarin hat mir das Klavier vermacht.

Eine Nachbarin, um die ich mich immer gekümmert habe, ist verstorben. Sie war alleinstehend; ihre nächsten Verwandten sind alle lange vor ihr gestorben. Sie hat mir einmal brieflich mitgeteilt, sie möchte, daß nach ihrem Ableben ihr Schmuck und das Klavier, auf dem wir oft gemeinsam musiziert haben, mir gehören sollen. Was muß ich tun, damit ich diese Dinge erhalte?

Sofern der Brief den Formvorschriften einer letztwilligen Anordnung entspricht, liegt eine Vermächtnisanordnung, ein sogenanntes Kodizill, vor. Sie können somit von den Erben die Herausgabe des zu Ihren Gunsten angeordneten Legates verlangen.

Sollten überhaupt keine zur Erbfolge berechtigten Personen vorhanden sein, würde die Verlassenschaft als ein erbloses Gut dem Staat anheimfallen. Bevor aber dieses Heimfallsrecht des Fiskus zur Anwendung kommt, werden jedoch die Legatare (Vermächtnisnehmer) – mehrere verhältnismäßig – als Erben betrachtet. Sind Sie der einzige Legatar, stehen Ihnen nicht nur der Schmuck und das Klavier zu, sondern es könnte Ihnen die ganze Erbschaft zufallen.

GEWINN-Tip

- Der Brief, der den letzten Willen der Verstorbenen enthält, sollte auf jeden Fall dem als Gerichtskommissär im betreffenden Verlassenschaftsverfahren zuständigen Notar zur Kundmachung vorgelegt werden, damit die letztwillige Anordnung auch aktenkundig wird.
- Für den Fall, daß keine Erben auftreten: Da man als Legatar nicht persönlich für etwaige Nachlaßschulden haftet, sollte genau überlegt werden, ob man gegebenenfalls das außerordentliche Erbrecht als Legatar in Anspruch nimmt und die persönliche Haftung als Erbe riskiert. Sie können dieses Risiko durch die Abgabe einer bedingten Erbserklärung minimieren. Eine unbedingte Erbserklärung würde in Ihrem Fall ohnehin keine Kosten sparen, weil in jedem Fall ein Inventar, d. h. offizielle Vermögensaufstellung einschließlich Schuldposten, angelegt werden muß und keine Zeit- oder Kostenersparnis möglich ist. Deshalb ist von einer unbedingten Erbserklärung in jedem Fall abzuraten.

27. Bekomme ich die Begräbniskosten ersetzt?

Meine Wohnungsnachbarin ist mittellos verstorben. Ihre Kinder haben sich nicht um das Begräbnis gekümmert. Ich habe das Begräbnis bezahlt. Bekomme ich mein Geld zurück?

Wenn die Nachbarin überhaupt kein Vermögen hinterlassen hat, die letzte Pension bereits verbraucht war und auch die Wohnungseinrichtung wertlos ist, dann ist niemand verpflichtet, dem Besteller des Begräbnisses die Ausgaben zu ersetzen. Sollte sich niemand finden, der die Kosten des Begräbnisses übernimmt, wird der Leichnam auf Kosten der Gemeinde in einem „Armengrab" bestattet.

GEWINN-Tip

- Eine Forderungsanmeldung beim Notar sollte dennoch erfolgen. Sie ist nicht mit Kosten verbunden, ein einfacher Brief oder die persönliche Vorsprache beim Notar genügt. Sollte irgendwann doch noch Nachlaßvermögen entdeckt werden, ist Ihre Forderung aktenkundig und wird auch noch nach Jahren berücksichtigt werden.

- Sofern geringes Vermögen vorhanden ist, bis etwa 50.000 Schilling, kann beim Notar zugleich mit der Forderungsanmeldung ein Antrag auf Überlassung des Nachlasses an Zahlungs Statt gestellt werden.
- Die Begräbniskosten und die Spitalskosten sind gegenüber anderen Forderungen bevorzugt. Den Kosten für ein einfaches Begräbnis, derzeit bis zu 39.000 Schilling, wird aber auch von den Krankenanstalten ein Vorrang eingeräumt, sodaß diese zuerst und zur Gänze befriedigt werden können, wenn der Nachlaß an sich geringfügig ist.
- Wer einen Antrag auf Überlassung des Nachlasses an Zahlungs Statt auch bei sehr hoher Überschuldung des Nachlasses gestellt hat, braucht nicht zu befürchten, daß er für Schulden des Verstorbenen aufkommen muß.

  Auch wenn manchmal in diesem Zusammenhang der Ausdruck der „iure-crediti-Einantwortung" gebraucht wird, bedeutet das nicht, daß eine „echte" Einantwortung stattgefunden hat, da sich niemand zum Erben erklärt hat und daher auch niemand irgendeine Haftung für Schulden des Nachlases übernommen hat. Dazu ein Beispiel:

Nachlaß an Zahlungs Statt **Beispiel**

Der Nachlaß besteht aus:

Wert des Eheringes im Spital	öS 500,–
Einrichtungsgegenstände gebraucht, alt und wertlos, daher	0,–

Forderungen sind angemeldet für:

Begräbniskosten	öS 25.500,–
Spitalskosten	öS 157.680,–

Auf Antrag zur Überlassung des Nachlasses an Zahlungs Statt durch denjenigen, der das Begräbnis bezahlt hat, erhält dieser den Ehering im Wert von 500 Schilling.

Die darüber hinausgehende Forderung für die Begräbniskosten sowie alle weiteren Forderungen können aus dem Nachlaß nicht befriedigt werden.

28. ... und die Steuern sollen die Erben zahlen!

Ich möchte einer Bekannten ein Vermächtnis zukommen lassen. Das soll sie aber ohne jegliche Abzüge erhalten, also habe ich verfügt, daß die darauf entfallende Erbschaftssteuer meine Erben bezahlen müssen. Entstehen daraus irgendwelche Nachteile, die ich nicht bedacht habe?

Aus der Sicht Ihrer Bekannten wird genau das erreicht, was Sie wollten. Auch die Erben können damit relativ – im Vergleich zu einer Schenkung – zufrieden sein, da diese Steuer vom Wert des Nachlasses abgezogen werden kann, von dem dann die restliche Erbschaftssteuer berechnet wird.

GEWINN-Tip

Wenn ein bereits der Kapitalertragsteuer (KESt) unterworfenes Kapitalvermögen Gegenstand des Vermächtnisses ist, fällt überhaupt keine Erbschaftssteuer mehr an. Die getroffene, oben erwähnte letztwillige Anordnung schadet aber keinesfalls.

29. Wann muß ich das Legat ausbezahlen?

Ich bin Testamentsalleinerbe. Es besteht ein Legat über den Betrag von 100.000 Schilling zugunsten einer anderen Person. Wann muß ich das Legat auszahlen?

Ein Legat (= Vermächtnis) verschafft dem Legatar (= Vermächtnisnehmer) eine Forderung gegen den Erben auf Herausgabe des Legates. Der Legatar ist selbst Gläubiger des Nachlasses, es trifft ihn keine Haftung für allfällige Schulden des Nachlasses, jedoch gehen die Forderungen der Nachlaßgläubiger, der Unterhaltsberechtigten und der Pflichtteilsberechtigten jener des Legatars vor. Es kann daher unter Umständen zu einer Verminderung oder zum Entfall des Legatsanspruches kommen.

Das Recht des Legatars auf Ausfolgung des Legates entsteht am Todestag des Erblassers. Der Todestag ist auch Fälligkeitstag für Legate hinsichtlich einzelner Verlassenschaftsstücke und der dazugehörigen Rechte, kleine Belohnungen an Dienstnehmer, gemeinnützige

Legate und Unterhaltsvermächtnisse. Alle übrigen Legate werden ein Jahr nach dem Todestag fällig.

Der Legatar muß den Todestag des Erblassers erleben. Stirbt der Legatar nach dem Erblasser, aber vor Auszahlung des Betrages, fällt das Legat in den Nachlaß des Legatars.

Daher ist im vorliegenden Beispiel – da der Erblasser keine andere Verfügung über die Fälligkeit dieses Legates getroffen hat – das Legat erst ein Jahr nach dem Todestag (wobei der Todestag nicht mitzurechnen ist) zur Auszahlung fällig. Der Erbe kann – aber muß nicht – früher auszahlen.

Der Notar als Gerichtskommissär ist verpflichtet, die Legatare zu verständigen. Erst nach Vorliegen des Nachweises der Verständigungen oder Sicherstellung der Legatare kann die Einantwortung des Nachlasses erfolgen. Die Gefahr der Übergehung eines Legatars besteht daher nicht.

GEWINN-Tip

- Da der Erbe für die Entrichtung der auf das Legat entfallenden und vom Legatar zu tragenden Erbschaftssteuer dem Finanzamt gegenüber haftet, ist es empfehlenswert, die Erbschaftssteuer vor Auszahlung des Legates einzubehalten.
- Da der Erwerb von Guthaben, die dem Endbesteuerungsgesetz unterliegen („KESt-pflichtige“ Guthaben, wie z. B. Sparbücher), erbschaftssteuerfrei ist, für den Erwerb eines bestimmten Barbetrages jedoch nach der derzeitigen Gesetzeslage und Judikatur der Finanzämter Erbschaftssteuer zu entrichten ist, empfiehlt es sich derzeit, anstatt eines Barlegats ein Vermächtnis über den Sparbetrag im Testament als Vermächtnis eines Sparbuches über den zugedachten Betrag zu formulieren. Nachteil: siehe Seite ???.
- Der Testator kann die Fälligkeit von Legaten, die ohne entsprechende Anordnung erst ein Jahr nach dem Todestag fällig würden, nach den Bedürfnissen und Möglichkeiten des Erben und/oder Legatars im Testament festlegen.

30. Die Lebensgefährtin lügt wie gedruckt!

Mein Vater ist verstorben, ich bin sein einziger Sohn. Er hat eher ein lotterhaftes Leben geführt, außer seiner Wohnungseinrichtung wahrscheinlich kein Vermögen besessen und lebte die letzten Jahre mit einer Lebensgefährtin zusammen. Die Lebensgefährtin weiß bereits, daß sie nichts erben wird. Sie hat nun dem Notar einen Brief geschrieben, in dem sie behauptet, daß sie die Waschmaschine, das Fernsehgerät und noch einige andere Dinge in der Wohnung gekauft hat. Außerdem soll ich ihr die Kosten der Trauerkleidung ersetzen. Kann sie damit durchkommen?

Nein, normalerweise nicht. Die Lebensgefährtin müßte Rechnungen mit ihrem Namen als Käuferin beibringen können. Daß ihr der Nachlaß die Trauerkleider ersetzen soll, ist sowieso eine absurde Idee.

31. Wie sichere ich mir das Haus meiner Wahltante?

Meine Wahltante hat mir gegenüber schon mehrfach erwähnt, daß ich einmal nach ihrem Ableben ihr kleines Wochenendhaus auf dem Land erhalten soll. Sie will aber derzeit noch Eigentümerin des Hauses bleiben. Gibt es eine bessere Absicherung meiner „Anwartschaft“ auf das Haus als ein Testament oder Kodizill, welches von meiner Wahltante jederzeit wieder abgeändert werden könnte und es ihr überdies freiläßt, ihr Haus noch zu Lebzeiten zu verkaufen oder an jemanden anderen zu verschenken?

Ja, die gibt es, und zwar durch Abschluß eines Schenkungsvertrages auf den Todesfall. Er wird zwischen dem (späteren) Erblasser und dem Begünstigten vor einem Notar in Form eines Notariatsaktes abgeschlossen und ist – wie jeder Vertrag – bindend. Der Geschenkgeber verspricht darin für den Fall seines Ablebens die schenkungsweise Übertragung eines bestimmten Vermögensteiles an den Geschenknehmer und verzichtet ausdrücklich auf die – für letztwillige Verfügungen wesenstypische – Widerrufsmöglichkeit. Der Begünstigte muß das Schenkungsversprechen annehmen.

Die Wirkung der Schenkung tritt erst mit dem Todesfall des Geschenkgebers ein, sodaß erst dann der Geschenknehmer Anspruch auf Übereignung der ihm zugewendeten Sache erhält. Daher bleibt z. B. bei einer Liegenschaftsschenkung auf den Todesfall der Geschenkgeber zu seinen Lebzeiten noch als Eigentümer im Grundbuch eingetragen. Da er sich jedoch durch den Vertrag an den Geschenknehmer gebunden hat, kann er über die Substanz der Liegenschaft (etwa durch Verkauf oder Verpfändung) nur noch mit Zustimmung des Geschenknehmers verfügen. Im übrigen verbleibt ihm aber das Recht, das Geschenkobjekt – unter Schonung der Substanz – selbst zu nutzen oder den Nutzen daran anderen unentgeltlich oder entgeltlich (etwa durch Vermietung) einzuräumen.

Das Objekt der Schenkung auf den Todesfall ist im Verlassenschaftsverfahren in das Inventar bzw. Eidesstättige Vermögensbekenntnis aufzunehmen; dem steht aber gleichzeitig der Anspruch des Geschenknehmers auf Ausfolgung (ähnlich einem Legatsanspruch) gegenüber.

GEWINN-Tip

- Wenn Sie vor der Frage stehen, ob Sie einen bestimmten Gegenstand Ihres Vermögens einem anderen durch eine Schenkung unter Lebenden, durch eine Schenkung auf den Todesfall oder durch eine letztwillige Verfügung zukommen lassen sollen, holen Sie betreffend die jeweiligen rechtlichen und steuerlichen Fragen vorher unbedingt fachjuristischen Rat ein.
- Die Errichtung eines Schenkungsvertrages auf den Todesfall ist in der Regel teurer als ein Testament. Überdies behalten Sie als Geschenkgeber nicht die Möglichkeit, Ihre Entscheidung noch einmal zu überdenken und Ihren Entschluß zu ändern.
- Die Schenkungssteuer ist bei der Schenkung auf den Todesfall erst nach dem Ableben des Geschenkgebers zu entrichten.
- Wirtschaftlich gesehen kommt die Schenkung auf den Todesfall einer Schenkung unter Lebenden gegen Vorbehalt eines lebenslangen Fruchtgenußrechtes sehr nahe; durch letztere können sich – wegen der erforderlichen Bewertung des als Gegenleistung ausbedungenen Fruchtgenußrechtes – Vermögensübertragungen schenkungssteuerlich günstiger gestalten lassen.
- Da die Schenkung auf den Todesfall steuerlich im Regelfall wie ein Rechtsgeschäft von Todes wegen behandelt wird, kann dieses Modell steuerlich bei der Übertragung von der Einkommenserzielung dienenden Vermögensobjekten (z. B. Zinshäuser) Vorteile bringen.

2 Fragen & Antworten zum Erbe bei minderjährigen Kindern

32. Meine Tochter erbt sowieso alles . . .

Warum soll ich als gesetzliche Vertreterin meiner minderjährigen Tochter an einer" „Schätzungstagsatzung" teilnehmen. Meine Tochter ist Alleinerbin und erbt sowieso alles.

In den vom Gesetz genau bezeichneten Fällen muß eine Schätzung des Nachlaßvermögens durch gerichtlich beeidete Sachverständige erfolgen und ein Inventar errichtet werden. Zur Schätzung sind bestimmte Personen, bei sonstiger Nichtigkeit des Abhandlungsverfahrens, einzuladen. Die Erben sowie Pflichtteilsberechtigte gehören zu dieser Personengruppe, gegebenenfalls auch deren gesetzliche Vertreter.

Es steht den Geladenen frei, der Einladung zu dieser Tagsatzung zu folgen oder fernzubleiben. Für das Verfahren ist nur vorgeschrieben, daß Ihnen die Möglichkeit geboten wurde, teilzunehmen.

In Ihrem Fall ist die Errichtung des Inventars zwingend vorgeschrieben, da Ihre Tochter minderjährig ist. Aber auch dann, wenn zumindest ein Erbe die bedingte Erbserklärung abgegeben hat oder sein Aufenthalt unbekannt ist, die Kirche zum Erben eingesetzt wurde oder ein Erbe verpflichtet ist, die Erbschaft an eine dritte Person weiterzugeben (fideikommissarische Substitution), muß ein Inventar errichtet werden.

Die Sachverständigen werden vom Notar aus einer bei Gericht geführten Liste ausgewählt. Es gibt Sachverständige, die auf die Schätzung von Möbeln spezialisiert sind, ebenso wie Sachverständige für Immobilien, Briefmarken, Pkws, Antiquitäten, Gemälde, Schmuck usw.

GEWINN-Tip

- Wenn es Ihnen möglich ist, sollten Sie die Tagsatzung zur Schätzung des Nachlasses besuchen. Sie haben dabei die Gelegenheit, an Ort und Stelle den Sachverständigen zu befragen, warum ein bestimmtes Stück gerade auf diesen hohen Wert geschätzt wird, obwohl Sie doch immer der Meinung waren, daß es sich um wertloses Gerümpel handelt oder umgekehrt. Auf diese Art und Weise können viele Streitfragen sofort und unkompliziert geklärt werden, ohne daß eine nochmalige Schätzung angeordnet werden muß, weil ein Erbe mit dem Gutachten des Sachverständigen nicht einverstanden ist.
- Die Kosten einer obligatorischen, d. h. gesetzlich vorgeschriebenen Schätzung trägt in der Regel die Verlassenschaftsmasse, das heißt, die Kosten vermindern das dem Erben anfallende Vermögen.
- Bei mutwilligem Antrag auf erneute Schätzung kann das Gericht diese Kosten aber auch dem Antragsteller allein zur Zahlung auftragen.

33. Bringt uns das gegenseitige Testament was?

Wir sind seit drei Jahren verheiratet. Mein Gatte und ich haben soeben ein zweites Kind bekommen. Unser Vermögen besteht im wesentlichen aus Sachwerten: einer (großteils mittels Krediten finanzierten) Eigentumswohnung, dem gemeinsamen Hausrat, einem Auto, einer Briefmarkensammlung etc. Mein Mann und ich möchten uns für den Fall, daß einem von uns etwas zustößt, durch ein gegenseitiges Testament bestmöglich absichern. Welche Ansprüche haben diesfalls unsere Kinder? Steht ihnen ein Pflichtteil zu, und wenn ja, in welcher Höhe? Könnten wir gezwungen sein, unsere Eigentumswohnung zu verkaufen?

Nach dem Gesetz steht dem überlebenden Ehegatten ein Erbrecht zu einem Drittel des Nachlasses zu, während die Nachkommen die restlichen zwei Drittel teilen (womit im obigen Fall die Kinder ein Erbrecht, und zwar je zu einem Drittel des Nachlasses, haben).

Durch testamentarische Anordnung kann diese gesetzlich vorgesehene Erbfolge aber abweichend geregelt werden. Dies kann etwa im obigen Fall so weit gehen, daß sich die Ehegatten wechselseitig zu Alleinerben einsetzen und einander damit (im Sinne der bestmöglichen Absicherung) Anspruch auf die gesamte Nachlaßsubstanz einräumen.

Kinder sind jedoch pflichtteilsberechtigt. Sie haben rechtlichen Anspruch auf eine bestimmte Mindestbeteiligung am Nachlaßwert. Der Pflichtteil beträgt die Hälfte dessen, was ein Kind als gesetzlicher Erbe (d. h. in Ermangelung einer abweichenden testamentarischen Anordnung) erhalten hätte, im obigen Fall also für jedes Kind ein Sechstel. Anders als der Erbe hat jedoch der Pflichtteilsberechtigte keinen Zugriff auf die Nachlaßsubstanz, d. h. er kann nicht einen bestimmten Teil oder Gegenstand des Nachlasses verlangen. Vielmehr hat er einen Geldanspruch gegen den Erben (im obigen Fall den überlebenden Ehegatten), welcher bereits mit dem Tod des Erblassers entsteht und im Zeitpunkt der Testamentskundmachung zur Zahlung fällig wird.

Bemessungsgrundlage für den Pflichtteil ist der sogenannte „reine Nachlaß", das ist der Wert des erblasserischen Vermögens (Nachlaßaktiva), vermindert um die Schulden des Erblassers und die Begräbniskosten (Nachlaßpassiva) sowie die gerichtlichen Kosten des Verlassenschaftsverfahrens. Daher ist im obigen Fall die Höhe der offenen Kreditschulden vom Wert der Eigentumswohnung vor der Berechnung des Pflichtteils in Abzug zu bringen.

Der Pflichtteilsberechtigte kann zur Feststellung des Wertes des Nachlaßvermögens im Rahmen des Verlassenschaftsverfahrens eine gerichtliche Schätzung verlangen. Ist der Pflichtteilsberechtigte wie im obigen Fall noch minderjährig, wird der Nachlaß zur Feststellung der ziffernmäßigen Höhe des Pflichtteilsanspruches von Amts wegen geschätzt, und das Gericht achtet darauf, daß jedes der Kinder den Pflichtteil erhält oder zumindest sichergestellt bekommt.

So wird in den meisten Fällen, um zu verhindern, daß der überlebende Ehegatte mangels genügender Barmittel die Eigentumswohnung verkaufen muß, diesem die Bezahlung des Pflichtteils bis zum Eintritt der Volljährigkeit der Kinder gestundet und dafür den Kindern als Sicherheit ein Pfandrecht (Hypothek) auf der Eigentumswohnung eingeräumt werden.

Nach Erreichen der Volljährigkeit kann jedes der Kinder den ihm zustehenden Pflichtteilsbetrag verlangen oder die Stundung verlängern oder auch überhaupt auf den Pflichtteil verzichten.

GEWINN-Tip

- Wenn Sie die bestmögliche Absicherung des Ehegatten im Hinblick auf die Ihren Kindern im Ablebensfall zustehenden Ansprüche anstreben, kümmern Sie sich rechtzeitig um die Errichtung eines Testamentes.
- Wären im obigen Fall noch genügend sonstige Substanzwerte vorhanden (z. B. ein Wochenendhaus), so könnte den Kindern allenfalls zur Abgeltung ihres Pflichtteils anstelle des Geldanspruches das Eigentumsrecht am Wochenendhaus übertragen werden (wobei sich die Eltern das diesbezügliche Nutzungsrecht vorbehalten können). Das kann durch eine Schenkung geschehen oder auch testamentarisch angeordnet werden. Die Erbschaftssteuer der Kinder wird diesfalls nach dem (niedrigen) Einheitswert der Liegenschaft und nicht nach dem (vermutlich höheren) Bargeldanspruch berechnet.
- Beim gemeinsamen Wohnungseigentum von Ehegatten gibt es Sonderregelungen, die Härtefälle vermeiden helfen.

7 Fragen & Antworten zu Erbschaften im Ausland oder Erben im Ausland

34. *Wie vermache ich mein Haus in Florida?*

Ich bin österreichischer Staatsbürger und habe ein kleines Ferienhaus in Florida, welches ich nach meinem Tode meiner Tochter vermachen möchte. Was muß ich unternehmen?

Es muß ein Testament nach der für den Staat Florida geltenden Testamentsform errichtet werden. Das Erb- und Testamentsrecht in den USA ist derart kompliziert und von Bundesstaat zu Bundesstaat unterschiedlich geregelt, daß in Europa nur eine Handvoll Experten hierüber erschöpfend Auskunft geben könnte. Das Einfachste und Sicherste wäre es, bei einer der in Amerika zahlreichen „law firms" (Juristenbüros) eine letztwillige Verfügung zu errichten und zu hinterlegen.

GEWINN-Tip

Bei Grundbesitz im Ausland empfiehlt sich allgemein, über diesen Besitz auch im jeweiligen Land letztwillig zu verfügen; dies nicht nur wegen der Vertraulichkeit, sondern auch, um Schwierigkeiten bei der Abwicklung der Verlassenschaft zu vermeiden. Grundsätzlich verlangt jedes einzelne Verlassenschaftsgericht die Vorlage des Original-Testamentes, und man stelle sich die Schwierigkeiten vor, wenn in mehreren Ländern Verlassenschaftsabhandlungen durchzuführen sind.

35. Die Erbin ist Australierin!

Meine einzige Erbin ist australische Staatsbürgerin. Auch deren Kinder, die ich zu Ersatzerben eingesetzt habe, sind australische Staatsbürger. Werden sie als Ausländer Schwierigkeiten beim Erhalt meines Hauses haben?

Der Erwerb von Liegenschaften im Erbwege durch Ausländer bedarf in den Bundesländern Vorarlberg, Wien und Niederösterreich nicht der Zustimmung der jeweiligen Ausländergrundverkehrsbehörde. In den übrigen Bundesländern sind mehr oder weniger strenge Beschränkungen für die Vererbung von Grundstücken vorgesehen.

Der ausländische Erbe kann aufgrund der Einantwortungsurkunde als Eigentümer in das Grundbuch eingetragen werden.

Vermächtnisnehmer (Legatare) müssen beim zuständigen Abhandlungsgericht einen Antrag auf Ausstellung einer Amtsbestätigung stellen. In dieser Amtsbestätigung erklärt das zuständige Verlassenschaftsgericht, daß der Vermächtnisnehmer (Legatar) hinsichtlich einer nachlaßzugehörigen Liegenschaft als Eigentümer im Grundbuch einzutragen ist.

Der Antrag auf grundbücherliche Durchführung der Einantwortungsurkunde ist beim Verlassenschaftsgericht zu stellen. Der Antrag auf Einverleibung des Eigentumsrechtes aufgrund der Amtsbestätigung ist beim jeweils zuständigen Grundbuchsgericht zu stellen. Das zuständige Grundbuchsgericht ist jenes Bezirksgericht, in dessen Sprengel sich die Liegenschaft befindet.

Voraussetzung für die Einverleibung des Eigentumsrechtes des Erben oder des Vermächtnisnehmers (Legatars) sind die Rechtskraft der Titelurkunde (Einantwortungsurkunde/Amtsurkunde) und das Vorliegen der steuerlichen Unbedenklichkeitsbescheinigung zum Nachweis dafür, daß die Erbschaftssteuer entrichtet wurde.

36. Wie erbt meine deutsche Nichte?

Meine Schwester und ich sind Miteigentümerinnen einer Liegenschaft in Österreich. Meine Schwester hat in Deutschland gelebt und war im Zeitpunkt ihres Todes deutsche Staatsbürgerin. Das Verlassenschaftsverfahren in Deutschland ist abgeschlossen.

Alleinerbin ist die Tochter meiner Schwester. Was muß sie nun unternehmen, um als Eigentümerin im Grundbuch eingetragen zu werden?

Hinsichtlich des in Österreich gelegenen Liegenschaftsvermögens von Ausländern ist das Verlassenschaftsverfahren von jenem Bezirksgericht durchzuführen, in dessen Sprengel sich die Liegenschaft befindet. Das Verlassenschaftsverfahren ist nach österreichischem Verfahrensrecht durchzuführen.

Hinsichtlich der Erbfolge ist das Recht jenes Staates, dessen Staatsbürger der Verstorbene im Zeitpunkt seines Todes war, anzuwenden. Im gegenständlichen Fall richtet sich die Erbfolge nach deutschem Recht. Der Nachweis des Erbrechtes kann in diesem Fall durch Vorlage eines Erbscheines des zuständigen Amtsgerichtes in Deutschland erbracht werden.

Die Erbberechtigte muß im österreichischen Verlassenschaftsverfahren eine Erbserklärung abgeben und den Antrag auf Einantwortung des Nachlasses stellen. Durch die Einantwortung des Nachlasses wird sie Eigentümerin der nachlaßzugehörigen Liegenschaften und kann nach Rechtskraft der Einantwortungsurkunde und nach Vorliegen der steuerlichen Unbedenklichkeitsbescheinigung beim österreichischen Abhandlungsgericht die Einverleibung ihres Eigentumsrechtes auf der nachlaßzugehörigen Liegenschaft beantragen.

37. Erbschaftssteuer bei uns oder in der Schweiz?

In einer Verlassenschaftssache habe ich sowohl Vermögen in Österreich als auch in der Schweiz geerbt. Wo muß ich Erbschaftssteuer zahlen?

Wenn der Erblasser Inländer gewesen ist (erbschaftssteuerrechtlich ist das auch ein Ausländer mit Wohnsitz im Inland, nicht aber jeder Österreicher mit Wohnsitz im Ausland – verwirrend, nicht wahr!), unterliegt der gesamte Erbanfall, ob in Österreich oder im Ausland, der österreichischen Steuerhoheit. Zur Vermeidung des Falles, daß ein Vermögen in zwei Staaten voll besteuert wird, gibt es Doppelbesteuerungsabkommen, die Österreich mit vielen Staaten abgeschlossen hat.

Diese Doppelbesteuerungsabkommen besagen, daß der Wohnsitzstaat (Österreich) das von dem anderen Vertragsstaat erfaßte Vermögen (Schweizer Bankkonto, Château in Frankreich, Treuhandfonds in Liechtenstein) von der eigenen Besteuerung ausnimmt. Zumindest teilweise, weil er sich oft den „Progressionsvorbehalt" eingeräumt hat: Käme z. B. ein Erbe in Irland steuerlich gut weg, muß er, vereinfacht gesagt, die Differenz zwischen der irischen und der österreichischen Steuerbelastung bei uns aufzahlen. (Doppelbesteuerungsabkommen heißt aber natürlich auch Informationsaustausch zwischen den Steuerbehörden.)

Mit einer einzigen Ausnahme beziehen sich alle von Österreich abgeschlossenen Doppelbesteuerungsabkommen nur auf den Erwerb von Todes wegen. Nur mit den USA gilt das Doppelbesteuerungsabkommen auch für Schenkungen.

Fehlt ein Doppelbesteuerungsabkommen, ist nur die im Ausland abgeführte Steuer in Österreich als Nachlaßverbindlichkeit anzusetzen und mindert daher die Bemessungsgrundlage.

GEWINN-Tip

Doppelbesteuerungsabkommen bestehen derzeit u. a. mit Liechtenstein, Deutschland, Frankreich, Schweden, Schweiz, Ungarn und den USA (in letzterem Staat auch für Schenkungen)

38. *Als Holländer ein Testament in Österreich?*

Ich bin holländischer Staatsangehöriger, möchte aber, da ich in Österreich lebe, hier ein Testament errichten. Was muß ich dabei beachten?

In diesem Fall ist besondere Vorsicht geboten. Zunächst ist zu sagen, daß es ein „Internationales Testamentsrecht", das für alle Staaten der Welt rechtsverbindlich ist, nicht gibt.

Grundsätzlich muß jene Testamentsform eingehalten werden, die für die Bürger des jeweiligen Staates gilt. Eine wesentliche Erleichterung von diesem Grundsatz hat das sogenannte „Haager Testamentsabkommen vom 5. 10. 1961" gebracht, welchem seither schon viele Staaten beigetreten sind. Nach diesem Übereinkommen sind letztwillige Verfügungen dann formgültig, wenn sie entweder jener Form entsprechen, welche am Ort der Testamentserrichtung vorgeschrieben ist, oder aber dem Recht der Staatsbürgerschaft; schließlich bei Liegenschaften auch jenem staatlichen Recht entsprechen, in welchem sich die Liegenschaft befindet.

Die Niederlande sind jedoch nicht diesem Abkommen beigetreten, sodaß Sie als Staatsbürger dieses Landes auch im Ausland Ihr Testament nur als öffentliche Urkunde nach strengen Formvorschriften errichten können.

Nach dem Gesetz Ihres Landes ist jedes Testament ungültig, wenn es nicht vor einem Notar errichtet wurde oder wenn es nicht vor dem Tod einem Notar zur Aufbewahrung übergeben wurde.

39. Deutsches oder österreichisches Erbrecht?

Ich bin deutscher Staatsbürger, lebe aber schon seit vielen Jahren in Österreich. Welches Erbrecht kommt nach meinem Tode zur Anwendung? Deutsches oder österreichisches?

Es kommt das deutsche Erbrecht zur Anwendung, und zwar auch dann, wenn die Verlassenschaftsabhandlung in Österreich stattfindet. Seit dem Inkrafttreten des Gesetzes über das Internationale Privatrecht richtet sich die Erbfolge immer nach der Staatsbürgerschaft des Verstorbenen, unabhängig von seinem Wohnsitz und unabhängig von der Staatsbürgerschaft der Erben.
Bei Doppelstaatsbürgern, die auch österreichische Staatsbürger sind, wird – ebenso wie bei Staatenlosen – österreichisches Erbrecht angewandt.

Das fremde Erbrecht kann im Zweifel beim Bundesministerium für Justiz erfragt werden.

40. Erbonkel in England, Konto in Österreich?

Mein Onkel ist vor Jahrzehnten nach England ausgewandert. Im Zeitpunkt seines Ablebens war er englischer Staatsbürger. Er hatte ein Konto bei einer österreichischen Bank. Was muß ich unternehmen, um die Überweisung des Kontoguthabens an die Erben in England zu veranlassen?

Kontoguthaben sind Forderungen und daher bewegliches Vermögen. Hinsichtlich des in Österreich befindlichen beweglichen Vermögens eines Ausländers ist das sogenannte „Ausfolgungsverfahren“ durchzuführen. Das Bezirksgericht, in dessen Sprengel der Ausländer seinen letzten Wohnsitz hatte, ist für die Durchführung des Ausfolgungsverfahrens zuständig. Hatte der Ausländer in Österreich keinen Wohnsitz oder läßt sich dieser nicht mehr feststellen, ist das Bezirksgericht, in dessen Sprengel sich der größte Teil des Vermögens befindet, zuständig. Im Ausfolgungsverfahren ist durch Urkunden nachzuweisen, wer über den Nachlaß verfügungsberechtigt ist. Der Verfügungsberechtigte kann sodann den Antrag auf Ausfolgung des Vermögens stellen. Voraussetzung für die Ausfolgung des Vermögens ist überdies das Vorliegen einer Bestätigung des Finanzamtes, daß der Ausfolgung des in Österreich befindlichen Vermögens keine erbschaftssteuerlichen Bedenken entgegenstehen.

Im gegenständlichen Fall ist daher das Guthaben dem zuständigen Gericht mitzuteilen.

Der vom Gericht sodann eröffnete Akt wird dem zuständigen Gerichtskommissär übermittelt, der die weiteren Veranlassungen (Todfallsaufnahme, Barwertanfrage, Feststellung der Erbberechtigten, Einholung der Bestätigung des Finanzamtes etc.) trifft. Zum Schutze der im Inland befindlichen Erbberechtigten und Gläubiger ist ein Edikt zu erlassen. Die Erlassung des Ediktes unterbleibt bei geringfügigen Nachlässen und wenn der ausländische Erblasser in Österreich weder einen Wohnsitz noch eine Niederlassung hatte und nach den Umständen des Falles nicht anzunehmen ist, daß sich Beteiligte melden werden.

Unter bestimmten Voraussetzungen kann auch ein Verlassenschaftsverfahren hinsichtlich des beweglichen Nachlasses eines Ausländers durchgeführt werden, und zwar dann, wenn der verstorbenen Ausländer seinen ordentlichen Wohnsitz in Österreich hatte und die in Österreich befindlichen Beteiligten die Durchführung des Verlassenschaftsverfahrens durch ein österreichisches Abhandlungsgericht beantragen.

7 Fragen & Antworten zum Enterben und Erbrechtsausschluß

41. Das Haus soll sie für die Enkerl erhalten!

Meine etwas leichtsinnige Tochter soll zwar meinen Nachlaß erben, ich möchte aber, daß sie mein Haus für meine beiden kleinen Enkerln erhalten muß. Wie mache ich das?

Sie haben die Möglichkeit, in Ihrem Testament die Tochter zur Erbin einzusetzen und gleichzeitig hinsichtlich des Hauses eine fideikommissarische Substitution zugunsten der beiden Enkelkinder anzuordnen.

In diesem Fall kann Ihre Tochter zwar, solange sie lebt oder bis zu einem von Ihnen vorgegebenen Zeitpunkt (etwa Volljährigkeit der Enkelkinder), das geerbte Vermögen nutzen und die Früchte des Vermögens (etwa Zinseinkünfte des Hauses) verbrauchen, muß aber die Substanz des Hauses erhalten und bei Eintritt des Substitutionsfalles an die Enkelkinder herausgeben.

Um genau festzuhalten, was von der fideikommissarischen Substitution umfaßt ist, muß im Verlassenschaftsverfahren jedenfalls ein Inventar errichtet werden.

Bei Liegenschaften kann die Anordnung der Substitution im Grundbuch eingetragen werden und verhindert so die Veräußerung durch den Erben ohne Wissen und Zustimmung der Substitutionsberechtigten.

Es gibt dabei allerdings eine Einschränkung: Der Erbe muß seinen Pflichtteil bekommen. Außerdem sollte man bedenken, daß eine solche Regelung zu Verstimmungen zwischen Erben und Nacherben führen kann.

Eine andere Möglichkeit wäre die Enterbung aus guter Absicht (siehe Seite 39). In diesem Falle würde die Tochter überhaupt nichts erben.

42. Ich habe keinen Bezug zu diesem Kind . . .

Während meines Studiums habe ich eine Frau kennengelernt, mit der ich für kurze Zeit zusammenlebte. Sie ist von mir schwanger geworden. Noch vor der Geburt des Kindes haben wir uns getrennt. Ich habe die Vaterschaft zu dem Kind anerkannt und an seine Mutter regelmäßig monatlichen Unterhalt gezahlt. Ich habe nie mit dem Kind in einem gemeinsamen Haushalt gelebt und hatte auch sonst nie einen näheren Kontakt zu ihm, da seine Mutter dies nicht wollte. Seit einiger Zeit bin ich mit einer anderen Frau verheiratet. Da ich zu meinem außerehelichen Kind keinerlei Bezug habe, will ich auch nicht, daß es nach meinem Ableben zu Lasten meiner Frau, der ich alles vermachen möchte, etwas erhält.

Gibt es eine Möglichkeit, meinem Kind den Pflichtteil zu entziehen oder wenigstens einzuschränken?

Kinder, gleichgültig ob sie ehelich oder außerehelich geboren sind, haben beim Ableben eines Elternteiles, sofern ihre Abstammung feststeht oder zumindest zu Lebzeiten des Erblassers gerichtlich geltend gemacht worden ist, ein gesetzliches Erbrecht und damit auch einen gesetzlichen Pflichtteilsanspruch.

Im obigen Fall beträgt dieser bei Vorhandensein eines Ehegatten und keiner weiteren Nachkommen ein Drittel des reinen Nachlaßvermögens.

Der gänzliche Entzug des Pflichtteils ist nur im Wege der Enterbung möglich, welcher allerdings das Vorliegen eines bestimmten, ausdrücklich im Gesetz geregelten Grundes für die Enterbung voraussetzt. Der Umstand, daß man zu seinem Kind nie Kontakt hatte, es unter Umständen sogar noch nie gesehen hat, stellt überhaupt keinen Enterbungsgrund dar und rechtfertigt daher auch nicht, dem Kind den Pflichtteil gänzlich zu entziehen.

Stand aber ein Elternteil zu seinem Kind zu keiner Zeit (= nie) in einem Naheverhältnis, wie es in der Familie zwischen Eltern und Kindern gewöhnlich besteht, so räumt ihm das Gesetz die Möglichkeit ein, den Pflichtteil des Kindes auf die Hälfte zu vermindern (im obigen Fall also auf ein Sechstel des reinen Nachlaßvermögens). Voraussetzung dafür ist aber, daß man diese Pflichtteilsminderung im Rahmen einer letztwilligen Verfügung ausdrücklich anordnet.

Die Bedingungen für die Zulässigkeit einer Pflichtteilsminderung sind streng: Es darf wirklich zu keiner Zeit im Leben des Kindes ein familientypisches Naheverhältnis bestanden haben; vereinzelte Besuche oder die Leistung von Unterhalt begründen aber für sich allein das Naheverhältnis noch nicht.

Läßt sich das Kind nach dem Ableben des betreffenden Elternteils die Pflichtteilsminderung nicht gefallen (weil es z. B. das Vorliegen der Voraussetzungen bestreitet) und begehrt es den vollen Pflichtteil, so muß der Erbe (im obigen Fall die Ehegattin) den Beweis erbringen, daß die Pflichtteilsminderung in gesetzlich zulässiger Weise verfügt wurde und die Voraussetzungen dafür erfüllt waren.

GEWINN-Tip

- Sollten die Voraussetzungen für eine Pflichtteilsminderung gegeben sein und Sie eine solche wünschen, ist die Befassung eines Notars oder Anwalts ratsam, insbesondere was die Ausformulierung der hierfür notwendigen letztwilligen Anordnung betrifft.
- Die letztwillige Anordnung der Pflichtteilsminderung sollte auf jeden Fall durch eine kurze Schilderung der Situation und des Verhältnisses zu Ihrem Kind bzw. die Kontakte zu ihm im Laufe seines Lebens ergänzt werden, da man Sie nach Ihrem Ableben hierzu als Zeugen naturgemäß nicht mehr befragen kann.
- Aus demselben Grund ist es ratsam, den jeweiligen Erben mit allen jenen Informationen zu versorgen, die für die Kenntnis der Beziehung zum Kind, Ihren Kontakten zu ihm und den sonstigen Berührungspunkten wesentlich sind, da den Erben nach Ihrem Ableben im Falle, daß das Kind die Pflichtteilsminderung bestreitet, die volle Beweislast für das Vorliegen der diesbezüglichen Voraussetzungen trifft und er sich ansonsten insbesondere beim Nachweis, daß wirklich zu keiner Zeit ein familientypischer Kontakt zwischen Ihnen und Ihrem Kind bestanden hat, sehr schwer

tut bzw. ein solcher Nachweis ohne Kenntnis der näheren Umstände nahezu unmöglich ist.

- Sollten Sie bereits ein Testament errichtet haben, in welchem Sie eines oder mehrere Kinder auf den Pflichtteil beschränken, so wäre zu prüfen, ob nicht die Voraussetzungen für eine Minderung auf den halben Pflichtteil gegeben sind, insbesondere da diese Möglichkeit erst seit dem Erbrechtsänderungsgesetz 1989 besteht und in älteren letztwilligen Verfügungen naturgemäß noch nicht ausdrücklich angeordnet sein kann.

43. Meine Kinder kümmern sich nicht um mich.

Ich bin vor einiger Zeit schwer erkrankt und stand vor einer lebensbedrohlichen Operation. Danach war ich mehrere Wochen bettlägrig und bedurfte regelmäßiger häuslicher Pflege. Meine beiden Kinder haben mir weder vor der Operation Beistand geleistet noch sich danach in irgendeiner Weise um mich gekümmert, geschweige denn mich besucht oder auch nur nach meinem Befinden gefragt. Ich habe sie wiederholt um Hilfe gebeten, jedoch nur zur Antwort bekommen, daß sie keine Zeit hätten und ich mir eben „jemanden leisten müsse, der für mich sorgt". Aufgrund dieser Herzlosigkeit und Beistandsverweigerung meiner Kinder möchte ich sie von jedem Anspruch nach meinem Ableben ausschließen. Geht das?

Der gänzliche Entzug des gesetzlichen Pflichtteils ist nur im Rahmen einer rechtmäßigen Enterbung möglich. Diese beseitigt den Pflichtteilsanspruch, und es wird der Erbe gegenüber dem Enterbten von der Entrichtung des Pflichtteiles befreit.

Die Enterbung, das heißt der gänzliche Entzug des Pflichtteilsanspruches, stellt eine letztwillige Anordnung dar, die zu ihrer Wirksamkeit der Einhaltung der Formvorschriften für Erklärungen des letzten Willens bedarf. Eine letztwillige Verfügung kann sich in der Anordnung einer Enterbung erschöpfen oder aber auch die Enterbung mit der Berufung einer oder mehrerer anderer Personen zu Erben verbinden. Immer setzt sie zu ihrer Rechtmäßigkeit das Vorliegen eines bestimmten, ausdrücklich im Gesetz geregelten Enterbungsgrundes voraus. Ein solcher liegt im obigen Fall vor: Ein Kind kann nämlich unter anderem dann enterbt werden, „wenn es den Erblasser im Notstande hilflos gelassen hat", das heißt, in Kenntnis des Notstandes des Elternteiles den erforderlichen physischen oder psychischen Beistand schuldhaft unterläßt und ihn dadurch der Hilflosigkeit preisgibt.

Will sich der Enterbte den Entzug des Pflichtteils nicht gefallen lassen, muß der Erbe beweisen, daß die Enterbung zulässig ist bzw. tatsächlich ein Grund zur Enterbung vorliegt.

Aber Vorsicht! Falls Ihre Kinder rechtskräftig enterbt werden, haben deren Kinder (also Ihre Enkel) sehr wohl Anspruch auf einen Pflichtteil. Außer die Enterbungsgründe treffen auch auf die Enkelkinder zu.

Folge: Sind Enkel da, erspart man sich als Universalerbe eigentlich überhaupt nichts.

GEWINN-Tip

- Wenn Sie sich mit dem Gedanken der Enterbung eines Pflichtteilsberechtigten tragen, überlegen Sie gut, ob sich der von Ihnen geltend gemachte Enterbungsgrund überhaupt nachweisen läßt. Vergessen Sie nicht, daß den Nachweis der rechtmäßigen Enterbung (infolge Ablebens) nicht Sie selbst führen können, sondern dieser von Ihrem Erben erbracht werden muß, der die diesbezüglichen Umstände möglicherweise gar nicht näher kennt.
- Sorgen Sie daher vor, daß Ihr zukünftiger Erbe ausführlich über die maßgeblichen Sachverhalte und alle Umstände, die zum Nachweis des Enterbungsgrundes notwendig sind, informiert ist; teilen Sie ihm mit, ob es Beweismittel oder Zeugen gibt beziehungsweise wo man diese notfalls auffinden kann.
- In jedem Fall sollten Sie den rechtlichen Beistand eines Notars oder Anwalts suchen, da die Enterbung weitreichende Folgen hat, im Rahmen einer letztwilligen Verfügung angeordnet sein muß, der Enterbungsgrund präzise angeführt sein sollte und auch ergänzende Angaben zum diesbezüglichen Sachverhalt ratsam sind.
- Überlegen Sie die Möglichkeit, ob nicht der Angehörige, der Ihnen gegenüber einen Enterbungsgrund gesetzt hat, durch einen Pflichtteilsverzichtsvertrag mit Ihnen bereits zu Lebzeiten auf seine Ansprüche verzichten würde, um nicht die für ihn unange-

nehmen Umstände der Enterbung im Rahmen des Testamentes bzw. des Verlassenschaftsverfahrens an die Öffentlichkeit dringen zu lassen.

44. Lebensgefährte weg, raus aus dem Testament?

Ich habe bei einem Notar ein Testament errichtet und hinterlegt, in welchem mein Lebensgefährte als Alleinerbe eingesetzt ist. Nun habe ich mich jedoch von meinem Lebensgefährten getrennt und ich möchte daher auch nicht mehr, daß er nach meinem Ableben etwas erhält. Was muß ich tun?

Testamente und andere letztwillige Anordnungen sind im Gegensatz zu Erbverträgen vom Testator jederzeit frei widerrufbar bzw. abänderbar. Es steht daher jedem frei, einmal errichtete letztwillige Anordnungen, ohne daß es dafür eines besonderen Grundes bedarf, nach Belieben wieder aufzuheben.

Die Aufhebung eines Testamentes kann durch einen ausdrücklichen Widerruf in Testamentsform, der mit einer neuen testamentarischen Anordnung verbunden sein kann, geschehen oder durch stillschweigenden Widerruf; letzterer erfolgt entweder durch Einwirken auf die bestehende Urkunde (Abschneiden der Unterschrift, Durchstreichen des Textes, Löschen des Inhaltes, Zerreißen, Verbrennen der Urkunde etc.) oder auch durch die bloße Errichtung einer neuen testamentarischen Verfügung ohne Erwähnung der älteren.

Ist im obigen Fall bloß der Widerruf des bestehenden Testamentes und nicht auch die Errichtung eines neuen beabsichtigt, so sollte man sich zum Notar begeben, sich die verwahrte Testamentsurkunde unter gleichzeitiger Löschung im Zentralen Testamentsregister ausfolgen lassen und selbige durch entsprechendes Einwirken unbrauchbar machen bzw. vernichten (die bloße Zurücknahme eines notariell verwahrten Testamentes stellt für sich allein noch keinen wirksamen Widerruf der letztwilligen Verfügung dar).

Kann oder will man das aus einem bestimmten Grund nicht, ist ein Testamentswiderruf unter Berücksichtigung der Formerfordernisse für letztwillige Anordnungen zu verfassen, in welchem das bestehende Testament ausdrücklich aufgehoben wird.

Dieser Testamentswiderruf kann seinerseits bei einem Notar,

Anwalt oder Gericht in Verwahrung gegeben und in das Zentrale Testamentsregister eingetragen werden.

Ist gleichzeitig mit dem Testamentswiderruf die Errichtung eines neuen Testamentes beabsichtigt, empfiehlt es sich, in letzterem den Widerruf des früheren Testamentes ausdrücklich anzuordnen.

Daneben ist es auch in diesem Fall ratsam, das beim Notar verwahrte alte Testament zurückzunehmen und unbrauchbar zu machen bzw. zu vernichten, da es spätere Zweifel und Auseinandersetzungen zwischen den Erben über die Frage der Gültigkeit des Widerrufs vermeiden hilft.

Sollte ein zu widerrufendes Testament in mehreren Gleichschriften errichtet worden sein, sind alle Originale unbrauchbar zu machen bzw. zu vernichten.

Der sicherste Weg ist der ausdrückliche Widerruf in Testamentsform. Das ist auch unumgänglich, wenn sich das obsolete (= ungültig) Testament in Händen der „in Ungnade gefallenen Erben“ befindet.

GEWINN-Tip

- Sie sollten Ihre aktuellen letztwilligen Anordnungen immer möglichst in einer einzigen Urkunde zusammenfassen; damit vermeiden Sie spätere Auslegungsschwierigkeiten bzw. Erbrechtsstreitigkeiten.
- Achten Sie darauf, daß ein Testamentswiderruf so klar und ausdrücklich wie möglich ist; am besten und sichersten ist es, in jedem Testament sicherheitshalber pauschal alle bisherigen letztwilligen Anordnungen für null und nichtig zu erklären, soferne nicht aus besonderen Umständen eine oder mehrere frühere Anordnungen neben der neuen Gültigkeit haben sollen.
- Achten Sie darauf, daß Sie Testamente nur in so vielen Gleichschriften (Originalen) herstellen, wie Sie unbedingt benötigen.
- In der Regel ist es nicht empfehlenswert, Erben oder sonstigen letztwillig bedachten Personen Gleichschriften von Testamenten auszuhändigen, da dies späteren Widerruf erschwert oder man auf solche Gleichschriften vergißt. Meistens genügt es, ein Testament in einem Original zu errichten, welches man bei Notaren, Anwälten und Gerichten verwahren und im Zentralen Testamentsregister der Österreichischen Notariatskammer registrieren lassen

kann. Auf diese Weise sichern Sie Ihr Testament vor Verlust und Unterschlagung; ein Widerruf oder eine Abänderung des Testamentes bleiben aber weiter trotzdem jederzeit problemlos möglich.

45. *Nur die Tochter meiner Tochter soll erben!*

Meine Tochter macht mir nur Schwierigkeiten. Sie hat außerdem jeglichen Kontakt mit mir abgebrochen. Ich möchte daher, daß sie nichts von mir erbt. Ich habe deswegen auch mein Enkelkind (die Tochter meiner Tochter) und meinen Sohn testamentarisch als meine Erben eingesetzt. Genügt das?

Wenn Sie sichergehen wollen, daß Ihre Tochter nicht einmal den Pflichtteil bekommen wird, sollten Sie von der Enterbung in guter Absicht Gebrauch machen (siehe Seite 39)

GEWINN-Tip

► Sie können Ihr Vermögen (und damit den Pflichtteilsanspruch der Tochter) aber auch schon zu Lebzeiten schmälern, etwa Liegenschaften bereits unter Vorwegnahme der Erbfolge übergeben (wobei Sie sich das lebenslange Nutzungsrecht vorbehalten können, sodaß de facto keine Änderung eintritt).
Dabei ist aber zu beachten, daß der gewünschte Effekt nur bei Schenkungen an nicht pflichtteilsberechtigte Personen eintritt und wenn darüber hinaus die geschenkte Sache bei Ihrem Tod schon mehr als zwei Jahre im Besitz des Beschenkten ist.
In Ihrem Fall könnte eine Schenkung an das Enkelkind oder z. B. auch an die Schwiegertochter zu einer Minderung des Pflichtteils der Tochter führen, wenn zwischen der Schenkung und dem Erbfall bereits zwei Jahre verstrichen sind. Innerhalb dieser Frist würden nämlich bei der Berechnung des Pflichtteiles auch Schenkungen an beliebige dritte Personen anzurechnen sein (das ist der sogenannte Schenkungspflichtteil).

46. Meine Frau weiß nichts vom unehelichen Kind!

Ich möchte, daß nach meinem Tod meine Gattin möglichst alles bekommt. Ich habe jedoch aus einer Urlaubsbekanntschaft ein uneheliches Kind, für welches ich bis zu dessen Volljährigkeit Alimente bezahlt habe. Ich möchte meiner Gattin, die von diesem Umstand bis jetzt nichts weiß, jegliche Auseinandersetzung mit diesem Kind, in welcher Form auch immer, ersparen. Was kann ich tun, damit dieses Kind, das ich nur einmal gesehen habe, so wenig wie möglich fordern kann?

Diese Frage ist eine der wichtigsten in der Praxis eines Notars. Das uneheliche Kind ist in seinem Erb- und Pflichtteilsrecht ehelichen Kindern gleichgestellt. Wenn Sie wollen, daß Ihre Gattin so viel wie möglich erhält, müssen Sie ein Testament errichten, in welchem Sie sie zur Alleinerbin einsetzen. Das Kind ist dann nur pflichtteilsberechtigt. Haben Sie keine anderen Kinder, so steht dem Kind vom Nachlaß wertmäßig ein Drittel zu; unter gewissen Voraussetzungen (siehe unten) nur ein Sechstel.

Dies ist aber nur unter der Voraussetzung möglich, daß zwischen Ihnen und dem Kind nie ein Verhältnis bestand, wie es üblicherweise zwischen Eltern und Kindern besteht, dann könnten Sie in einer letztwilligen Anordnung verfügen, daß der Pflichtteil dieses Kindes halbiert wird. Damit wird aber Ihr Kind jedenfalls offengelegt.

Sie könnten versuchen, von Ihrem Kind einen Erb- oder Pflichtteilsverzicht zu erlangen. Vielleicht ist es (gegen eine entsprechende Abfertigung) dazu bereit. Der Notar könnte dann einen entsprechenden Vertrag (dieser bedarf der Form des Notariatsaktes) errichten. Nur dann bräuchte das Kind dem Verlassenschaftsverfahren nicht mehr beigezogen werden.

GEWINN-Tip

- Die Überlegung, noch zu Lebzeiten Ihr Vermögen Ihrer „besseren Hälfte“ zu überschreiben, führt nicht unbedingt zum beabsichtigten Erfolg: Wenn das Kind davon erfährt und sich die Vermögensverschiebungen auch noch leicht nachweisen lassen (z. B. solche schon aus dem Grundbuch ersichtlich sind), war der ganze Aufwand umsonst: Schenkungen an pflichtteilsberechtigte Personen sind nämlich auf Verlangen eines anderen Pflichtteilsberechtigten bei der Berechnung des Pflichtteiles miteinzubeziehen. Der Anspruch des auf diese Weise verkürzten Pflichtteilsberechtigten erlischt drei Jahre nach dem Tod des Geschenkgebers, auch dann, wenn er z. B. erst fünf Jahre nach dem Erbfall davon Kenntnis bekommt, oder er zum Zeitpunkt des Erbfalls noch minderjährig war und schon deshalb nichts davon wissen konnte.

- Ein oft gewählter, aber nicht legaler Ausweg wäre nur die Verschleierung des tatsächlichen Vermögensstandes oder die gänzliche Verschweigung von Nachlaßvermögen. Inwiefern ein Vorbeischwindeln von Vermögenswerten nach der Aufhebung der Anonymität bei Wertpapierdepots und künftigen Abschaffung auch bei den Sparbüchern überhaupt noch möglich sein wird, bleibt dahingestellt …
- Bereits bei der Anschaffung von Vermögen die erbrechtlichen Konsequenzen bedenken (z. B. Bargeld oder Wertgegenstände statt der Eigentumswohnung als leicht nachweisbarer Wert) und den Rechtsberater – etwa beim Liegenschaftserwerb – auf die spezielle persönliche Situation hinweisen!

47. Können wir den adoptierten Enkel enterben?

Unser Sohn und seine Frau haben jetzt gemeinsam ein Kind adoptiert. Da wir mit der ganzen Geschichte nicht einverstanden sind, wollen wir dieses Kind aus der Erbschaft ausschließen. Gibt es dazu eine Möglichkeit?

Das Adoptivkind hat nach Ihnen gar kein Erbrecht, da durch die Adoption zwischen dem Wahlkind und den Verwandten der Annehmenden keine Verwandtschaft und damit auch kein gesetzliches Erbrecht begründet wird.

Es kann freilich nicht ausgeschlossen werden, daß an Ihren Sohn einmal von Ihrem Vermögen zumindest ein Teil – sei es als Erbteil oder als Pflichtteil – übergeht und in der Folge auch einmal diesem adoptierten Kind (als Erbe Ihres Sohnes) zufällt.

6 Fragen & Antworten zu Nachlässe mit Schulden oder geringem Vermögen

48. Die Erbschaft ist ein einziger Schuldenberg!

Ich habe geerbt , … leider Schulden! Geht das überhaupt? Was muß ich jetzt tun? Kann ich zur Verantwortung gezogen werden?

Der Erbe setzt in rechtlicher Hinsicht die Person des Erblassers fort, das heißt, er tritt in dessen (vererbbare) Rechte und Pflichten ein und übernimmt damit auch alle seine Schulden. Aber keine Angst: man wird nicht „automatisch“ Erbe – das Gesetz verlangt eine förmliche Entscheidung des berufenen Erben, ob er die Erbschaft überhaupt annehmen will oder nicht! Die Abgabe dieser förmlichen – unbedingten oder bedingten – Erbserklärung erfolgt regelmäßig vor dem öffentlichen Notar als Gerichtskommissär, der darüber eine Niederschrift aufnimmt und über die Rechtsfolgen der Erbserklärung aufklärt: Erst die abgegebene unbedingte Erbserklärung hat zur Folge, daß man als Erbe für alle Verbindlichkeiten des Erblassers persönlich, also auch mit seinem ganzen Vermögen und in unbeschränkter Höhe, haftet. Bei der bedingten Erbserklärung dagegen wird diese Haftung der Höhe nach auf die übernommenen Aktiven beschränkt. Durch Abgabe der bedingten Erbserklärung kommt es zur Inventarisierung und gerichtlichen Schätzung des Nachlasses.

Die unbedingte Erbserklärung wird also nur dann für einen Erben in Frage kommen, wenn kein Zweifel darüber besteht, daß durch das vorhandene Nachlaßvermögen auch alle Schulden und etwaigen Vermächtnisanordnungen des Erblassers gedeckt sind.

GEWINN-Tip

- Die bedingte Erbserklärung ist mit höheren Kosten (Sachverständigengebühren für Schätzungen, Gerichtskosten, Notar) verbunden. Betrachten Sie diese sozusagen als „Versicherungsprämie" – und überlegen Sie, ob Ihnen diese den Ausschluß des Risikos einer unbeschränkten Haftung wert ist. Prüfen Sie vorher – soweit möglich – den tatsächlichen Schuldenstand der Erbmasse.
- Bei einem voraussichtlich überschuldeten Nachlaß sollten Sie als Erbe jedenfalls auch die Möglichkeit der Erbrechtsentschlagung in Betracht ziehen. Beim Verzicht auf das Erbrecht brauchen Sie dann überhaupt nicht mehr tätig zu werden – das Verlassenschaftsverfahren wird dann erforderlichenfalls von einem gerichtlich bestellten Verlassenschaftskurator erledigt!
- Nützen Sie die Vorteile der Gläubigereinberufung (beim Notar zu beantragen): nur dann entfaltet das Inventar, in dem der Nachlaß verzeichnet und wertmäßig erfaßt wird, seine volle Wirkung. Damit werden alle Verlassenschaftsgläubiger aufgefordert, ihre Ansprüche binnen einer gewissen Frist geltend zu machen. Bei unzureichendem Nachlaß erfolgt dann die Befriedigung mehrerer Gläubiger quotenmäßig. Dann brauchen Sie – wenn der Nachlaß dann schon zur Gänze verteilt wurde – nichts mehr an Gläubiger leisten, die sich zu spät melden.

49. Kann die Verlassenschaft in Konkurs gehen?

Für den Fall seines Todes würde ich von meinem Vater einen Berg Schulden übernehmen. Daher meine Frage: Kann eine Verlassenschaft in Konkurs gehen?

Ja, auch eine Verlassenschaft kann so wie jede natürliche oder juristische Person in Konkurs gehen. Voraussetzung für den Konkurs ist ein nicht unbedeutendes aktives Nachlaßvermögen, wobei es dafür keine fixe Wertgrenze gibt, aber in der Praxis zirka 300.000 Schilling als ausreichend angesehen werden.

Weitere Voraussetzungen sind eine Mehrheit von Gläubigern

(bereits zwei Gläubiger sind eine Mehrheit) und natürlich die Überschuldung des Nachlasses sowie die Deckung der Verfahrenskosten von etwa 50.000 Schilling.

Zur Antragstellung sind Erben, Verlassenschaftskurator und Gläubiger berechtigt.

Sobald das Konkursverfahren eröffnet worden ist, geht die Verfügung über das Nachlaßvermögen auf den vom Gericht bestellten Masseverwalter über. Dieser hat den Nachlaß bestmöglich zu liquidieren und daraus die Gläubiger gemäß den Bestimmungen der Konkursordnung zu befriedigen.

Eine durch die Praxis herausgearbeitete Variante des Nachlaßkonkurses ist die „kridamäßige Verteilung" des Nachlasses. Diese wird angewandt, wenn der Nachlaß überschuldet, für eine Konkurseröffnung zu gering, für die Überlassung an Zahlungs Statt aber zu hoch ist und keine unbedingte Erbserklärung vorliegt.

GEWINN-Tip

Falls der Nachlaß mit großer Wahrscheinlichkeit überschuldet ist, geben Sie gar keine Erbserklärung ab, sondern versuchen Sie, die interessanten Gegenstände aus dem Nachlaß zum Schätzwert vom Verlassenschaftskurator oder Masseverwalter zu kaufen!

50. *Mein Vater hatte möglicherweise Schulden.*

Mein verstorbener Vater hatte möglicherweise Schulden, die erst in den nächsten Monaten auftauchen, da er sich gerne Geld borgte. Was passiert in diesem Fall, wenn ich eine bedingte Erbserklärung abgebe?

Mit der bedingten Erbserklärung und nach Aufforderung an unbekannte Gläubiger im Amtsblatt der Wiener Zeitung, ihre Forderung anzumelden, ist Ihre Haftung auf den Wert des Nachlasses beschränkt. Neben dem oben angeführten Fall schützt die bedingte Erbserklärung auch dann nicht, wenn Sie ein geerbtes Unternehmen weiterführen. Dann kann der Fall eintreten, daß Sie für die Schulden dieses Unternehmens trotz bedingter Erbserklärung haften.

Achtung!

Bedingte Erbserklärung gilt nur für Geldvermögen

Die bedingte Erbserklärung gilt uneingeschränkt, wenn es sich beim Nachlaß nur um Geldvermögen handelt. Bei Sachwerten (z. B. Immobilien oder Kunstgegenständen) kann es aber sein, daß den Gläubigern der Verlassenschaft der Gegenwert davon in Geldform ausgehändigt werden muß, und in diesem Fall wird der Erbe auf sein Vermögen zugreifen müssen, um nicht etwa eine Wohnung verkaufen zu müssen.

GEWINN-Tip

- Eine aus Gründen der Vorsicht bedingt abgegebene Erbserklärung kann bis zur Einantwortung des Nachlasses in eine unbedingte Erbserklärung umgewandelt werden. Umgekehrt geht es nicht.
- Lassen Sie sich daher vom Notar vor der Abgabe der Erbserklärung gut über die Rechtsfolgen informieren. Besser einmal zuviel gefragt, als ein Leben lang fremde Schulden bezahlt.

51. *Sie kriegt die Versicherung, ich die Schulden!*

Die Freundin meines verstorbenen Mannes soll die Lebensversicherung ausbezahlt bekommen, und ich darf als Witwe nur die Schulden bezahlen! Gibt's denn das?

Möglicherweise gibt's das wirklich. Wenn Ihr Mann die Lebensversicherungspolizze bereits zu seinen Lebzeiten auf den Namen seiner Freundin als Begünstigte ausstellen hat lassen, fällt das Versicherungsguthaben nicht in den Nachlaß. Die Begünstigte muß dafür zwar Erbschaftssteuer bezahlen und fällt in die höchste Steuerklasse, da sie steuerrechtlich als Nichtverwandte behandelt wird, aber das wird wohl nur ein geringer Trost für die Witwe sein.

Oberdrein hat die Witwe nicht einmal Anspruch auf einen Pflichtteil, da der Versicherungserlös ja nicht in den Nachlaß fällt. Lebensversicherungen eignen sich daher hervorragend zur Vermögenslenkung, da die Erben, wenn der Versicherungsfall eingetreten ist und zu Lebzeiten ein Begünstigter bestimmt wurde, überhaupt keine Möglichkeit der Einflußnahme haben.

Anders liegt der Fall, wenn in der Ablebensversicherungspolizze kein Begünstigter namentlich genannt worden ist und die Polizze im Nachlaß vorgefunden wurde. Dann fällt die Leistung der Versicherung in den Nachlaß und so den Erben zu.

GEWINN-Tip

- Lebensversicherungen eignen sich zwar nicht mehr besonders gut zum Steuersparen, richtig eingesetzt, können sie aber helfen, Streitigkeiten im Verlassenschaftsverfahren zu vermeiden.
- In unserem Fall bekommt die Freundin die Versicherungssumme als Begünstigte von der Versicherung direkt ausbezahlt. Hätte ihr Verehrer sie im Testament bedacht und ihr ein Legat ausgesetzt, müßte die Witwe auf Herausgabe des Legates geklagt und gegen sie Exekution geführt werden. Das kann nur zum Nachteil der Freundin sein. Es besteht auch die Gefahr, daß die Erbschaft überschuldet ist und das Legat gekürzt wird. Außerdem sind die Verfahrenskosten abzuziehen. Kommt es zum Streit, kann das Verfahren sich über Jahre hinausziehen.

52. *Nur Möbel und ein kleines Bankkonto . . .*

Meine Tante hat außer einer ziemlich abgenutzten Wohnungseinrichtung und einem Pensionskonto nichts hinterlassen. Für die Begräbniskosten hat sie beim Wiener Verein selbst vorgesorgt. Was geschieht mit den Möbeln und dem Bankkonto?

Nachdem beim Notar als Gerichtskommissär aufgrund der Angaben in der Todfallsaufnahme festgestellt wurde, daß der Nachlaß nur geringen Wert hat, als geringwertig gelten derzeit Nachlässe bis zu 30.000 Schilling, wird eine Verlassenschaftsabhandlung von Amts wegen nicht eingeleitet werden.

Das Gericht hat jedoch die potentiellen Erben, also entweder die gesetzlichen Erbberechtigten oder auch einen Testamentserben, davon durch einen Beschluß zu verständigen.

Bei geringfügigen Nachlässen kann jeder aus dem Kreis der theoretischen Erben (z. B. eines von mehreren Kindern) die Freigabe des Nachlasses beantragen und über die darin enthaltenen Vermögenswerte verfügen.

Die Bank erhält vom Gericht einen „Rotsiegelbeschluß", wonach das Gericht dem im Beschluß Genannten die Verfügung über beispielsweise das Pensionskonto oder ein Sparbuch einräumt. Dieser Gerichtsbeschluß ersetzt dem Berechtigten auch ein unbekanntes Losungswort.

53. Bedingte Erbserklärung sinnvoll oder nicht?

Ich bin Alleinerbin meines verstorbenen Vaters. Der Kontakt war nicht sehr gut, deshalb kannte ich seine Verhältnisse nicht und bin ich mir deshalb nicht sicher, ob die Erbschaft überschuldet ist. Meines Wissens nach wohnte er in einer Dienstwohnung und besaß außer der Wohnungseinrichtung wenig. Wenn ich eine bedingte Erbserklärung abgebe, riskiere ich, daß die laufenden Kosten die Aktiva übersteigen werden. Was soll ich tun?

Bei einer bedingten Erbserklärung dauert das Verlassenschaftsverfahren länger als bei Abgabe einer unbedingten Erbserklärung, weil die gesamte Erbschaft geschätzt werden muß. Hiermit wird ein staatlich geprüfter Sachverständiger betraut. Speziell in Wien besteht das Problem, daß nur wenige Sachverständige diese Schätzungen machen. Dementsprechend kann der Termin lange auf sich warten lassen. Die Schätzung selbst kostet zwar nur 2.000 bis 3.000 Schilling, die Schätzung kann aber fünf bis sechs Monate dauern. Beträgt die Monatsmiete beispielsweise 10.000 Schilling, ist abzuwägen, ob das Erbe angetreten werden soll. Es ergeben sich für Sie drei Möglichkeiten:

1. Sie entschlagen sich der Erbschaft, weil Sie überzeugt sind, daß die Erbschaft ohnehin überschuldet ist.

2. Sie geben eine bedingte Erbserklärung ab, gehen dadurch nicht das Risiko ein, daß Sie nicht bekannte Schulden Ihres Vaters übernehmen müssen, bekommen aber um die anfallenden laufenden Kosten weniger.

3. Sie geben eine unbedingte Erbserklärung ab, die das Verfahren beschleunigt, weil keine Schätzung vorgenommen werden muß, gehen aber das Risiko ein, eventuell für Ihnen nicht bekannte Schulden mit Ihrem eigenen Vermögen zu zahlen.

6 Fragen & Antworten zum
Erben von Eigentums- und Mietwohnungen

54. *Wer erbt die Eigentumswohnung?*

Beim gemeinsamen Wohnungseigentum von Ehegatten erbt der überlebende Ehegatte die zweite Hälfte der Wohnung. Was geschieht, wenn die Wohnung, wie in unserem Fall, nur einem der Ehegatten gehört – trifft dann im Todesfall die obige Regelung analog wie beim gemeinsamen Wohnungseigentum zu, sodaß der Überlebende die ganze Wohnung erben kann?

Das ist eben nicht der Fall: Nach dem Wortlaut des § 10 des Wohnungseigentumsgesetzes wächst der Anteil des Verstorbenen am Mindestanteil und gemeinsamen Wohnungseigentum dem überlebenden Ehegatten als gesetzliches Vermächtnis unmittelbar ins Eigentum zu. Das gilt aber nur beim gemeinsamen Wohnungseigentum von Ehegatten.

Wenn die Eigentumswohnung auch die Ehewohnung ist, kann aber der überlebende Ehegatte jedenfalls in dieser Ehewohnung, also allenfalls auch in der Eigentumswohnung, weiterwohnen. Dieses Recht steht ihm aufgrund des gesetzlichen Vorausvermächtnisses des Ehegatten zu. Es ist somit sichergestellt, daß der überlebende Ehegatte seinen Lebensstil in der gewohnten und ihm vertrauten Umgebung wie bisher beibehalten kann, dies unabhängig davon, ob er auch Eigentümer dieser Eigentumswohnung wird.

Würde nach dem Tode des Wohnungseigentümers nach den Ergebnissen des Verlassenschaftsverfahrens der mit dem Wohnungseigentum verbundene Mindestanteil mehreren Personen, die nicht Ehegatten sind, zufallen, so hat das Verlassenschaftsgericht – sofern sich diese (Erben oder Legatar) nicht auf einen Übernehmer einigen – die öffentliche Feilbietung des Mindestanteiles durch Versteigerung vorzunehmen.

GEWINN-Tip

- Begründen Sie gemeinsames Wohnungseigentum von Ehegatten bereits zu Lebzeiten. Wenn diese Wohnung keine größere Wohnnutzfläche als 150 Quadratmeter aufweist und Sie in der Wohnung zur Befriedigung Ihres Wohnbedürfnisses noch mindestens fünf Jahre wohnen, kostet Sie das keinen Schilling Schenkungssteuer. (Das Finanzamt achtet auf diese Frist und fordert die ersparte Steuer gegebenenfalls nach.)
- Zu beachten ist, daß sich der Ehegatte alles, was er als gesetzliches Vorausvermächtnis aus dem Nachlaß erhält, in seinen Pflichtteil einrechnen lassen muß.

55. *Wir sind drei, wer kriegt die Wohnung?*

Unsere Großmutter möchte uns – wir sind ihre drei Enkelkinder – ihre Eigentumswohnung hinterlassen. Wer entscheidet, wer die Wohnung übernehmen kann und zu welchen Bedingungen?

Ein gemeinsames Wohnungseigentum gibt es nur bei Ehegatten, ansonsten kann nur eine Einzelperson Eigentümer einer Eigentumswohnung sein. Wenn nach dem Tod des Wohnungseigentümers seine Wohnung somit mehreren Personen, die nicht Ehegatten sind, zufallen würde, so hat das Verlassenschaftsgericht die öffentliche Versteigerung der Liegenschaftsanteile und des damit verbundenen Wohnungseigentums vorzunehmen.

Jedenfalls haben Sie die Möglichkeit, eine Versteigerung zu verhindern, indem Sie sich einvernehmlich, im Wege einer Erbteilung, darauf einigen, wer die Wohnung übernehmen soll. Diese Erbteilung kostet keine zusätzliche Steuer und ist ohne Einfluß auf die alle Erben verhältnismäßig treffende Erbschaftssteuer.

GEWINN-Tip

- Wenn keine einvernehmliche Einigung (Erbteilung) zustande kommt und Sie auch keine Versteigerung wollen, könnte die Wohnung mit gerichtlicher Bewilligung noch vor Beendigung der Verlassenschaftsabhandlung veräußert werden.
- Auch dann zahlen Sie Erbschaftssteuer nicht vom dabei erzielten Kaufpreis, sondern vom (niedrigen) Einheitswert.
- Stellen Sie fest, wann Ihre Großmutter die Wohnung gekauft hat: Die zehnjährige Spekulationsfrist richtet sich nach dem letzten entgeltlichen Erwerb der Wohnung.

56. Zwei Kinder werden sich benachteiligt fühlen!

Ich habe drei Kinder, die alle verheiratet sind und eigene Familien haben. Nach dem Tod meines ersten Mannes (ihres Vaters) war ich Alleinerbin, meine Kinder haben damals nichts von mir verlangt.

Jetzt habe ich wieder geheiratet und wohne bei meinem jetzigen Mann. Meine bisherige Wohnung, eine Eigentumswohnung, möchte ich jetzt meinem jüngsten Sohn, der eine Wohnung sucht, überschreiben; für seine Geschwister bleibt dann noch mein Wochenendhaus als Erbe übrig.

Sie haben aber angedeutet, daß sie damit nicht einverstanden sind, weil die Wohnung mehr wert ist als das Landhaus und sie sich so benachteiligt fühlen.

Wenn der Tod Ihres ersten Mannes schon mehr als drei Jahre zurückliegt, wird das Recht Ihrer Kinder, vom Nachlaß des Vaters den Pflichtteil zu fordern, bereits verjährt sein. Sie können demnach über Ihr Vermögen ohne das Einverständnis Ihrer Kinder frei verfügen, also die Wohnung dem Sohn übertragen. Die beiden anderen Kinder – und Ihr jetziger Ehegatte – könnten jedoch später, nach Ihrem Ableben, eventuell einen Schenkungspflichtteil geltend machen.

GEWINN-Tip

- Es wäre – zur Erhaltung des Familienfriedens – den Versuch wert, schon jetzt die beiden anderen Kinder in die Vertragsgestaltung miteinzubeziehen und bereits jetzt eine einvernehmliche Lösung zu finden; etwa indem sich der Beschenkte verpflichtet, seine Geschwister abzufinden, d. h. „hinauszuzahlen".

- Dagegen müßten seine Geschwister bezüglich dieser Schenkung schon jetzt formgerecht auf die Geltendmachung jeglicher An- und Einrechnung in ihre künftigen mütterlichen Erb- oder Pflichtteilsansprüche verzichten.
- Für den Erb- und/oder Pflichtteilsverzicht (er muß sich nicht auf das gesamte Vermögen beziehen, auch ein teilweiser Verzicht ist möglich!) ist ein Notariatsakt vorgeschrieben. Dabei gibt es eine Vielzahl von Gestaltungs- und Sicherstellungsmöglichkeiten und von erbrechtlichen und steuerrechtlichen Aspekten, sodaß das Geld, das Sie dabei für eine kompetente Beratung und einen maßgeschneiderten Vertrag ausgeben, sicher gut angelegt ist.
- Die Beträge, die an die Geschwister geleistet werden, stellen eine Gegenleistung für die Schenkung der Liegenschaft dar, daher ist von Ihnen Grunderwerbsteuer zu zahlen. Nur wenn der Einheitswert höher als die Hinauszahlungsbeträge ist, fällt noch Schenkungssteuer an. Für die Geschwister sind diese Zuwendungen schenkungssteuerpflichtig.

57. *Wohnung kaufen oder Geld schenken?*

Ich möchte meiner Tochter den Kauf einer kleinen Eigentumswohnung ermöglichen. Soll ich die Wohnung kaufen und weiterschenken oder gleich Geld schenken?

Wenn man nur die schenkungssteuerliche Seite betrachtet, dann kommen Sie auf beide Arten zum gleichen Ergebnis. Bei Schenkung der Eigentumswohnung selbst ist der erfreulicherweise bisher sehr geringe Einheitswert die Bemessungsgrundlage. Der Einheitswert ist auch dann die Bemessungsgrundlage, wenn Sie die Geldschenkung mit einer Auflage oder Zweckbestimmung zum Kauf der Eigentumswohnung durch Ihre Tochter versehen. Dies allerdings nur nach derzeitiger Rechtslage. Erkenntnissen der Höchstgerichte könnten sich aber, schneller als es einem lieb ist, wieder ändern.

Wichtig ist im Falle der Geldschenkung, daß Sie den Schenkungsvorgang rechtzeitig, das heißt binnen drei Monaten nach Schenkung, dem Finanzamt für Gebühren und Verkehrsteuern anzeigen. Dafür gibt es bei den Gebührenfinanzämtern eigene Formulare (Abgabenerklärung siehe Muster im Anhang auf Seite 296). Falls Sie die Wohnung selbst schenken, wird der Vertragserrichter für Sie die Anzeige des Schenkungsvertrages vornehmen.

GEWINN-Tip

- Ein Vorteil der richtig formulierten Geldschenkung gegenüber der Schenkung der Wohnung nach Kauf durch Sie selbst liegt darin, daß Sie sich einmal die Kosten der Vertragserrichtung ersparen.
- Der Vorteil der Wohnungsschenkung liegt darin, daß Sie sich Rechte vorbehalten können (z. B. Belastungs- und Veräußerungsgebote), die dazu dienen, den Familienbesitz zu erhalten, z. B. bei Scheidung der Tochter.

58. *Wann können wir die Wohnung verkaufen?*

Zusammen mit meinen beiden Geschwistern habe ich eine Eigentumswohnung geerbt. Wir wollen sie bald verkaufen, da die Betriebskosten relativ hoch sind. Müssen wir damit bis zum Ende des Verlassenschaftsverfahrens warten?

Mit Zustimmung des Verlassenschaftsgerichtes können Sie die Eigentumswohnung auch vor der Einantwortung verkaufen.

Diese Zustimmung zu erhalten ist für volljährige Erben, die bereits die Erbserklärung abgegeben haben, nur eine Formalität.

Bei minderjährigen Erben hat das Gericht auch noch die Angemessenheit des Kaufpreises, üblicherweise durch Vorlage eines Schätzgutachtens, zu überprüfen, um die Rechte des Minderjährigen zu wahren und die Verschleuderung seines Erbteils zu verhindern.

Selbstverständlich könnten die Erben auch ein Erbteilungsübereinkommen treffen, wonach ein Erbe die Wohnung erhält und die anderen Erben entweder durch Geldzahlung entschädigt oder, wenn genug Nachlaßvermögen vorhanden ist, die anderen Erben entsprechend mehr vom übrigen Nachlaßvermögen erhalten.

Auch wenn Sie die Eigentumswohnung nicht verkaufen wollten, wäre es für Geschwister nicht möglich, im Grundbuch als Miteigentümer einer Eigentumswohnung eingetragen zu werden. Dies ist nur für Ehegatten zulässig.

GEWINN-Tip

- Wenn mehrere Personen eine Eigentumswohnung erben sollten, und es nicht zu einer Erbteilung oder zum Verkauf der Eigentumswohnung kommen soll, besteht die Möglichkeit, daß sich die Erben zu einer Eingetragenen Erwerbsgesellschaft (EEG) zusammenschließen und in diese Gesellschaft die Eigentumswohnung einbringen. Dies ist aber wiederum mit Steuern belastet.
- Noch effektiver ist aber die rechtzeitige Beratung durch den Notar zur vorsorgenden Errichtung einer letztwilligen Verfügung, um den Erben die Spesen einer aufwendigen gesellschaftsrechtlichen Konstruktion oder gar Streitigkeiten über die Erbteilung zu ersparen.

59. Was will der Verlassenschaftskurator?

Ich habe eine Wohnung vermietet. Daß der Mieter verstorben ist, habe ich gemerkt, weil mir in den letzten Monaten niemand die Miete überwiesen hat. Jetzt will mir ein „Verlassenschaftskurator" die Wohnungsschlüssel zurückgeben. Wer ist dieser Verlassenschaftskurator?

Falls der Gerichtskommissär weder eine letztwillige Verfügung auffindet noch gesetzliche Erben auftreten, ist ein Verlassenschaftskurator zu bestellen, der die Verlassenschaft vertritt.

Aufgabe des Verlassenschaftskurators ist die Suche nach gesetzlichen Erben. Sollte diese Suche erfolglos sein, dann fällt das Nachlaßvermögen, nach Befriedigung der Gläubiger, an den Staat. Man spricht in diesem Fall von „Heimfälligkeit" des Nachlasses.

Zum Verlassenschaftskurator wird üblicherweise eine mit der Rechtslage vertraute Person, in den meisten Fällen ein Berufsanwärter aus dem Notariat, ein Notariatskandidat, bestellt. Dieser vertritt die Verlassenschaft solange, bis er entweder Erben ermittelt hat, oder der Nachlaß heimfällig geworden ist.

Eine der Aufgaben des Verlassenschaftskurators ist dabei die Aufgabe der Mietrechte an der Wohnung des Verstorbenen, sofern eintrittsberechtigte Personen nicht vorhanden sind.

Der Verlassenschaftskurator ist jedenfalls der richtigte Ansprechpartner für den Vermieter, wenn es um die Frage geht, ob bzw. wann eine Mietwohnung frei wird.

GEWINN-Tip

Sehr oft sind Nachlässe, für die mangels Erben ein Verlassenschaftskurator bestellt werden muß, auch überschuldet.

Wenn überhaupt, können aus dem Nachlaßvermögen nur die Verfahrenskosten bezahlt werden, sodaß alle anderen Gläubiger, also auch der Vermieter mit seinen Mietzinsforderungen, leer ausgehen.

6 Fragen und Antworten zum Erben von Häusern und Grundstücken

60. *Das andere Grundstück ist nun viel mehr wert!*

Mein Vater hat mir schon vor einigen Jahren eines seiner beiden (damals etwa gleichwertigen) Grundstücke geschenkt. Mein Bruder hat dann nach dem Tod meines Vaters testamentarisch das andere Grundstück bekommen, wobei diese Liegenschaft durch eine in der Zwischenzeit erfolgte Änderung in der Flächenwidmung aber um ein Vielfaches im Wert gestiegen ist. Es lag sicher nicht in der Absicht meines Vaters, mich zu benachteiligen – er hatte immer versucht, uns gleich zu behandeln. Kann ich, da das Verlassenschaftsverfahren noch nicht erledigt ist, im Zuge dessen etwas unternehmen, um jetzt noch einen wertmäßigen Ausgleich zu erhalten?

Es stellt sich hier die Frage, ob Sie, da Sie das weniger wertvolle Grundstück geschenkt erhalten haben und jetzt nichts mehr erben, in Ihrem Pflichtteilsanspruch verletzt sind.

Im Verlassenschaftsverfahren haben Sie als Noterbe das Recht, zur Feststellung Ihres Pflichtteils die Schätzung des Nachlasses zu verlangen. Bei der Berechnung des Pflichtteils kann aber dagegen auch Ihr Bruder verlangen, daß die Ihnen bereits zu Lebzeiten des Vaters geschenkte Liegenschaft berücksichtigt wird: sie wird mit ihrem Verkehrswert zum Übergabezeitpunkt (d. h. Veränderungen an der Liegenschaft nach dem Übergabsstichtag sind unbeachtlich) rechnerisch dem reinen Nachlaß hinzugeschlagen. Vom derart ermittelten Pflichtteil wird der anrechnungspflichtige Vorempfang abgezogen. Ist der Vorempfang geringer als der durch die Schätzung ermittelte Pflichtteil, steht Ihnen noch der Differenzbetrag zu. Dazu zwei Beispiele.

Fall 1: Die Ihnen geschenkte Liegenschaft war 600.000 Schilling wert, der dem Bruder verbliebene Nachlaß beträgt 2,6 Millionen. Der Pflichtteil ist von dem um die Vorschenkung erhöhten Nachlaß (3,2 Millionen) zu berechnen und beträgt (unter der Annahme, daß keine weiteren Erben vorhanden sind) für jeden der Söhne ein Viertel, das sind 800.000 Schilling. Ergebnis: Sie haben einen Anspruch auf Ergänzung Ihres Pflichtteils in Höhe von 200.000 Schilling.

Fall 2: Die Ihnen geschenkte Liegenschaft war eine Million wert, der dem Bruder verbliebene Nachlaß beträgt wie oben 2,6 Millionen. Der Pflichtteil ist von dem um die Vorschenkung erhöhten Nachlaß (3,6 Millionen) zu berechnen und beträgt für jeden der Söhne ein Viertel, somit 900.000 Schilling. Ergebnis: Dieser Betrag ist durch den Vorempfang gedeckt; Sie haben keinen Anspruch auf Ergänzung Ihres Pflichtteils!

GEWINN-Tip

- Meist kann man sich eine penible Schätzung des Nachlasses zur Feststellung des Wertes – und die damit verbundenen zusätzlichen Verfahrenskosten (Sachverständigengebühren etc.) – ersparen, wenn eine einvernehmliche Lösung gefunden werden kann. Nehmen Sie dafür die Hilfe des Notars in Anspruch: Er erhält ja so oder so seine Gebühren für die Durchführung der Verlassenschaftsabhandlung zugesprochen.
- Oft bereitet die Bewertung von seinerzeit geschenktem Vermögen Schwierigkeiten. Denken Sie deswegen an die Möglichkeit einer Beweissicherung, sei es durch genaue Aufzeichnungen, eine Dokumentation anhand von Fotografien, das Aufheben von Belegen über getätigte Investitionen u. a. m.

61. *Was passiert, wenn meinem Enkel was passiert?*

Meinem Enkel habe ich mein Haus überschreiben lassen und mir ein Wohnrecht vorbehalten. Da mein Enkel beruflich viel unterwegs ist, würde mich interessieren, ob das Haus an mich zurückfällt, wenn ihm etwas zustößt (er ist ledig und hat noch keine Kinder).

Sofern keine vertragliche Regelung besteht, fällt das Haus (zusammen mit seinem übrigen Vermögen) seinen Erben zu.

In der Regel wird ein Wohnungsrecht oder ein Nutzungsrecht, das man sich anläßlich der Übergabe einer Liegenschaft daran vorbehält, grundbücherlich sichergestellt. Es wirkt dann gegen jeden weiteren Erwerber der Liegenschaft.

GEWINN-Tip

Sie könnten den Enkel veranlassen, Ihnen das Haus wieder letztwillig zu hinterlassen. Dafür zahlen Sie – wenn der Enkel von Ihnen seinerzeit unentgeltlich erworben hat – keinen Schilling Erbschaftssteuer! Das funktioniert aber nur dann einwandfrei, wenn der Enkel keine Pflichtteilsberechtigten hat.

62. *Man will mich mit einem Grundstück abfinden!*

Als Pflichtteilsberechtigter soll ich mit einem Grundstück aus dem Nachlaß abgefunden werden. Geht das? Muß ich dabei auf irgend etwas besonders achten?

Eine solche Regelung kann ohne weiteres – am besten im Zuge der Verlassenschaftsabhandlung – getroffen werden.

Sollte der Wert der Liegenschaft aber Ihren Pflichtteil deutlich übersteigen, könnte zusätzlich zur Erbschaftssteuer Schenkungssteuer vorgeschrieben werden. Dies ist auch der Fall, wenn ein Teil des übernommenen Grundstückes z. B. der Witwe gehört.

GEWINN-Tip

- Die Besteuerung der Übernahme von Grundstücken von Pflichtteilsberechtigtem ist nicht ausdrücklich im Gesetz geregelt. Kraft Erkenntnis des Verwaltungsgerichtshofes muß nur vom Einheitswert Erbschaftssteuer bezahlt werden. Damit kommen Sie um einiges besser weg als bei Besteuerung des Geldpflichtteiles.
- Es kann sich somit durchaus rechnen, eine angebotene Abfindung des Pflichtteils, der grundsätzlich ein Geldanspruch ist, in Form einer Liegenschaft anzunehmen. Den genauen Wert der Liegenschaft sollte man allerdings kennen – oder eine Aufzahlung in Geld verlangen.

63. Einer von vier Eigentümern ist verstorben.

Ich möchte ein Grundstück kaufen und habe im Grundbuch gesehen, daß vier Miteigentümer eingetragen sind. Jetzt habe ich erfahren, daß einer von ihnen bereits vor mehreren Jahren verstorben ist. Wie komme ich zu diesem Grundstück?

Es kann bei der Durchführung der Verlassenschaftsabhandlung vorkommen, daß Vermögenswerte übersehen werden. Dies ist gelegentlich der Fall, wenn entfernte Verwandte die Erbschaft antreten und diesen die Vermögenslage des Verstorbenen nicht bekannt ist.

Ein extremes Beispiel ist der – vor kurzer Zeit abgehandelte Fall -, daß eine Gemeinde ein Grundstück, bisher Wiese, zur Errichtung eines Schwimmbades erwerben wollte. Im Zuge der Vertragsvorbereitung stellte sich heraus, daß zu einem winzigen Bruchteil ein bereits 1917 verstorbener Mann Miteigentümer dieser Liegenschaft war und es fast 80 Jahre niemandem aufgefallen ist, daß ein längst Verstorbener nach wie vor im Grundbuch als Miteigentümer eingetragen war. In diesem Fall wird die Bestellung eines Verlassenschaftskurators (siehe vorhergehende Frage) unumgänglich sein.

Wenn sich die Erben des noch im Grundbuch Eingetragenen leicht feststellen lassen, weil die Verlassenschaftsabhandlung vor nicht allzulanger Zeit durchgeführt wurde, kann auch eine Nachtragsabhandlung auf einfachem Wege durchgeführt werden.

64. Wie kommt die Leibrente aus dem Grundbuch?

Ich habe vor mehreren Jahren ein Haus auf Leibrente gekauft. Die Verkäuferin ist jetzt gestorben. Die Leibrente ist im Grundbuch durch ein Pfandrecht gesichert. Wie kann das Pfandrecht für die monatliche Leibrentenforderung gelöscht werden ?

Um das Pfandrecht für die monatliche Leibrentenforderung im Grundbuch löschen zu lassen, benötigen Sie eine Löschungserklärung der Erben.

Die Leibrentenforderung ist zwar durch den Tod der Berechtigten erloschen, das Grundbuchsgericht hat aber auch zu prüfen, ob bis zum Ableben die noch nicht verjährten Rentenzahlungen, das sind die der letzten drei Jahre, geleistet wurden, da sich die pfandrechtliche Sicherheit auch darauf erstreckt.

Sobald die Erben die Löschungserklärung notariell (oder gerichtlich) beglaubigt unterschrieben haben, können Sie als Eigentümer der Liegenschaft den Antrag auf Löschung des Pfandrechtes im Grundbuch stellen.

Sofern die Verlassenschaftsabhandlung noch nicht beendet ist, benötigen Sie auch noch die abhandlungsbehördliche (gerichtliche) Genehmigung für diese Urkunde.

Sollte die Leibrentenberechtigte bereits vor mehr als drei Jahren verstorben sein, dann genügt die Vorlage der Sterbeurkunde zur Löschung des Pfandrechtes für die Leibrentenforderung im Grundbuch. Diese Regelung wird von den zuständigen Gerichten allerdings nicht einheitlich gehandhabt.

Die Sterbeurkunde stellt die Gemeinde (Standesamt) bei Nachweis des rechtlichen Interesses aus.

GEWINN-Tip

Das Grundbuch soll den aktuellen Stand der auf den Liegenschaften lastenden Verpflichtungen wiedergeben.

Es besteht zwar in den meisten Fällen keine einklagbare Verpflichtung für den Eigentümer, Pfandrechte für Leibrentenforderungen oder Fruchtgenußrechte, Belastungs- und Veräußerungsverbote löschen zu lassen, sobald sie durch das Ableben der Berechtigten gegenstandslos geworden sind, trotzdem sollte man die relativ geringen Spesen dafür in Kauf nehmen.

Ganz bestimmt ergibt sich einmal, vielleicht erst viele Jahre später, die Notwendigkeit, dieses längst vergessene Recht löschen zu lassen. Möglicherweise wird die Liegenschaft verkauft, der Käufer will lastenfreies Eigentum erwerben. In späteren Jahren fällt es oft unverhältnismäßig schwerer, die für die Löschung des Rechtes erforderliche Urkunde zu besorgen. Dadurch erwachsen dann auch viel höhere Kosten, als bei rechtzeitiger Löschung angefallen wären.

65. Was ist das „Voraus"?

Was versteht man eigentlich unter einem „Voraus", und was gehört alles dazu?

Der überlebende Ehegatte erhält als gesetzliches Vorausvermächtnis das Recht, in der Ehewohnung weiter zu wohnen sowie die zum ehelichen Haushalt gehörenden beweglichen Sachen, soweit sie zu dessen Fortführung – entsprechend den bisherigen Lebensverhältnissen – erforderlich sind. Miteingeschlossen sind nicht nur der sogenannte „Hausrat", sondern auch die Wohnungsausstattung, unabhängig davon, ob es noch andere Erben gibt. Früher gab es die Unterscheidung zwischen dem „kleinen" und „großen" Voraus.

GEWINN-Tip

- Aus dieser Regelung ergibt sich, daß die übrigen Erben keinen Anspruch auf bestimmte Gegenstände, etwa Bilder oder Antiquitäten, stellen können. Diese Möglichkeit gibt es nur, wenn der Erblasser vorher in einem Testament eine entsprechende Erbteilungsanordnung vornimmt.
- Zu beachten ist, daß der Ehegatte sich alles, was er als gesetzliches Vorausvermächtnis aus dem Nachlaß erhält, in seinen Pflichtteil einrechnen lassen muß.

7 Fragen & Antworten zum Erben mit Sparbüchern

66. ... und wo kommt das Geld her, sage ich jetzt?

Das Losungswort zum Sparbuch meiner Eltern war mir bekannt, daher habe ich es beim Notar nicht vorgelegt.
Jetzt habe ich mir von dem Sparbuch eine Eigentumswohnung gekauft und das Finanzamt fragt, woher ich das Geld habe. Was soll ich antworten ?

Hier ist guter Rat teuer – im wahrsten Sinne des Wortes.

Da der Erwerb des Sparbuches von Todes wegen von der Erbschaftssteuer befreit gewesen wäre, hätten sie es ohne Bedenken dem Notar vorlegen können. Sie wären nur mit der Gerichtsgebühr von drei Prozent und der Gebühr des Gerichtskommissärs belastet worden. Dafür hätten Sie ganz offiziell über das Sparbuch verfügen und das neugierige Finanzamt beim Kauf der Eigentumswohnung auf die Angaben in der Erbschaftssteuererklärung hinweisen können.

Jetzt müssen Sie wohl oder übel dem Finanzamt plausibel machen, daß Sie sich aus Ihren Einkünften bereits eine Summe sparen konnten, die zum Kauf der Eigentumswohnung ohne Bankfinanzierung ausreicht.

Sollten Sie nicht über ausreichende Einkünfte verfügen oder überhaupt nicht berufstätig sein, bleibt wohl nur die Selbstanzeige beim Finanzamt.

GEWINN-TIP:

Das Verschweigen von Sparbüchern in Verlassenschaftsverfahren soll angeblich noch immer ein beliebter Volkssport sein, kann aber ziemlich ins Auge gehen. Durch Offenlegung des Sparbuchs im Verlassenschaftsverfahren verhalten Sie sich nicht nur korrekt, Sie erhalten auch um den Preis der geringfügig erhöhten Verfahrensspesen die uneingeschränkte legale Verfügbarkeit über das Vermögen.

Die geplante Novelle zum Bankwesengesetz soll Schenkungen von anonymen Sparbüchern im Familienkreis zwischen 1. 11. 2000 und 30. 6. 2002 von der Schenkungssteuer befreien und damit die Legalisierung der Sparbücher erleichtern

Wie die Regelung genau aussehen soll, war bei Drucklegung noch nicht bekannt.

67. Die Erben wollen das Sparbuch zurück!

Ich habe meine Nachbarin jahrelang gepflegt. Bevor sie ins Spital gekommen ist, hat sie mir ein Sparbuch zum Dank für meine Bemühungen geschenkt und dabei das Losungswort genannt. Leider ist die Nachbarin im Spital gestorben. Jetzt verlangen die Erben von mir die Herausgabe des Sparbuches. Muß ich es zurückgeben ?

Wenn Sie das Sparbuch in die Hand gedrückt bekommen haben, man nennt das körperliche Übergabe, und Ihnen das Losungswort dazu gesagt wurde, Sie also die vollständige Verfügungsgewalt über das Sparguthaben erlangt haben, dann wurde die Schenkung ordnungsgemäß durchgeführt, und Sie brauchen das Sparbuch nicht zurückzugeben.

Eine schriftliche Aufzeichnung über die erfolgte Übergabe durch die Nachbarin oder die Anwesenheit von Zeugen können hilfreich sein, vorgeschrieben ist es nicht.

Wichtig ist in dabei auch, daß das Sparbuch nach Übergabe nicht in der Wohnung der Nachbarin verblieben ist, sondern bei Ihnen zu Hause oder in einem Banksafe, der natürlich auf ihren Namen und nicht auf den Namen der Nachbarin lauten muß und zu dem die Nachbarin kein Zutrittsrecht hat, aufgehoben wird.

GEWINN-TIP:

Sollten Geschenkgeber und Geschenknehmer in der gleichen Wohnung wohnen, ist es unbedingt notwendig, daß das Sparbuch nach Übergabe außerhalb der Wohnung so verwahrt wird, sodaß der Geschenkgeber nicht mehr auf das Sparbuch zugreifen kann. Das Verwahren des Sparbuches in einem Bankschließfach verursacht zwar Spesen, garantiert aber den Schutz vor Verlust oder Diebstahl des Sparbuches und bietet Schutz vor Anfechtung der Schenkung durch Erben.

68. *Mir fehlt das Losungswort!*

Meine Oma hat für mich ein Sparbuch auf meinen Namen angelegt und regelmäßig darauf eingezahlt. Jetzt ist sie gestorben, ohne mir das Losungswort zu nennen. Wie komme ich an das Geld, von dem Oma immer wollte, daß ich mir damit mein Studium finanziere?

Hat die Oma das Sparbuch bei sich zu Hause gehabt, so ergibt sich aus der Bezeichnung mit dem Namen des Enkels nicht automatisch dessen Eigentum am Sparbuch.

Im konkreten Fall fällt das Sparbuch in die Verlassenschaft und steht das Guthaben den Erben zu, sofern nicht eine gültige letztwillige Verfügung das Sparbuch dem Enkel zuordnet.

Erst wenn das anonyme Sparbuch einmal der Vergangenheit angehört, wird die Bezeichnung des Sparbuches auch einen Rückschluß auf den Eigentümer zulassen.

Bis 1. 11. 2000 ist es ohne weiters auch für Franz Huber möglich, Sparbücher mit der Bezeichnung „Wolfgang Amadeus Mozart“ oder „Mickey Mouse“ zu eröffnen ohne seine Identität der Bank gegenüber bekanntzugeben.

Nach dem 1. 11. 2000 wird die Bezeichnung des Sparbuches möglicherweise immer noch auch ein Phantasiebegriff sein können, aber bei der Eröffnung des Sparbuches muß sich Herr Franz Huber ausweisen.

GEWINN-TIP:

Wenn die Oma für den Enkel auf ein Sparbuch regelmäßig einzahlen will und zu diesem Zweck das Sparbuch bei sich zu Hause aufhebt, ist es unbedingt notwendig, daß eine letztwillige Verfügung existiert, aus der hervorgeht, daß das Sparbuch dem Enkel als Legat vermacht worden ist.

69. Mutter hat einfach die Sparbücher verteilt.

Nachdem Vater gestorben ist, hat Mutter an uns Kinder die Sparbücher von Vater einfach so verteilt „damit das Finanzamt nicht mitnascht". Wir haben jetzt die Sparbücher in Händen und kennen auch die Losungsworte. Hat sich unsere Mutter richtig verhalten ?

In der Praxis wird diese Vorgangsweise dann keine Schwierigkeiten machen, wenn die Mutter und alle Kinder mit der Verteilung zufrieden sind. Denn wo kein Kläger, da kein Richter.

Korrekt war die Vorgangsweise sicherlich nicht, da die Sparbücher im Zuge der Verlassenschaftsabhandlung vom Gericht den Erben zugewiesen, man sagt auch eingeantwortet, werden.

Auch das Finanzamt hätte bei richtigem Verhalten nichts bekommen, da der Erwerb von Sparbüchern von Todes wegen von der Erbschaftssteuer befreit ist.

Erst durch die geplante Amnestie für die Schenkung von Sparbüchern im Familienkreis zwischen 1. 11. 2000 und 30. 6. 2002 wäre diese Vorgangsweise zumindest aus Sicht des Finanzamts nicht strafbar.

Richtig schwierig wird es aber dann, wenn ein Kind mit der Verteilung nicht einverstanden ist. Ein langjähriger, kostspieliger Erbschaftsstreit mit ungewissem Ausgang kann die Folge der gutgemeinten „außergerichtlichen Erbteilung" sein.

GEWINN-TIP:

Ehrlichkeit zahlt sich aus, kostet keine Steuern und hilft nicht nur dabei Streit in der Familie zu vermeiden, sondern kann auch hohe Prozeßkosten sparen.

70. Mein Bruder verschweigt das Sparbuch!

Meine Eltern haben mir anläßlich meiner Heirat ein Grundstück zum Bau eines Hauses geschenkt. Um meinen Bruder nicht zu benachteiligen, haben sie ihm ein Sparbuch mit einem Guthaben geschenkt, das dem Wert des Grundstücks entsprochen hat.
Jetzt sind beide Eltern gestorben und mein Bruder verlangt im Verlassenschaftsverfahren, daß ich mir die Schenkung des Grundstücks auf meinen Erbteil anrechnen lasse, die Schenkung des Sparbuchs an ihn verschweigt er aber.
Was kann ich da machen ?

Hoffentlich gibt es Aufzeichnungen darüber, daß der Bruder von den Eltern das Sparbuch geschenkt bekommen hat. Wenn das nicht der Fall sein sollte, was leider sehr häufig vorkommt, wird es fast unmöglich sein zu beweisen, daß tatsächlich eine Schenkung von den Eltern an den Sohn stattgefunden hat.

Sollte der Beweis nicht gelingen, dann wird der Bruder mit seinem Antrag auf Einrechnung der Schenkung des Grundstücks erreichen, daß er einen größeren Teil der Erbschaft erhält, weil er ja zu Lebzeiten der Eltern benachteiligt wurde und durch seinen erhöhten Erbteil nur der Ausgleich dafür geschaffen wird.

GEWINN-TIP:

Wenn Schenkungen an Kinder erfolgen, die teilweise beweisbar sind, bei Liegenschaften läßt sich das ganz einfach durch das Grundbuch nachvollziehen, teilweise ohne Aufzeichnungen erfolgen, ist ein Erbschaftsstreit geradezu vorprogrammiert.
Unbedingt erforderlich ist es daher, eine Urkunde zu errichten, durch die beide Schenkungen beweisbar werden. Am sichersten ist die gleichzeitige Errichtung von Notariatsakten, durch die die beiden Schenkungen beurkundet und damit auch viele Jahre nach der Schenkung beweisbar sind.

71. Bargeld oder Sparbuch?

Ich möchte meinem Enkel einen Betrag von 100.000 Schilling zuwenden. Soll ich Ihm ein Sparbuch oder Bargeld hinterlassen ?

Unbedingt das Sparbuch!!

Bekommt der Enkel von Ihnen ein Sparbuch als Legat vermacht, so braucht er überhaupt keine Erbschaftssteuer zu bezahlen, da durch die KESt die Erbschaftstssteuer abgegolten ist. Vermachen Sie ihm aber Bargeld von 100.000 Schilling dann hat der Enkel vier Prozent Erbschaftssteuer zu bezahlen. Noch krasser wird das Beispiel, wenn das Legat 1.000.000 Schilling ausmacht. In diesem Fall ist der Erwerb des Sparbuchs als Legat noch immer völlig erbschaftssteuerfrei, für den gleich hohen Bargeldbetrag beträgt die Erbschaftssteuer bereits zehn Prozent! Und sollte der Legatar nicht mit dem Erblasser verwandt sein, dann fallen für ein Barlegat von 1.000.000 Schilling nicht weniger als 26 Prozent Steuer an, während das Sparbuch auch in diesem Fall erbschaftssteuerfrei erworben wird. Auch bei endbesteuerten Wertpapieren, z. B. österreichische Anleihen, ist mit der KESt die Erbschaftssteuer abgegolten, sodaß auch ein Wertpapierdepot steuerschonend als Legat ausgesetzt werden kann.

72. Die Schwester soll Schenkungen zugeben!

Meine Eltern haben immer meine Schwester bevorzugt und mir nur den Pflichtteil hinterlassen. Ich bin überzeugt, daß sie zu Lebzeiten der Eltern auch Sparbücher geschenkt bekommen hat, die sie jetzt im Verlassenschaftsverfahren nicht angibt. Wie kann ich meine Schwester zwingen, die Schenkungen zuzugeben ?

Wenn Sie über keine Aufzeichnungen verfügen, durch die die Schenkungen an die Schwester beweisbar werden, besteht kaum Hoffnung den Anspruch auf Anrechnung der Schenkungen zur Erhöhung des Pflichtteils durchzusetzen. Allgemein gesagt besteht die Regel, daß derjenige, der einen Anspruch behauptet, ihn auch beweisen muß. Sollten es weder Zeugen für die Schenkungen geben, noch Aufzeichnungen existieren, ist es beinahe aussichtslos in einem Zivilprozeß den Anspruch des benachteiligten Pflichtteilsberechtigten durchzusetzen.

3 Fragen & Antworten zum
Erbe von Unternehmen und Landwirtschaften

73. Der Betrieb steht fast still.

Mein Vater hat ein im Firmenbuch eingetragenes Handelsunternehmen. Nach seinem plötzlichen Tod steht der Betrieb jetzt fast still, aber die Kosten laufen weiter, und niemand fühlt sich zuständig. Was kann man unternehmen, damit die Nachteile möglichst gering gehalten werden können?

Es besteht die eher ungebräuchliche Möglichkeit, ein sogenanntes Verlassenschaftsprovisorium im Firmenbuch einzutragen. Es ist dann allerdings für jedermann ersichtlich, wer namens des Nachlasses für die Firma zeichnungsberechtigt ist. Die Firmenfortführung birgt Gefahren in sich: wird ein zu einem Nachlaß gehörendes Handelsgeschäft von den Erben fortgeführt, haften diese für alle Geschäftsverbindlichkeiten des früheren Inhabers. Diese Haftung tritt aber nicht ein, wenn die Fortführung des Geschäfts vor dem Ablauf von drei Monaten eingestellt wird. Diese dreimonatige Frist beginnt mit der Einantwortung oder bereits nach der gerichtlichen Überlassung der Besorgung und Verwaltung des Nachlasses zu laufen.

GEWINN-Tip

► In wirklich dringenden Fällen sollte man nicht warten, bis der Verlassenschaftsakt vom Verlassenschaftsgericht dem Notar zur Todfallsaufnahme zugeteilt wird. Bereits nach Ausstellung der Sterbeurkunde kann der Notar von sich aus tätig werden und allenfalls erforderliche, unaufschiebbare Maßnahmen im Verlassenschaftsverfahren treffen.

74. Wie entgehe ich der Mietenerhöhung?

Ich habe ein kleines Geschäft geerbt. Die Miete für das Lokal ist schon lange unverändert niedrig. Jetzt fürchte ich, daß ich das Unternehmen nicht weiterführen werde können, wenn die Miete erhöht wird. Kann ich dem entgehen, wenn ich es verpachte?

Im Fall der Vererbung des Hauptmietrechtes an Geschäftsräumlichkeiten aus Altmietverträgen (das sind solche, die bereits vor dem 1. 3. 1994 bestanden haben) läßt das Gesetz eine schrittweise Mietzinserhöhung auf den angemessenen Hauptmietzins, allerdings auf 15 Jahre verteilt, zu. Das bedeutet eine Erhöhung des Mietzinses um ein Fünfzehntel jährlich. Wurde der Mietvertrag nach dem oben genannten Datum abgeschlossen, ist der Vermieter nicht zu einer Mietzinserhöhung berechtigt.

Bei einer nachfolgenden Verpachtung des Unternehmens könnte der Vermieter für die Dauer der Verpachtung einen erhöhten Mietzins (wobei die Art der Geschäftstätigkeit, die im Mietgegenstand ausgeübt wird, berücksichtigt wird) verlangen. Nur eine kurzfristige, höchstens auf die Dauer von fünf Jahren erfolgende Verpachtung aus wichtigen, in der Person des Hauptmieters gelegenen Gründen (z. B. Krankheit) sind von einer solchen Mietzinserhöhung ausgenommen.

GEWINN-Tip

- Sowohl der neue Mieter als auch der Vermieter haben die Möglichkeit, bei Gericht oder der Schlichtungsstelle der Gemeinde feststellen zu lassen, ob der angehobene Hauptmietzins (samt Wertsicherung) angemessen ist und den gesetzlichen Bestimmungen entspricht.
- Aber Achtung: Bei einer Änderung in der Art der Geschäftstätigkeit kann die Miete jedoch sofort auf den nach Größe, Art, Beschaffenheit, Lage, Ausstattungs- und Erhaltungszustand angemessenen Hauptmietzins angehoben werden.

75. Die Landwirtschaft soll beisammen bleiben!

Wir sind Landwirte. Unsere drei Kinder zeigen wenig Interesse, die Landwirtschaft einmal weiter zu betreiben. Unsere Älteste studiert, und die Buben gehen noch zur Schule. Was können wir tun, um zu verhindern, daß es im Erbfall zu einer Aufteilung kommt? Denn dann wäre derHof nicht mehr wirtschaftlich zu führen!

Eine von der allgemeinen gesetzlichen Erbfolge abweichende Regelung findet sich im Anerbenrecht. Besondere Regelungen gibt es in Tirol und Kärnten. Durch die Bestimmung eines „Anerben" aus dem Kreis der Erben wird die gesetzliche Regel der Gleichbehandlung der Erben durchbrochen. In erster Linie kommt als Anerbe der Ehegatte in Frage.

Der Anerbe kann den Erbhof (der eine bestimmte Größe ausweisen muß) übernehmen und zahlt die übrigen Erben aus. Dadurch wird eine Zerstückelung des bäuerlichen Gutes in nicht mehr lebensfähige Zwergeinheiten verhindert und dessen Leistungsfähigkeit erhalten. Zur Auszahlung an die „weichenden Erben" kommt nämlich nicht der wahre Wert des Hofes, sondern ein Übernahmepreis, der so (durch Sachverständige) zu bestimmen ist, daß der Anerbe „wohl bestehen" kann.

Wenn es sich nicht um einen Erbhof handelt, sollten Sie eine Erbfolgeregelung treffen, etwa durch einen Erbvertrag (nur in Notariatsaktsform möglich) oder durch eine testamentarische Anordnung. Mit volljährigen Kindern könnte ein Erb- oder Pflichtteilsverzichtsvertrag künftige Probleme verhindern. Genaue rechtliche Beratung ist sicherlich unerläßlich.

GEWINN-Tip

- Erbvertrag und wechselseitiges Testament sollten überlegt werden.
- Manche künftigen erbrechtlichen Fragen lassen sich noch zu Lebzeiten – etwa durch Abfindung von Kindern – oft sind Grundstücke im Bauland vorhanden – und Erbverzichtsverträge regeln. In einem solchen Erbverzichtsvertrag kann z. B. auch schon die Höhe der Abfindung angegeben werden.

7 Fragen & Antworten zum Umstrittenen Testament

76. Gleich zwei Testamente wurden gefunden ...

Nach dem Tod meines Vaters wurden zwei Testamente aufgefunden: eines datiert mit „15. 8. 1993", in welchem meine Stiefmutter zur Erbin eingesetzt ist, während mein Bruder und ich auf den Pflichtteil beschränkt werden, und eines datiert mit „5. 1. 1994", in welchem wir Kinder „den gesamten Nachlaß je zur Hälfte erhalten sollen". Ein Widerruf des älteren Testamentes ist in letzterem nicht angeordnet. Habe ich nun ein Erbrecht nach meinem Vater, oder muß ich mit dem Pflichtteil Vorlieb nehmen?

In einem solchen Fall gilt das ältere Testament, selbst wenn im jüngeren Testament kein ausdrücklicher Widerruf enthalten ist, im Zweifel als zur Gänze aufgehoben. Somit sind die beiden Kinder je zur Hälfte des Nachlasses zu Erben berufen; die Stiefmutter muß sich als Gattin des Erblassers mit dem gesetzlichen Pflichtteil bescheiden.

Dies gilt freilich nur, sofern das jüngere Testament auch tatsächlich gültig zustande gekommen ist. Sollte der Erbe des älteren Testamentes dies bestreiten (weil z. B. der Erblasser bei der Abfassung des jüngeren Testamentes nicht mehr zurechnungsfähig war), so hat er die Möglichkeit, im Rahmen des Verlassenschaftsverfahrens aufgrund des älteren Testamentes ebenfalls eine Erbserklärung (im obigen Fall zum ganzen Nachlaß) abzugeben.

Bei Vorliegen widersprechender Erbserklärungen weist das Verlassenschaftsgericht nach Anhörung der Parteien einem der Erbschaftsanwärter die Klägerrolle zu; sie weist ihn an, innerhalb einer bestimmten Frist gegen die andere Partei Klage auf Feststellung des besseren Erbrechts einzubringen.

Dies trifft bei ihrer äußeren Form nach unbedenklichen Testamenten regelmäßig jene Partei, die, um ihr Erbrecht geltend machen zu können, erst den Erbrechtstitel ihres Gegners entkräften muß; im obigen Fall also die Stiefmutter, da ihr Erbrecht nur zum Tragen kommt, wenn das jüngere Testament als rechtsungültig erkannt wird.

GEWINN-Tip

- Ordnen Sie in Testamenten immer ausdrücklich an, daß alle obsoleten früheren Testamente und sonstigen letztwilligen Anordnungen als widerrufen gelten bzw. null und nichtig sind. Dies vermeidet Auslegungsschwierigkeiten und beugt langwierigen und kostenintensiven Erbrechtsprozessen vor.
- Vermeiden Sie tunlichst, mehrere letztwillige Verfügungen aufzubewahren, da dies in der Praxis immer wieder zu Streitigkeiten zwischen den Beteiligten über den wahren letzten Willen führt.
- Wenn Sie ein nicht mehr gültiges (weil z. B. bereits widerrufenes) Testament bei einem Notar, Anwalt oder Gericht verwahrt haben, vergessen Sie nicht, es aus der Verwahrung zurückzuverlangen bzw. es allenfalls gegen ein neu errichtetes auszutauschen. Insbesondere die im Zentralen Testamentsregister der Österreichischen Notariatskammer registrierten Testamente werden sonst nach Ihrem Ableben automatisch im Rahmen des Verlassenschaftsverfahrens zur Kundmachung an das Gericht übermittelt und gelangen dadurch den Verfahrensbeteiligten zur Kenntnis.

77. Ist mein handschriftliches Testament gültig?

Ich habe mein Testament nur handschriftlich verfaßt. Ist das überhaupt gültig?

Das eigenhändige Testament ist von der Form her am einfachsten zu errichten. Voraussetzung für die Gültigkeit ist, daß Sie den Text eigenhändig schreiben und am Ende des Textes unterschreiben. Allfällige handschriftliche Nachträge und Korrekturen sind zu ihrer Wirksamkeit ebenfalls am Schluß zu unterfertigen. Unter „eigenhändig" ist „handschriftlich" zu verstehen, das heißt jede vom Testator handschriftlich verfaßte Verfügung gilt als eigenhändig, unabhängig von der verwendeten Sprache, Schriftform und vom Schreibmaterial. Ein vom Testator mit der Maschine geschriebener Text gilt daher nicht als eigenhändig und unterliegt den strengeren Formvorschriften des fremdhändigen Testamentes.

Unter Namensfertigung wird in diesem Zusammenhang auch die Fertigung mit der unter nahen Angehörigen üblichen Bezeichnung akzeptiert, wenn sich aus dem Text die Person des Ausstellers mit Sicherheit ergibt. Es ist aber auf jeden Fall besser, Ihr Testament mit dem sogenannten verkehrsüblichen Namenszug (= so, wie Sie immer unterschreiben) zu unterfertigen.

Obwohl die Datierung des Testamentes kein Gültigkeitserfordernis ist, ist sie jedenfalls zu empfehlen, da bei Vorliegen mehrerer Testamente im allgemeinen das spätere Testament das frühere Testament dem ganzen Inhalt nach aufhebt.

Sämtliche Formvorschriften gelten sowohl für Testamente (= letztwillige Verfügungen, die eine Erbeinsetzung enthalten) als auch Kodizille (= letztwillige Verfügungen, die keine Erbeinsetzung, sondern andere Verfügungen enthalten).

GEWINN-Tip

Nützen Sie auch bei einem eigenhändigen Testament die Möglichkeit der Hinterlegung des Testamentes in einer Kanzlei Ihres Vertrauens zur Registrierung des Testamentes bei dem bei der Österreichischen Notariatskammer geführten Österreichischen Zentralen Testamentsregister. Auf diese Weise stellen Sie sicher, daß das Testament auch tatsächlich dem Verlassenschaftsgericht vorgelegt wird und nicht versehentlich verlorengeht oder absichtlich vernichtet wird. Bei der Hinterlegung des Testaments sollten Sie auch gleich die Gelegenheit ergreifen, den Notar einen Blick auf Ihr Schriftstück werfen zu lassen. So können Sie sicher sein, daß Ihr Testament formal und inhaltlich korrekt gestaltet ist.

78. Das Testament ist gar nicht unterschrieben . . .

Im Verlassenschaftsverfahren nach dem Tod meines Mannes, der mich testamentarisch zur Alleinerbin bestimmt hat, war ich mit dem Testament beim Notar zum Zwecke der Kundmachung. Hierbei ist dem Notar jedoch aufgefallen, daß das Testament von meinem Mann offenbar aus Versehen nicht unterschrieben wurde und demnach als ungültig anzusehen ist. Jetzt machen auch die Kinder meines Mannes aus erster Ehe ein Erbrecht geltend. Kann ich mich dagegen wehren?

Letztwillige Verfügungen bedürfen zu ihrer Gültigkeit der Einhaltung einer bestimmten, gesetzlich genau vorgeschriebenen Form. Hierbei stellt das Gesetz mehrere Testamentsformen zur Auswahl.

Auf die Einhaltung der Formvorschriften ist streng zu achten; das Fehlen auch nur eines einzigen Formerfordernisses macht die letztwillige Verfügung in der Regel zur Gänze unwirksam.

Wer ohne Zeugen testieren will, der muß das Testament eigenhändig schreiben und eigenhändig mit seinem Namen unterfertigen. Fehlt es wie im obigen Fall an der eigenhändigen Unterschrift des eigenhändig verfaßten Aufsatzes, so ist das Testament jedenfalls ungültig, und es tritt die gesetzliche Erbfolge ein, wonach neben der Ehegattin auch die Kinder des Erblassers als Erben zum Zug kommen.

Es gibt aber noch zwei „Rettungsanker“:

1. Beim fremdhändigen Testament, das durch drei Zeugen mitunterfertigt wurde, könnte es möglich sein, daß der Testator vor Unterfertigung des Aufsatzes vor den drei Zeugen, sofern diese alle gleichzeitig anwesend waren, den Inhalt seiner letztwilligen Anordnung auch mündlich erklärt hat, womit unter Umständen zusätzlich zum (ungültigen) schriftlichen auch ein mündliches Testament, welches unter den vorgenannten Voraussetzungen gültig wäre, vorläge. Trotz Fehlens der Unterschrift auf dem schriftlichen Testament könnte diesfalls der Erbe ein Erbrecht geltend machen, allerdings nur aufgrund des gleichzeitig errichteten mündlichen Testamentes.

2. Wenn alle Erben einverstanden sind, kann das Testament trotzdem Wirksamkeit erlangen, und in einem Fall wie diesem könnte es tatsächlich dazu kommen. Die Erben müßten einen Prozeß anstren-

gen, in dem es höchst ungewiß ist, ob nicht doch drei Personen auftreten, die behaupten, daß Ihr Mann schon früher, bei irgendeiner Gelegenheit behauptet hat, daß er Sie als Alleinerbin einsetzt, und daß das sein letzter Wille sei.

79. Testament bei Sehschwachen?

Meine Mutter möchte gerne ein Testament errichten. Sie sieht aber schon so schlecht, daß sie nicht mehr lesen kann.

Personen, die nicht mehr lesen können, gelten rechtlich als blind, und blinde Personen gelten rechtlich gesehen als behindert. Will eine behinderte Person (im übrigen auch Körperbehinderte, die ansonsten in keiner Weise beinträchtigt sind) ein Testament machen, ist sie ausdrücklich an den Notariatsakt oder das gerichtliche Protokoll gebunden.

GEWINN-Tip

Will eine Person mit einem körperlichen Gebrechen ein Testament errichten, sollte sie die Möglichkeit des notariellen Testamentes nützen. Es ist damit die Erfüllung aller Anliegen des Testators und der Erben gewährleistet:

- Einhaltung der notwendigen Formvorschriften,
- sichere Verwahrung,
- nach Eintritt des Todesfalles die Garantie der Vorlage beim Verlassenschaftsgericht.

80. Liegt ein mündliches Testament vor?

Ein verstorbener Bekannter hat immer gesagt, daß nach seinem Tod sein Enkelsohn P. alles bekommen solle. Er hat dies aber nie schriftlich verfügt. Was ist jetzt zu tun?

Ob ein mündliches Testament vorliegt, hängt von drei grundsätzlichen Voraussetzungen ab:

1. Hatte der Verstorbene im Zeitpunkt dieser Äußerung auch wirklich die Absicht, eine letztwillige Verfügung zu treffen?

2. Wurde die Anordnung vom Erblasser ernstlich und ausdrücklich erklärt?

3. Waren drei fähige Testamentszeugen gleichzeitig anwesend?

Es ist zwar nicht notwendig, jedoch anzuraten, daß die Zeugen gemeinsam oder jeder für sich eine Erklärung des Erblassers aufzeichnen. Diese Aufzeichnungen sind im Zuge des Verlassenschaftsverfahrens vorzulegen und werden wie ein schriftliches Testament kundgemacht. Die Originale verbleiben – ebenso wie die kundgemachten schriftlichen letztwilligen Verfügungen – beim zuständigen Abhandlungsgericht und werden in der Urkundensammlung verwahrt.

Im Verlassenschaftsakt verbleibt eine beglaubigte Kopie. Über Verlangen interessierter Personen muß der Inhalt des Testamentes von allen drei Zeugen im Rahmen einer förmlichen Vernehmung vor Gericht bestätigt werden. Kann ein Zeuge nicht beeidet werden, so genügt die eidliche Aussage der beiden anderen Zeugen, sind auch diese nicht verfügbar, ist die letzwillige Erklärung unwirksam.

GEWINN-Tip

Vor Heurigen- und Kaffeekränzchentestamenten sollte man sich hüten. All die wiederholten mündlichen Erklärungen, jemanden zum Erben einsetzen zu wollen, bewirken bei Fehlen der übrigen Voraussetzungen – also drei fähigen Testamentszeugen, die dies auch beeiden können und wollen – gar nichts.

81. *Wie viele Zeugen sind notwendig?*

Wie viele Zeugen brauche ich eigentlich für die Erstellung eines gültigen Testamentes? Zwei oder drei?

Die Beiziehung von Testamentszeugen ist nur bei fremdhändigen und mündlichen Testamenten erforderlich.

„Fremdhändig" bedeutet, daß der Text nicht vom Testator handschriftlich verfaßt wurde, sondern mit der Maschine oder von einer dritten Person handschriftlich geschrieben wurde. Für fremdhändige private Testamente gilt, daß der Testator den Text unterfertigen und vor drei „fähigen" Zeugen erklären muß, daß dieser Text seine letztwillige Verfügung enthält.

Die drei Zeugen haben ebenfalls auf der Urkunde selbst zu unterfertigen und – dies ist ein Gültigkeitserfordernis (!) – mit einem

Zusatz auf die Zeugeneigenschaft hinzuweisen (Beispiel: „Alfred E. Neumann eh. als Testamentszeuge"). Von den drei Zeugen haben mindestens zwei Zeugen gleichzeitig anwesend zu sein. Die Zeugen müssen über den Inhalt der letztwilligen Verfügung nicht informiert sein.

Das Problem bei fremdhändigen Testamenten ist die weitverbreitete Unkenntnis der erforderlichen Anzahl der Zeugen (drei!) und der strengen Bestimmungen darüber, wer Testamentszeuge sein kann. Als unfähige Zeugen gelten nach dem Gesetz Personen unter 18 Jahren, Geisteskranke, die zu richtiger Wahrnehmung nicht fähig sind, Blinde, Taube, Stumme und jene, die die Sprache des Testators nicht verstehen. Überdies kann ein Erbe oder Legatar hinsichtlich der Zuwendungen an ihn kein fähiger Zeuge sein. Dasselbe gilt für dessen Ehegatten, (Schwieger)Eltern, (Schwieger)Kinder, Geschwister und deren Ehegatten und im Haushalt des Bedachten wohnendes Personal.

Die zwar verständliche Beiziehung naher Angehöriger kann zu einem Problem werden, wenn sich im Zuge des Verlassenschaftsverfahrens herausstellt, daß das Testament mangels fähiger Zeugen ungültig ist und eine vom Erblasser nicht gewollte Erbfolge oder gar Heimfälligkeit an den Staat eintritt.

82. *Kriegt der Tierschutzverein wirklich 500.000,–?*

Meine alleinstehende Tante ist verstorben und hat ein Testament hinterlassen, in welchem ich als „Universalerbe" eingesetzt bin. Der Nachlaß beläuft sich auf rund eine Million Schilling. Nun hat der Notar in der Wohnung meiner Tante eine weitere, einige Monate jüngere letztwillige Anordnung aufgefunden, in welcher dem Tierschutzverein ein Bargeldbetrag von 500.000 Schilling vermacht ist. Wer ist nun Erbe? Muß ich, sollte ich der Erbe sein, dem Tierschutzverein etwas zahlen?

Die ältere letztwillige Verfügung ist, da sie eine Erbseinsetzung enthält, als Testament zu betrachten. Die jüngere Verfügung stellt dagegen, da sie keine Erbseinsetzung, sondern nur ein Barlegat enthält, ein Kodizill dar. Sofern im späteren Kodizill nicht auf das frühere Testament Bezug genommen (dieses z. B. ausdrücklich aufgehoben) wird, besteht es neben diesem und ergänzt daher die Erbseinsetzung. Sein

Inhalt ist mit jenem des Testamentes vereinbar, weshalb beide letztwilligen Anordnungen Berücksichtigung finden.

Erbe ist der im (älteren) Testament als solcher Eingesetzte. Aufgrund des (jüngeren) Kodizills ist dem Erben jedoch die Verpflichtung auferlegt, das zugunsten des Tierschutzvereins angeordnete Vermächtnis zu erfüllen. Grundsätzlich kommt nur dem Erben im Verlassenschaftsverfahren Parteistellung zu; nur er wird im Verfahren zur Abgabe einer Erbserklärung aufgrund des Testamentes aufgefordert. Damit dem Erben der Nachlaß auch eingeantwortet werden kann, muß er allerdings dem Gericht nachweisen, daß er den Vermächtnisnehmer (Tierschutzverein) vom Inhalt des Testamentes verständigt hat („Testamentserfüllungsausweis"). Unter bestimmten Umständen kann der Vermächtnisnehmer vom Erben bis zur Auszahlung des Legats Sicherstellung verlangen.

Da es sich im obigen Fall um ein Bargeldlegat handelt, ist dieses, sofern der Erblasser nichts anderes angeordnet hat, erst ein Jahr nach Ableben des Erblassers zur Auszahlung an den Vermächtnisnehmer fällig.

GEWINN-Tip

- Vermeiden Sie tunlichst das Bestehen bzw. die Hinterlassung verschiedener älterer und jüngerer letztwilliger Anordnungen, da dies in der Praxis immer wieder zu Auslegungsschwierigkeiten und damit zu Streitigkeiten zwischen den Beteiligten über den „wahren" letzten Willen führt.
- Wenn Sie nachträglich Ergänzungen eines früheren Testamentes wünschen, etwa durch Anordnung eines Legates, so fassen Sie das Testament, sofern es nicht zu umfangreich ist, komplett neu ab, wiederholen Sie die Erbseinsetzung aus dem früheren Testament und widerrufen Sie dieses zugleich ausdrücklich. Dies hilft Mißverständnissen vorzubeugen.
- Derzeit ist es aus erbschaftssteuerlicher Sicht ratsam, nicht einen Bargeldbetrag als Legat zu vermachen, sondern statt dessen ein Sparbuch, auf welchem der zu vermachende Geldbetrag liegt, da durch die Endbesteuerung für Spareinlagen (KESt-Abfuhr) auch die Erbschaftssteuer in Ansehung des auf dem Sparbuch erliegenden Guthabens abgegolten ist, während vermachte Bargeldbeträge uneingeschränkt der Erbschaftssteuer unterliegen.

12 Fragen & Antworten zu Steuern, Gebühren und Abgaben

83. Erbschaftssteuer nicht mit der KEST bezahlt?

Gemeinsam mit meiner Schwester habe ich unsere Tante beerbt, wobei ich auf das im Nachlaß vorhandene Haus verzichtet und dafür die vorhandenen Sparguthaben übernommen habe. Nun hat mir das Finanzamt auch Erbschaftssteuer für das Haus vorgeschrieben. Ist das korrekt? Ist nicht meine Erbschaftssteuer mit der von den Sparbuchzinsen abgezogenen KESt abgegolten?

Die Steuervorschreibung stimmt, weil die Erbschaftssteuer nicht vom effektiv zugeteilten Vermögen bemessen wird, sondern vom Erbanfall – dem jeweiligen Anteil (der Erbquote) am steuerlich bewerteten Nachlaßvermögen. Durch eine privatrechtliche Vereinbarung (die von den Erben vorgenommene Erbteilung) kann der mit der Abgabe der Erbserklärung verwirklichte Steuertatbestand und die damit verbundene Steuerschuld nicht mehr beseitigt werden.

GEWINN-Tip

Wenn Sie eine Erbteilung vornehmen, sollten auch die von allen Erben zu tragenden Verfahrenskosten (Gerichtsgebühr, Notar, Erbschaftssteuer) bedacht werden und eventuell auch diesbezüglich eine Vereinbarung getroffen werden. Die Höhe dieser Gebühren ist gesetzlich geregelt. Der Notar kann sie Ihnen vorweg berechnen.

84. Ich zahle viel mehr Erbschaftssteuer!

Mein langjähriger Lebensgefährte ist verstorben. Wieso zahlt seine Tochter aus einer geschiedenen Ehe, zu der er kaum Kontakt hatte, soviel weniger Erbschaftssteuer als ich?

Die unterschiedliche Steuerbelastung erklärt sich daraus, daß das Erbschafts- und Schenkungssteuergesetz aus fünf Steuerklassen und 16 Tarifstufen besteht.

Zuerst wird ermittelt, in welche Steuerklasse der Erbe fällt. Dabei ist vom Verwandtschaftsverhältnis zwischen Erblasser und Erben auszugehen.

Je näher die Verwandtschaft, desto günstiger die Steuerklasse (I), hier beginnt die Steuer bei zwei Prozent (Nachlaß bis 100.000 Schilling) und endet bei 15 Prozent (Nachlaß über 60 Millionen Schilling).

Lebensgefährten sind nach dem Gesetz nicht verwandt, daher fallen Sie in die ungünstigste Steuerklasse (V), hier beginnt die Steuer bei 14 Prozent (Nachlaß bis 100.000 Schilling) und endet bei 60 Prozent (Nachlaß über 60 Millionen Schilling).

Danach ist die Tarifstufe zu ermitteln, das heißt vom Nachlaß sind die Steuerfreibeträge (etwa für Hausrat, bewegliches Vermögen u. a.) abzuziehen, Lebensversicherungen in bestimmten Fällen erst im Erbschaftssteuerverfahren hinzuzurechnen.

Eigene Zuschläge für den Erwerb von Liegenschaften sind, unabhängig von der Höhe der Erbschaft, auch bei Nachlaßüberschuldung zu berechnen.

Bei einem angenommenen Erbteil von je 450.000 Schilling zahlt daher die Tochter 3,5 Prozent Erbschaftssteuer, Sie als Lebensgefährtin zahlen 20 Prozent Erbschaftssteuer. Sofern das Erbteil aus Sparbüchern oder endbesteuerten Wertpapieren besteht, hat Ihr Lebensgefährte gut vorgesorgt. Diese Vermögenswerte sind bekanntlich von der Erbschaftssteuer ausgenommen.

GEWINN-Tip

► Eine Schenkung, nur um Steuern zu sparen, ist nicht immer sinnvoll. Sollten Sie aber ohnehin planen, mittelfristig eine Schenkung zu machen, wäre auf jeden Fall der steuerlich günstigste Zeitpunkt zu wählen. Außerdem sollten Sie bedenken, daß eine Schenkung nicht ohne Wenn und Aber gemacht werden muß. Sie können sich beispielsweise ein Fruchtgenußrecht vorbehalten oder ein Belastungs- und Veräußerungsverbot verfügen, um die Zügel nicht gänzlich aus der Hand zu geben.

85. *Zahlen wir noch einmal Schenkungssteuer?*

Meine Frau und ich haben unserer Tochter ein Haus geschenkt. Bei einem Autounfall ist sie ums Leben gekommen. Da sie nicht verheiratet war und keine Kinder hat, sind wir ihre Erben. Für die Schenkung an die Tochter ist damals Schenkungssteuer bezahlt worden. Wird jetzt für die Rückübertragung des Hauses an uns wieder Steuer verlangt ?

Nein. Wenn von Eltern, Großeltern oder Urgroßeltern an Kinder, Enkel oder Urenkel geschenktes Vermögen an die Geschenkgeber im Zuge eines Todesfalles wieder zurückfällt, so ist dieser Erwerb von der Erbschaftssteuer gänzlich befreit. Diese Befreiung ist auch nicht auf den sonstigen Steuerfreibetrag von 30.000 Schilling anzurechnen.

Es ist jedoch Bedingung, daß das zugewendete Vermögen wieder an den damaligen Geschenkgeber zurückfällt. Im vorliegenden Fall tritt also die Steuerbefreiung ein.

Anders liegt der Fall, wenn die Schenkung von den Großeltern an die Tochter erfolgt wäre, und das Vermögen nun an die Eltern zurückfällt. Für diesen Vermögensübergang wäre die Erbschaftssteuer zu entrichten.

86. *Muß ich die Liegenschaften verkaufen?*

Ich habe nur Liegenschaften, diese allerdings von beträchtlichem Wert, geerbt. Da ich eine hohe Erbschaftssteuer zu erwarten habe, ohne über liquide Mittel zu verfügen, muß ich wohl ein Haus verkaufen, um meine Erbschaftssteuer bezahlen zu können, oder?

Ganz so schlimm wird es nicht kommen. Auf Ihr Ansuchen kann das Finanzamt entweder den Fälligkeitszeitpunkt hinausschieben, die Steuer stunden, oder Ihnen die Entrichtung der Steuer in Raten gewähren. Diese Zahlungserleichterungen können gewährt werden, wenn mit der sofortigen Entrichtung der Steuer erhebliche Härten verbunden wären und die Einbringlichkeit der Steuer nicht gefährdet ist.

Dabei handelt es sich um Ermessensentscheidungen des Finanzamtes, auf die Sie keinen Rechtsanspruch haben. Ob das Finanzamt in Ihrem Fall, in dem ja keine grundsätzliche soziale Bedürftigkeit gegeben ist, die Stundung gewährt, muß abzuwarten bleiben.

Wenn eine der Zahlungserleichterungen (Stundung oder Ratenzahlung) gewährt wird, sind für Beträge über 50.000 Schilling Stundungszinsen in Höhe von vier Prozent über dem Zinsfuß der Oesterreichischen Nationalbank für Eskontierungen zu entrichten.

Zurzeit (Mai 2000) betragen die Stundungszinsen der Finanzämter aufgrund der allgemein niedrigen Kreditzinsen nur sieben Prozent und die Aussetzungszinsen vier Prozent.

GEWINN-Tip

Wenn Sie gegen einen Steuerbescheid berufen, können Sie damit den Antrag auf Zahlungserleichterung verbinden.

Sie können aber auch mit der Berufung den Antrag auf Aussetzung der Steuereinhebung verbinden. Die Aussetzung der Steuer ist keine Ermessensentscheidung, daher ist sie zu gewähren, wenn dafür die Voraussetzungen vorliegen.

Wenn Sie mit Ihren Zahlungen in Verzug geraten, wird ein Säumniszuschlag von zwei Prozent des nicht zeitgerecht entrichteten Abgabenbetrages fällig.

87. Zweimal Erbschaftssteuer?

Meine Großmutter ist vor einem Jahr gestorben und hat ihr ganzes Vermögen meiner Mutter vererbt. Jetzt ist auch meine Mutter gestorben und hat ihr ganzes Vermögen mir als ihrer einzigen Tochter hinterlassen. Da es sich um beträchtliche Vermögenswerte handelt, war die Erbschaftssteuer für meine Mutter ziemlich hoch. Kassiert das Finanzamt jetzt noch einmal in gleicher Höhe ?

Nicht ganz. Wenn Kindern, Enkelkindern oder dem Ehegatten Vermögen anfällt, das in den letzten fünf Jahren vor dem Anfall vom Ehegatten, den Eltern oder Großeltern von dessen Ehegatten, Eltern oder Großeltern erworben worden und dieser Erwerb unter das Erbschafts- und Schenkungssteuergesetz gefallen ist, so vermindert sich die Steuer für die zweite Vermögensübertragung um die Hälfte, wenn der erste Vermögensanfall nicht mehr als fünf Jahre zurückliegt.

Liegt der erste Vermögensanfall mehr als fünf, aber nicht mehr als zehn Jahre zurück, so vermindert sich die Steuer um ein Viertel.

GEWINN-TIP:

Diese Steuerbegünstigung gilt nicht nur dann, wenn der Erwerb von Todes wegen erfolgt, sondern auch bei Schenkungen unter Lebenden. Die Steuerbegünstigung ist in der Schenkungssteuer- oder Erbschaftssteuererklärung zu beantragen.

88. Wer versteht den Erbschaftssteuerbescheid?

Der Erbschaftssteuerbescheid ist für mich vollkommen unverständlich! Wer kann mir den Bescheid erklären?

Nicht nur Laien haben Schwierigkeiten, aus den Erbschaftssteuerbescheiden klug zu werden. Die Höhe der zu bezahlenden Steuer kann man noch einigermaßen deutlich aus dem Bescheid herauslesen, überdies liegt dem Bescheid auch schon ein vorgedruckter Zahlschein bei. Will man aber auch genau wissen, ob der Fiskus alle persönlichen und sachlichen Steuerbefreiungstatbestände berücksichtigt hat, die Endbesteuerung von Sparbüchern und die Einschleifregelungen bei knappem Überschreiten von Tarifstufen angewandt hat, dann wird die Angelegenheit kompliziert.

In der guten alten Zeit der händisch geschriebenen Steuerbescheide war genau abzulesen, wie der Finanzbeamte die Bemessungsgrundlage ermittelt hat. In der Zeit des Computers ist dies nicht mehr so leicht nachvollziehbar. Ihr Notar oder Ihr Steuerberater können Ihnen sicherlich behilflich sein, den Bescheid in allgemeinverständliche Sprache zu übersetzen, um festzustellen, ob das Erbschaftssteuergesetz richtig angewandt wurde.

Bei Ihrem Notar liegen darüber hinaus auch noch die Unterlagen aus dem Verlassenschaftsverfahren auf, sodaß sämtliche Belege sofort zur Hand sind. Vergessen Sie bitte in diesem Zusammenhang aber nicht, daß der Notar in steuerlichen Angelegenheiten für Sie nicht mehr als Gerichtskommissär tätig wird. Er kann Ihnen für seine Tätigkeit ein Honorar gemäß den gesetzlichen Bestimmungen in Rechnung stellen.

GEWINN-Tip

Auch ein Anruf beim Finanzamt kann klärend sein. Sind Sie mit dem Inhalt des Bescheides nicht einverstanden, haben Sie immer noch die Möglichkeit, ein Rechtsmittel zu ergreifen.

89. *Informiere ich die Finanz oder die Finanz mich?*

Wie erfährt das Finanzamt von einer Erbschaft? Muß ich etwas melden, oder kann ich warten, bis sich das Finanzamt mit mir in Verbindung setzt?

Jeder Erbe ist verpflichtet, binnen einer Frist von drei Monaten vom Anfall des Erbes an gerechnet, dem örtlich zuständigen Finanzamt für Gebühren und Verkehrssteuern den Erbvorgang zu melden. Nach Beendigung einer Verlassenschaftsabhandlung durch das Bezirksgericht wird aber sowieso der gesamte Akt dem Finanzamt zur Steuervorschreibung übermittelt, sodaß durch diesen Vorgang üblicherweise die Verständigungspflicht erfüllt ist.

Sollte diese Verständigung durch das Gericht einmal, aus welchem Grunde auch immer, nicht erfolgen, bleibt die Haftung des Erben zur rechtzeitigen Meldung des Erwerbes dem Finanzamt gegenüber aufrecht. Der Erbe haftet auch für die Einhaltung der Frist.

Obwohl das Finanzamt den gesamten Akteninhalt kennt, wird oft die Abgabe einer Erbschaftssteuererklärung verlangt. Diese Erklärung hat für das Finanzamt den Sinn, gewisse für die Steuerbemessung relevante Daten zu erhalten, die sich nicht unbedingt aus dem Verlassenschaftsakt des Bezirksgerichtes ergeben. Zahlungen einer Lebensversicherung fallen zum Beispiel nur in bestimmten Fällen in den Nachlaß: Wenn die auf Überbringer lautende Versicherungspolizze bereits zu Lebzeiten des Erblassers einem Begünstigten übergeben wurde, oder der Begünstigte überhaupt bereits in der Polizze genannt ist, so fallen diese Auszahlungen der Lebensversicherung zwar nicht in den Nachlaß, unterliegen aber sehr wohl der Erbschaftssteuer.

GEWINN-Tip

Sobald Sie vom Finanzamt zur Abgabe einer Erbschaftssteuererklärung aufgefordert worden sind, Mindestfrist zur Abgabe der Erklärung ist ein Monat, und Sie diese Erklärung nicht ohne Hilfe abgeben wollen, sollten Sie sich entweder mit dem Notar, der Sie im Verlassenschaftsverfahren vertreten hat oder als Gerichtskommissär tätig war, in Verbindung setzen oder Ihren Steuerberater aufsuchen, damit dieser für Sie fristgerecht die Erbschaftssteuererklärung abgeben kann. Das Muster einer Erbschaftssteuererklärung finden Sie im Anhang auf Seite ???.

90. *Erbschaftssteuerversicherung sinnvoll?*

Ich bin verwitwet und habe keine Kinder. Mein Vermögen, im wesentlichen Sparbücher, möchte ich meinen Großneffen und ihren Familien zukommen lassen, da meine Geschwister alle auch schon alt sind und daher kein Geld mehr brauchen. Natürlich liegt mir daran, daß die zukünftigen Erben möglichst wenig durch die Erbschaftssteuer belastet werden. Ein Bekannter hat mir von einer Erbschaftssteuerversicherung erzählt. Ist das auch sinnvoll?

In Ihrem Fall nicht. Seit der Einführung der Kapitalertragsteuer, mit der die Einkommensteuer für die meisten Einkünfte aus Kapitalerträgen abgegolten ist, ist auch „das Erben" von solchem Kapitalvermögen, dessen Erträge bereits der Kapitalertragsteuer (KESt) unterzogen wurden, erbschaftssteuerfrei. Damit sind derartige Zuwendungen an entferntere, einer höheren Steuerklasse zuzurechnende und folglich von einem hohen Erbschaftssteuersatz betroffene Verwandten ideal: Es fällt keine Erbschaftssteuer mehr an!

Siehe Frage 71.

GEWINN-Tip

- Letztwillige Zuwendungen an Freunde, Bekannte, eben nicht verwandte oder nur entfernt verwandte Personen oder Institutionen sollten am besten in KESt-endbesteuertem Kapitalvermögen erfolgen; möglichst keine Bargeldbeträge, sondern Sparbücher oder ebenso endbesteuerte Kapitalanlageformen vermachen oder vererben: dadurch haben derart letztwillig Begünstigte überhaupt keine

Erbschaftssteuer mehr zu entrichten. Dabei ist aber auf sorgfältige Verwahrung und/oder testamentarische Niederschrift zu achten, da mit Sparbüchern auch leicht Mißbrauch, wie etwa das Verschwindenlassen des Sparbuches, getrieben werden kann.

91. Wie vererbe ich Kunstgegenstände?

Ich habe einige wertvollere Kunstgegenstände, die ich meinen Erben vermachen will. Nun habe ich gehört, daß man durch Abschluß einer Erbschaftssteuerversicherung Steuer sparen kann. Wie geht das?

Wird in einem Lebensversicherungsvertrag vereinbart, daß die Versicherungssumme innerhalb von zwei Monaten nach dem Eintritt des Versicherungsfalles an das zuständige Finanzamt von der Versicherung zur Deckung der zu erwartenden Erbschaftssteuer zu überweisen ist, so liegt eine Erbschaftssteuerversicherung vor.

Das Finanzamt hat den Betrag in Verwahrung zu nehmen, darf ihn jedoch nur dann mit der Erbschaftssteuer verrechnen, wenn der Erbe oder Vermächtnisnehmer dem Finanzamt dazu die ausdrückliche Anweisung erteilt.

Wird die Anweisung nicht bis zur Festsetzung der Erbschaftssteuer erteilt, ist die Versicherungssumme an die Versicherung zurückzuüberweisen. Die Erbschaftssteuer ermäßigt sich dadurch um jenen Prozentsatz, der für die Erbschaftssteuer selbst zur Anwendung kommt.

Ein Beispiel:

Erbschaftssteuerversicherung

Beispiel

Erbanfall:	öS 1.500.000,–
abzgl Freibetrag (Steuerkl. III) –	öS 6.000,–
erbschaftssteuerpflichtig	öS 1.494.000,–
davon 18% Erbschaftssteuer	öS 268.920,–
abzgl. Steuerrabatt (18% von 268.920)	öS 48.406,–
daher Steuer nur	**öS 220.514,–**

GEWINN-Tip

- Die Erbschaftssteuerversicherung bringt umsomehr Steuerersparnis, je höher die Erbschaftssteuer ausfallen würde.
- Sollte nach Abzug der Erbschaftssteuer aber noch ein Guthaben verbleiben, wird dieses vom Finanzamt an die Versicherung zur Weiterleitung an die Berechtigten zurücküberwiesen.
- Die unterschiedliche Erbschaftsbesteuerung eines Vermächtnisses an eine nicht verwandte oder verschwägerte Person ist beträchtlich! Von einem Bargeldbetrag von 500.000 Schilling wären bereits rund ein Fünftel (also etwa 200.000) dem Finanzamt abzuliefern; wird die halbe Million aber in Form eines Sparbuches hinterlassen, braucht der Begünstigte überhaupt keine Erbschaftssteuer zu bezahlen, weil diese bereits durch die Kapitalertragsteuer abgegolten ist!

92. Was kostet der Notar?

Wie berechnet sich die Gebühr des Gerichtskommissärs, der die Verlassenschaftsabhandlung durchführt?

Gemäß § 3 des Gerichtskommissionstarifgesetzes wird die Gebühr nach dem bei der Amtshandlung ermittelten Wert des Gegenstandes bemessen. Hierbei ist vom Vermögen ohne Abzug von Schulden auszugehen.

Betrifft die Amtshandlung das Unternehmen eines Einzelkaufmannes, so ist der Gebührenbemessung der Wert des Unternehmens nach Abzug der hierauf lastenden Schulden, mindestens aber ein Viertel des Wertes ohne Abzug dieser Schulden, zugrunde zu legen. Ähnliches gilt für die Gebührenbemessung, wenn sich ein Gesellschaftsanteil im Nachlaß befindet.

93. Wie viele Steuern und Gebühren zahlen wir?

Was kostet es an Steuern und Gebühren, wenn wir – meine Schwester und ich – den Nachlaß unseres unlängst verstorbenen Vaters untereinander aufteilen? Der wesentlichste Vermögenswert der Verlassenschaft ist ein Einfamilienhaus mit Garten.

Der Erwerb eines zum Nachlaß gehörenden Grundstückes durch einen Miterben zur Teilung des Nachlasses ist von der Grunderwerbsteuer befreit.

Die Voraussetzungen sind somit:

- Das zu teilende Grundstück muß zum Nachlaß gehören (die Hingabe eines anderen Grundstückes – etwa als Wertausgleich – ist grunderwerbsteuerpflichtig).
- Die Teilung muß unter den Miterben erfolgen (der Legatar ist kein Erbe!).
- Die Teilung muß vor der Einantwortung des Nachlasses erfolgen.

GEWINN-Tip

- Unter „Teilung" im Sinne dieser Ausnahmeregelung ist jede von den Erbquoten abweichende Übernahme der geerbten Liegenschaften zu verstehen. Diese zwischen den Erben stattfindende Erbteilung kann zwischen den Erben frei vereinbart werden; es kann ein Wertausgleich stattfinden oder aber auch darauf verzichtet werden. Für die auf jeden Erben entfallende Erbschaftssteuer hat eine Erbteilung keine Auswirkungen. Die Steuer bestimmt sich nach den jeweiligen Erbquoten.

10 Jahre Spekulationsfrist — **Achtung!**

Wenn an die anderen Erben für die Übernahme von Grundstücken Zahlungen geleistet werden, also deren Liegenschaftsanteile nicht unentgeltlich erworben werden, kann der spätere Verkauf der ganzen Liegenschaft mit Gewinn innerhalb der für Grundstücke geltenden Spekulationsfrist von zehn Jahren ein der Einkommensteuer unterliegendes Spekulationsgeschäft sein.

- Dazu gibt es natürlich wieder eine feine Ausnahme für Eigenheime oder Eigentumswohnungen samt Grund und Boden: wenn der Verkäufer seit dem Erwerb dort mindestens zwei seinen Hauptwohnsitz hatte (für die Fristenberechnung sind die Besitzzeiten zusammenzurechnen!), gibt es keinen steuerpflichtigen „Spekulationsgewinn"!

94. Die Gebühren sind mir viel zu hoch!

Mir sind bei einem Nachlaßverfahren Gebühren vorgeschrieben worden. Was kann ich dagegen tun?

Binnen 14 Tagen nach Zustellung des Beschlusses, in dem das Bezirksgericht die Gebühren des Gerichtskommissärs, aber auch des Sachverständigen oder die Belohnung des Kurators bestimmt, kann ein Rekurs gegen die Höhe der Gebühr eingebracht werden. Dieser Rekurs ist bei dem Bezirksgericht zu überreichen, das die bekämpfte Entscheidung gefaßt hat. Über den Rekurs wird vom übergeordneten Landesgericht entschieden.

Gegen die übrigen Entscheidungen des Verlassenschaftsgerichtes kann auch das Rechtsmittel der Vorstellung erhoben werden. In diesem Fall entscheidet dann der dem Rechtspfleger übergeordnete Richter des Bezirksgerichtes über das Rechtsmittel.

Manche Streitfragen können dabei durch alle Instanzen bis zum Obersten Gerichtshof gehen.

GEWINN-Tip

Bevor Sie den Rekurs einbringen, kann vielleicht ein Besuch des Bezirksgerichtes an einem Amtstag rasch und unkompliziert ein unnötiges Rekursverfahren vermeiden helfen. Der zuständige Richter wird Ihnen gerne erklären, aufgrund welcher gesetzlicher Bestimmungen die Gebühr des Gerichtskommissärs oder Sachverständigen bestimmt wurde.

17 Fragen und Antworten zu Verlassenschaftsverfahren und Formvorschriften

95. Wie komme ich zur Sterbeurkunde?

Meine Oma ist im Spital gestorben. Ich will meinen Eltern die Amtswege abnehmen. Wie komme ich zu einer Sterbeurkunde?

Die Standesämter der Gemeinden stellen die Sterbeurkunden aus.

Nach Anzeige des Todes durch das Spital, bei Todesfall zu Hause erfolgt diese durch den Totenbeschauarzt, müssen Sie dem Standesamt folgende Dokumente zur Ausstellung der Sterbeurkunde vorlegen:

- Geburtsurkunde der Verstorbenen,
- Staatsbürgerschaftsnachweis der Verstorbenen,
- Heiratsurkunde (bei Verheirateten),
- Scheidungsurteil (bei Geschiedenen),
- Sterbeurkunde des Ehegatten (bei Verwitweten),
- Meldezettel.

Wenn Sie Ihren Eltern alle Amtswege abnehmen wollen, sollten Sie noch folgende Stellen vom Ableben verständigen:

- Pensionsversicherung (Pensionsbeginn des überlebenden Ehegatten bzw. Bezugsende),
- Lebensversicherungspolizze zur Auszahlung der Versicherung vorlegen,
- Hausverwaltung (Anzeige von Eintrittsrechten, event. Kündigung),

- Arbeitgeber (offene Gehälter, Abfertigungen),
- Abmeldung von Radio/TV (ORF u. Kalbelfernsehen),
- Abmeldung von Gas- u. Strom,
- Bank.

Eine Liste mit den zu erledigenden Gängen finden Sie auch noch im Anhang ab Seite 277.

GEWINN-Tip

- Sollten Sie nicht über die Schlüssel zur Wohnung der Verstorbenen verfügen, weil diese zum Beispiel vom Spital direkt dem zuständigen Notar als Gerichtskommissär geschickt worden sind, nehmen Sie mit diesem Kontakt auf, um die erforderlichen Dokumente zu erhalten.
- Nützen Sie auch gleich die Gelegenheit, um zusammen mit dem Notar zu überprüfen, ob in der Wohnung ein Testament vorhanden ist.

96. Mein Sohn ist vermißt und wahrscheinlich tot.

Mein Sohn ist bei einem Abenteuerurlaub im Amazonasgebiet von einer Einbaumfahrt nicht zurückgekehrt. Ich befürchte, daß er nicht mehr lebt. Was muß ich tun ?

Sofern es der österreichischen diplomatischen Vertretung im Ausland nicht gelingt, eine Sterbeurkunde von den örtlichen Behörden ausstellen zu lassen, weil etwa die Leiche nicht gefunden wurde, muß in Österreich das Verfahren zur Todeserklärung eingeleitet werden. Zuständig für das zur Todeserklärung führende Verfahren ist der Gerichtshof erster Instanz am Wohnort in Österreich.

Wenn das Gericht zur Ansicht kommt, daß Ihr Sohn verschollen ist, das heißt er in Lebensgefahr war und ernstliche Zweifel an seinem Überleben bestehen, wird ein Kurator bestimmt, der Nachforschungen anzustellen hat, ob der Verschollene noch lebt.

Wenn diese Nachforschungen ergebnislos verlaufen und die gesetzliche Wartefrist, abhängig von der Art der Lebensgefahr (Flugzeugunglück – drei Monate, Schiffsunglück – sechs Monate, andere Lebensgefahr – ein Jahr), verstrichen ist, kann das Gericht auf Antrag die Todeserklärung aussprechen.

Die gerichtliche Todeserklärung ersetzt die Sterbeurkunde und spricht auch den vermuteten Todestag aus, sodaß aufgrund der Todeserklärung das Verlassenschaftsverfahren eingeleitet werden kann.

97. Das Bankkonto ist gesperrt!

Um die Begräbniskosten bezahlen zu können, benötige ich das Sparbuch meines Mannes. Es ist aber von der Bank gesperrt worden. Wie komme ich schnell an das Geld für das Begräbnis?

Die Todfallsperre wird von der Bank aufgehoben, sobald ein Gerichtsbeschluß („Rotsiegelbeschluß") vorliegt, in dem festgestellt wird, wer über das Sparbuch verfügungsberechtigt ist.

Üblicherweise wird ein solcher Beschluß zusammen mit der Einantwortungsurkunde am Ende des Verlassenschaftsverfahrens erlassen, kann über Antrag aber auch vorgezogen werden, wenn die Erbserklärung abgegeben wurde.

Das Begräbnis muß binnen zwei Wochen nach dem Tod Ihres Mannes erfolgen. In dieser Zeit kann aber ein Verlassenschaftsverfahren auf keinen Fall abgehandelt werden. Deshalb kann es sich nur dann ausgehen, daß Sie das Sparbuch zur Bezahlung des Begräbnisses verwenden, wenn dieser Zwischenantrag gestellt wird.

98. Was ist die Todfallsaufnahme?

Ein Notar hat mich zur „Todfallsaufnahme" eingeladen. Muß ich dorthin gehen?

Sobald eine Sterbeurkunde vom Standesamt dem Bezirksgericht übermittelt worden ist, hat dieses einen Verlassenschaftsakt zu eröffnen. Das Bezirksgericht übersendet diesen Akt dem aufgrund des Sterbedatums und Wohnsitzes zuständigen Notar als Gerichtskommissär. Die erste Tätigkeit des Notars besteht darin, die sogenannte Todfallsaufnahme zu ergänzen. Es handelt sich dabei um ein Formular, welches die wichtigsten persönlichen Daten des Verstorbenen, dessen Verwandte, eventuell Testamentserben und einen Überblick über den Vermögensstand enthält.

Es ist daher die erste Aufgabe des Notars im Verlassenschaftsverfahren, eine Person ausfindig zu machen, welche ihm diese Informationen geben kann.

Soweit dem Notar keine Anhaltspunkte über eine Auskunftsperson im Akt vorliegen und eine Anfrage beim Zentralen Testamentsregister ergebnislos verlaufen ist, wird er an die Meldebehörde eine Anfrage richten, ob Verwandte des Verstorbenen polizeilich gemeldet sind und dann versuchen, sich mit diesen in Verbindung setzen.

Ist Nachlaßvermögen vorhanden und lassen sich Verwandte oder Testamentserben nicht ausfindig machen, muß ein Verlassenschaftskurator bestellt werden, der die Verlassenschaft bis zu deren Heimfälligkeit an den Staat vertritt.

GEWINN-Tip

Viele Verlassenschaftsverfahren können in einer einzigen Tagsatzung erledigt werden, wenn dem Notar die notwendigen Auskünfte schon anläßlich der Todfallsaufnahme gegeben werden können. Es handelt sich dabei um

- Namen, Adressen, Geburtsdatum der nächsten Verwandten,
- Standesdokumente (Abschriften aus dem Sterbebuch, Geburtsurkunde, ggf. Heiratsurkunde, Staatsbürgerschaftsnachweis, Meldezettel) des Verstorbenen,
- letztwillige Verfügungen (Testamente, Kodizille),
- Vormundschaftsdekrete, Bescheid über die Bestellung zum Sachwalter,
- letzter Pensionsabschnitt,
- Aufstellung und Belege über den Nachlaß: Bank-, Spar- und Wertpapierkonten, Lebensversicherungsbelege, Grundbuchauszüge, Einheitswertbescheide, Firmenbuchauszüge, Kfz-Papiere usw.
- Aufstellung und Belege über Schulden sowie Auslagen anläßlich der letzten Krankheit, des Todesfalles und des Begräbnisses.

99. Welche Erbserklärung will man von mir?

Ich soll eine Erbserklärung abgeben. Welche Folgen kann das für mich haben?

Die Erbserklärung ist die formelle Erklärung in einem Verlassenschaftsverfahren, die Erbschaft zur Gänze oder zu einem bestimmten

Anteil anzunehmen. Die Erbserklärung muß vom Erben selbst oder seinem Vertreter unterschrieben werden.

Üblicherweise wird die Erbserklärung vor dem zuständigen Notar als Gerichtkommissär abgegeben, der dabei auch ausführlich die Rechtsfolgen der bedingten oder unbedingten Erbserklärung bespricht und die Erben berät.

Die Entscheidung, ob Sie die bedingte oder die unbedingte Erbserklärung abgeben, ist besonders dann von Bedeutung, wenn die Erbschaft überschuldet sein kann. Geben Sie nämlich eine unbedingte Erbserklärung ab, haften Sie mit Ihrem eigenen Vermögen für die gesamten Schulden des Erblassers ohne Unterschied, ob Sie von den Schulden gewußt haben oder nicht.

Ein Erbe kann, bei unbedingter Erbserklärung, bis zur Verjährung einer Forderung, daher in vielen Fällen bis zu 30 Jahre nach dem Tod des Erblassers zu einer Zahlung in unbegrenzter Höhe verpflichtet sein.

Sollte der Erbe bereits verstorben sein, könnten auch die Erben des Erben haftbar gemacht und bis zur Verjährung zur Zahlung herangezogen werden. Die Erbserklärung muß sich auf einen gültigen Rechtstitel – das kann ein Testament, das Gesetz oder (seltener) ein Erbvertrag sein – beziehen.

Der Erbe wird Gesamtrechtsnachfolger des Erblassers. Er setzt, entweder allein oder zusammen mit den anderen Erben die Rechtsperson des Erblassers fort und erhält den Nachlaß zur Gänze oder zu einem Bruchteil (z. B. zur Hälfte, zu einem Drittel, zu einem 64stel).

Aufgrund gerade dieser Gesamtrechtsnachfolge gehen alle vererblichen Rechte und Pflichten, gleichgültig ob diese bekannt sind oder nicht, auf den oder die Erben über.

Im Vergleich dazu erhält ein Legatar nur einen bestimmten Vermögensgegenstand aus dem Nachlaß, zum Beispiel die sprichwörtliche „goldene Uhr", und haftet, von einigen wenigen Ausnahmen abgesehen, nicht für Schulden des Erblassers.

GEWINN-Tip

Im Zweifelsfall sollten Sie lieber die bedingte Erbserklärung abgeben. Sie haben dadurch zwar etwas höhere Verfahrensspesen zu bezahlen, die bedingte Erbserklärung, verbunden mit einer Gläubigereinberufung, verschafft Sicherheit um einen relativ geringen Preis.

100. Unser Baby ist sofort gestorben.

Unser Baby ist kurz nach der Geburt gestorben. Jetzt werden wir noch beim Notar vorgeladen. Muß das sein?

Ja, aber es ist ein reiner Formalakt. Sie müssen zum Notar, weil Sie dort die Todesfallsaufnahme unterschreiben müssen. Damit haben Sie aber schon alle notwendigen rechtlichen Schritte erledigt.

Ausnahme: Rein theoretisch wäre es möglich, daß bereits ein Baby Träger von Rechten ist, weil es z. B. in einem Testament bedacht ist („Das erstgeborene Kind ..."). Dann hat das Baby geerbt, und es muß eine Verlassenschaftsabhandlung durchgeführt werden.

101. „Eidesstättiges Vermögensbekenntnis"?

Man verlangt von mir ein „eidesstättiges Vermögensbekenntnis". Was ist das eigentlich?

Bei Abgabe der unbedingten Erbserklärung hat der Erbe eine Aufstellung der Vermögenswerte und der Schulden dem Abhandlungsgericht vorzulegen, das ist das eidesstättige Vermögensbekenntnis.

Sofern der Erbe nicht durch einen gewählten Vertreter das Verlassenschaftsverfahren auf schriftlichem Wege abwickeln läßt, wird der Notar als Gerichtskommissär aufgrund der Angaben in der Todfallsaufnahme und mit Unterstützung des Erben dieses eidesstättige Vermögensbekenntnis vorbereiten. Die Vermögenswerte sind auf den Todestag zu beziehen, spätere Änderungen, wie Abhebungen vom Sparbuch nach dem Todestag, sind nicht zu berücksichtigen.

Häufig wird der Termin zur Abgabe der unbedingten Erbserklärung mit der Errichtung des eidesstättigen Vermögensbekenntnisses verbunden. Das Gericht ist dann an diese Erklärung des Erben gebunden und kann keine Änderungen vornehmen.

Über das Verlassenschaftsverfahren hinaus hat das eidesstättige Vermögensbekenntnis keine Konsequenzen. Es hat auch nur sehr bedingt Beweiskraft bei der Frage, ob Vermögenswerte in die Verlassenschaft fallen oder nicht. Da der Erbe, der die unbedingte Erbserklärung abgegeben hat, bereits aufgrund dieser Erbserklärung für alle eventuell vorhandenen Schulden aufkommen muß, kommt es auch nicht zu irgendeiner Haftungsbeschränkung auf die im eidesstättigen Vermögensbekenntnis verzeichneten Werte.

GEWINN-Tip

- Sollten Sparbücher im Nachlaß vorgefunden werden, so zahlt sich Steuerehrlichkeit besonders aus, weil die Sparbücher durch die Kapitalertragsteuer endbesteuert sind, sodaß sie nicht der Erbschaftssteuer unterliegen.
- Bei nicht im eidesstättigen Vermögensbekenntnis verzeichneten Sparbüchern, die erst später dem Verstorbenen zugeordnet worden sind, sollen findige Finanzbeamte auch schon auf die Idee gekommen sein, daß diese Sparbücher möglicherweise vom Verstorbenen schon zu Lebzeiten an den späteren Erben geschenkt wurden. Sonst hätte der ehrliche Erbe das Sparbuch doch sicherlich in das Vermögensbekenntnis aufgenommen, oder nicht?

Daraus ergibt sich aber auch, daß ein schenkungssteuerpflichtiges Rechtsgeschäft, eben eine Schenkung unter Lebenden, stattgefunden hat. Und die Schenkung eines Sparbuches unter Lebenden unterliegt eben der Schenkungssteuer; die Steuerbefreiung gilt nur für den Erwerb von Todes wegen.

Nebenstehend finden Sie ein Beispiel, wie ein eidesstättiges Vermögensbekenntnis aussehen könnte.

Eidesstättiges Vermögensbekenntnis

Nachlaßaktiva:

1)	Girokonto Nr. 123-456-789 bei der Bank Austria AG, lt. Franz Meier	12.760,–
2)	Sparbuch Nr. 4560-34566 bei DIE ERSTE österr. Spar-Casse-Bank AG, lt. Überbringer	115.670,–
3)	Pkw VW Golf, Bj. 1991	55.000,–
4)	Lebensversicherungspolizze Nr. 440.678 der Bundesländer Versicherungs AG, lt. Überbringer	500.000,–

5)	Eigentumswohnung in 1070 Wien, Halbgasse 7/12, Einheitswert	123.750,–
6)	Einrichtungsgegenstände, persönliche Gebrauchsgegenstände, wertlos	0,–
	Summe	**807.180,–**

Nachlaßpassiva:

1)	Begräbniskosten	67.890,–
2)	Kränze	3.500,–
3)	Bewirtung der Trauergäste	2.557,–
4)	Danksagungen und Porto	1.250,–
5)	Grabstein lt. Kostenvoranschlag	5.500,–
6)	Trinkgelder	500,–
	Summe	**81.197,–**

Nach Gegenüberstellung der Nachlaßaktiva	807.180,–
und Nachlaßpassiva	81.197,–
ergibt sich daher ein Reinnachlaß von	**725.983,–**

Ich bekräftige an Eides Statt die Richtigkeit und Vollständigkeit der obigen Angaben.

Martin Müller

102. Das Sparbuch war sicher da!

Oma hatte bestimmt ein Sparbuch! Wir haben es in ihrer Wohnung leider nicht gefunden. Wie kommen wir trotzdem zum Geld?

Wenn Sie überhaupt keine konkreten Hinweise auf ein Sparbuch finden können, wird es nicht möglich sein, im Verlassenschaftsverfahren zu klären, ob dieses Sparbuch wirklich der Oma gehörte. Damit der Notar als Gerichtskommissär von einer Bank oder Sparkasse Auskunft über den Bestand und die Höhe des Guthabens bekommen kann, muß ihm das Sparbuch vorgelegt werden, da der Notar die Nachlaßzugehörigkeit des Sparbuches bei seiner Bankanfrage bestätigen muß. Nur in diesem Fall wird das Bankgeheimnis aufgehoben und dem Notar Auskunft erteilt.

GEWINN-Tip

- Ein Blick in die Daueraufträge des Pensionskontos könnte weiterhelfen. Sehr oft bestehen Abschöpfungsaufträge, um die am Monatsende verbleibende Pension auf ein gut verzinstes Sparbuch weiterzuleiten.
- Wenn der Verlust des Sparbuches glaubhaft gemacht werden kann und die Merkmale des Sparbuches (Kontonummer, Bezeichnung des Sparbuches, Losungswort) bekannt sind, besteht die Möglichkeit, ein Kraftloserklärungsverfahren einzuleiten.
- Im Zuge dieses Verfahrens kann nach Ablauf einer Frist von sechs Monaten oder einem Jahr das verlorene Sparbuch durch Gerichtsbeschluß ersetzt werden, sodaß Sie dann von der Bank oder Sparkasse ein Ersatzbuch erhalten.

Schenkungssteuer beim Sparbuch **Achtung!**

Die Schenkung eines Sparbuches unter Lebenden unterliegt im Gegensatz zum Erwerb von Todes wegen sehr wohl der vollen Schenkungssteuerbelastung. Wie Sie ja wissen ist beim Erwerb von Todes wegen keine Erbschaftssteuer für österreichische Sparguthaben zu bezahlen.

- Es besteht aber immer noch die Möglichkeit, daß die Oma das Sparbuch noch zu Lebzeiten verschenkt hat. Dann ist es natürlich für die Erben verloren.

103. *Verfällt mein Lohn und mein Urlaubsgeld?*

Was passiert für den Fall meines Todes mit meinen arbeitsrechtlichen Ansprüchen?

Grundsätzlich sind Gehälter und Löhne samt anteiligen Sonderzahlungen und Urlaubsentschädigungen in den Nachlaß einzubeziehen und stellen ein Nachlaßaktivum dar.

Sie gebühren somit den Erben.

Wird das Dienstverhältnis durch Tod des Angestellten aufgelöst und hat das Dienstverhältnis mindestens drei Jahre gedauert, gebührt die Abfertigung (im halben Betrag) denjenigen gesetzlichen Erben, zu deren Erhaltung der Erblasser gesetzlich verpflichtet war (also der Ehegattin und/oder den Kindern bzw. Enkeln oder Eltern bzw. Großeltern), wobei diese sich den zur Auszahlung gelangenden Betrag nicht nach ihren allfälligen Erbquoten, sondern nach Köpfen teilen.

Achtung! ***Die Abfertigung ist nicht für jedermann***

Der gut verdienende Ehegatte und die selbsterhaltungsfähigen Kinder erhalten keine Abfertigung.

104. *Darf ich mit dem „Erbauto" gleich fahren?*

Ich habe vor kurzem ein Auto geerbt. Darf ich damit sofort fahren?

Vorsicht, Vorsicht!

Bevor Sie die erste Spazierfahrt mit dem geerbten Auto unternehmen, sollten Sie sich unbedingt mit dem Haftpflichtversicherer ins Einvernehmen setzen, um zu klären, ob der Versicherungsschutz noch aufrecht ist, und erforderlichenfalls auf Ihren Namen eine Versicherungspolizze lösen.

Wenn Sie dies unterlassen, kann es passieren, daß die Haftpflichtversicherung bei einem von Ihnen verursachten Unfall die Deckung des Schadens ablehnt oder sich bei Ihnen schadlos hält.

Die formelle Voraussetzung dafür, daß Sie über das geerbte Auto verfügen können, ist ein Gerichtsbeschluß im Verlassenschaftsverfahren, der Ihnen die Berechtigung gibt, die Fahrzeugpapiere auf Ihren Namen umschreiben zu lassen.

Üblicherweise wird dieser Beschluß zugleich mit der Einantwortungsurkunde erlassen, kann aber auch schon davor beantragt werden. Bei Abgabe der bedingten Erbserklärung muß das Fahrzeug allerdings vor Freigabe vom Sachverständigen begutachtet und geschätzt worden sein, um den Wert festzustellen.

Mit dem Freigabebeschluß können Sie dann bei der Zulassungsbehörde die Umschreibung der Fahrzeugpapiere beantragen.

GEWINN-Tip

- Wenn Sie beabsichtigen, das Fahrzeug gleich weiterzuverkaufen, können Sie sich die Anmeldung auf Ihren Namen ersparen und dem Käufer neben dem von Ihnen unterschriebenen Kaufvertrag auch gleich den Gerichtsbeschluß übergeben, aus dem Ihre Verfügungsberechtigung klar ersichtlich ist.
- Wenn das Fahrzeug von einer Zulassungsbehörde abgemeldet werden soll, um bei einer anderen Zulassungsbehörde angemeldet zu werden, also zum Beispiel in Wien abgemeldet und in Graz angemeldet werden soll, dann muß auf dem Kaufvertrag die Unterschrift des Verkäufers notariell oder gerichtlich beglaubigt sein.

105. *Man will mich als Kollisionskurator . . .*

Mein Bruder ist gestorben und hinterläßt eine Frau und ein minderjähriges Kind. Ich soll jetzt Kollisionskurator für meinen kleinen Neffen werden? Was habe ich dabei zu beachten?

Wenn der gesetzliche Vertreter eines Minderjährigen an der Ausübung seines Amtes verhindert ist, weil eine Interessenkollision vorliegen könnte, hat das Verlassenschaftsgericht einen Kollisionskurator zu bestellen. Da im konkreten Fall Ihre Schwägerin sowohl gesetzliche Vertreterin Ihres Neffen als auch zusammen mit dem Neffen Erbin in der Verlassenschaftssache nach Ihrem Bruder ist, besteht die Gefahr eines Interessenkonfliktes. Da niemand gegen seinen Willen zum Kurator bestellt werden kann, müssen Sie, wenn Sie diese Aufgabe übernehmen wollen, beim Gerichtskommissär eine solche Erklärung abgeben.

Sobald das Verlassenschaftsgericht Ihre Erklärung angenommen hat und Sie zum Kurator bestellt wurden, vertreten Sie in diesem Verfahren Ihren Neffen an Stelle der gesetzlichen Vertreterin. Sie haben dann dafür zu sorgen, daß dem von Ihnen vertretenen minderjährigen Erben sein Erbteil zukommt. Der Kollisionskurator unterliegt bei seiner Tätigkeit der Aufsicht des Bezirksgerichtes.

In einfachen Fällen ist es üblich, daß der Kollisionskurator aus dem Kreis der nahen Verwandten bestellt wird. Für komplizierte Verfahren sollte aber ein mit der Rechtslage vertrauter Jurist, ein Notar oder Rechtsanwalt bestellt werden.

GEWINN-Tip

Häufig wird das Amt des Kollisionskurators aus Gefälligkeit gegenüber einem Verwandten übernommen.

Vergessen Sie als Kurator aber nie, daß Sie bestellt wurden, um die Rechte einer Person zu wahren, welche nicht in der Lage ist, für sich selbst zu sorgen, und dafür haften können, daß Sie einer ungünstigen Erbteilung zugestimmt haben.

Da allerdings das Gericht ohnehin jeden Ihrer Schritte überprüft, ist diese Möglichkeit nahezu auszuschließen und für Sie grundsätzlich unproblematisch.

106. *Muß das Inventar wirklich sein?*

Obwohl alles geschätzt worden ist, soll jetzt auch noch ein Inventar errichtet werden, nur weil wir die bedingte Erbserklärung abgegeben haben. Muß das sein?

Ja. Eines vorweg: Mit dem Ausdruck „Inventar“ sind hier nicht die Möbel gemeint. Das Inventar, das der Notar als Gerichtskommissär aufgrund der ihm vorliegenden Schätzgutachten, der Auskünfte von Banken und bei Liegenschaften der Einheitswerte zusammenstellt, soll vielmehr ein möglichst genaues Bild des Nachlasses geben. In diesem Zusammenhang ist ferner von Bedeutung:

- Das Bankgeheimnis wird dann durchbrochen und dem Gerichtskommissär Auskunft über die Guthabenstände zum Stichtag Todestag erteilt, wenn die Nachlaßzugehörigkeit der Vermögenswerte vom Gerichtskommissär bestätigt wird oder es sich um legitimierte, also auf Namen lautende Konten handelt.
- Bei Liegenschaften kann auch der Einheitswert im Inventar immer dann angesetzt werden, wenn nicht ein dazu Berechtigter, ein Erbe oder ein Pflichtteilsberechtigter, ausdrücklich auch die Schätzung der Liegenschaft, gleichgültig ob Haus, Grundstück oder Eigentumswohnung, beantragt.

So könnte zum Beispiel ein Inventar aussehen, wenn anstatt der unbedingten Erbserklärung im Frage 101, Seite 254 eine bedingte Erbserklärung abgegeben wurde.

Inventar

Nachlaßaktiva:

1)	Girokonto Nr. 123-456-789 bei der Bank Austria AG, lt. Franz Meier	12.760,–
2)	Sparbuch Nr. 4560-34566 bei DIE ERSTE österr. Spar-Casse Bank AG, lt. Überbringer	115.670,–
3)	Pkw VW Golf, Bj. 91, lt. Gutachten	37.500,–
4)	Lebensversicherungspolizze Nr. 440.678 der Bundesländer Versicherungs AG, lt. Überbringer	500.000,–
5)	Eigentumswohnung in 1070 Wien, Halbgasse 7/12, Einheitswert	123.750,–
6)	Einrichtungsgegenstände, persönliche Gebrauchsgegenstände, lt. Gutachten	7.250,–
	Summe	**796.930,–**

Nachlaßpassiva:

1)	Begräbniskosten	67.890,–
2)	Kränze	3.500,–
3)	Bewirtung der Trauergäste	2.557,–
4)	Danksagungen und Porto	1.250,–
5)	Grabstein lt. Kostenvoranschlag	5.500,–
6)	Trinkgelder	500,–
	Summe	**81.197,–**

Nach Gegenüberstellung	
der Nachlaßaktiva	796.930,–
und Nachlaßpassiva	81.197,–
ergibt sich daher ein Reinnachlaß von	**715.733,–**

Wodurch ist der Unterschied zum Reinnachlaß gemäß eidesstättigem Vermögensbekenntnis (725.983 Schilling) entstanden?

Girokonto, Sparbuch, Lebensversicherungsguthaben, Einheitswert werden aufgrund einer Bankauskunft vom Notar eruiert.

Nur beim Pkw und der Wohnungseinrichtung ergeben sich aufgrund der Schätzung Unterschiede. Diese Unterschiede fallen zugunsten der Erben aus, da der Pkw offenbar doch nicht soviel wert ist, als die Erben dachten (Inventar 37.500 Schilling – eidesstättiges Vermögensbekenntnis 55.000 Schilling).

Bei der Wohnungseinrichtung ergibt die Schätzung einen höheren Wert (Inventar 7.250 Schilling – eidesstättiges Vermögensbekenntnis 0 Schilling).

Der Unterschied ist wesentlich größer, wenn auch der Wert der Eigentumswohnung geschätzt wird. Die Wohnung mit einem Einheitswert von 123.750 Schilling kann ohne weiteres einen Schätzwert (= Verkehrswert) von 1.750.000 Schilling oder mehr erreichen.

Sowohl im Inventar als im eidesstättigen Vermögensbekenntnis würde eine Lebensversicherungspolizze nicht aufscheinen, soferne sie auf einen Begünstigten lautete. An der Erbschaftssteuerpflicht ändert sich aber in beiden Fällen nichts.

GEWINN-Tip

Die Unterschiede zwischen Inventar und eidesstättigem Vermögensbekenntnis müssen nicht immer besonders groß sein. Die möglichen Haftungsfolgen für die Erben unterscheiden sich aber ganz wesentlich: Beim Inventar sind sie auf die Höhe des Nachlasses begrenzt, beim eidesstättigen Vermögensbekenntnis darüber hinaus bis zur tatsächlichen Höhe. Es zahlt sich daher oft aus, etwas höhere Verfahrensspesen für das Erstellen eines Gutachtens in Kauf zu nehmen. Was genau geschätzt werden muß, kann Ihnen der Notar sagen.

107. *Was soll die „Nachlaßseparation“?*

Meine Stieftochter hat die „Nachlaßseparation“ beantragt. Was ist das?

Befürchtet ein Pflichtteilsberechtigter, Verlassenschaftsgläubiger oder Legatar, daß durch Einantwortung des Nachlasses die Einbringlichkeit seiner Forderung gefährdet wird, so kann er bis zur Einantwortung des Nachlasses die Nachlaßabsonderung (Nachlaßseparation) beantragen. Dadurch bleibt das Nachlaßvermögen vom Vermögen des Erben auch nach Einantwortung getrennt. Die Gläubiger können auf dieses Sondervermögen bevorzugt zugreifen.

Die Nachlaßabsonderung ist dann wichtig, wenn das Erbe überschuldet ist und der Gläubiger befürchten muß, nicht mehr an seinen Teil herankommen zu können.

Allerdings kann nicht ohne jeden Grund eine Nachlaßseparation beantragt werden. Der Gläubiger muß Umstände behaupten und diese dem Gericht glaubhaft machen, die diesen massiven Eingriff in die Verfügungsrechte des Erben rechtfertigen.

Sofern die Nachlaßabsonderung bewilligt wird, wirkt sie auch über die Einantwortung, bis zur Befriedigung des Gläubigers, der den Absonderungsantrag gestellt hat, hinaus.

Wie könnte ein Fall der Nachlaßseparation aussehen?

Die alleinerbende Witwe, Mindestrentnerin und persönlich vermögenslos, hat eine einzige Leidenschaft – Casinobesuche. Der Nachlaß, im wesentlichen ein kleines Sommerhaus am Donau-Oder-Kanal müßte von der Witwe wahrscheinlich verkauft werden, um die Pflichtteilsforderung der Tochter aus erster Ehe zu befriedigen.

Wenn die Witwe aber den Kaufpreis an einem einzigen Abend im Casino verspielt, verliert die Tochter die Möglichkeit ihren Pflichtteil zu erhalten. Eine Pfändung der Mindestpension der Witwe erschiene wenig erfolgversprechend.

Wenn es der Tochter gelingt, die Gefährdung der Einbringlichkkeit ihrer Forderung dem Gericht glaubhaft zu machen, wird die Nachlaßabsonderung bewilligt werden. Im Grundbuch erfolgt eine entsprechende Anmerkung, die es der Witwe unmöglich macht, die Liegenschaft ohne Zustimmung der Tochter zu verkaufen.

GEWINN-Tip

- Mit der Nachlaßabsonderung ist der gesamte Nachlaß blockiert, auch wenn nur ein kleiner Teil daraus strittig ist.
- Über Sicherheitsleistungen gibt es aber die Möglichkeit, die „Sperre“ auf einen kleinen Teil einzuschränken.

108. Was ist die „Einantwortung"?

Ich bin Alleinerbe nach meinem Onkel. Meine Nachbarin, die schon öfter geerbt hat, erzählte mir, daß man eine Einantwortung erhält. Dieses Wort habe ich nicht einmal im Lexikon gefunden. Was bedeutet es?

Es bedeutet „Übergabe des Nachlasses vom Gericht an den Erben". Durch die Einantwortung wird das Verlassenschaftsverfahren beendet. Das äußerlich sichtbare Zeichen dafür ist die Einantwortungsurkunde, die das Bezirksgericht ausstellt.

Die Einantwortungsurkunde enthält den Namen des Erblassers und dessen Todestag, die Namen der Erben und den Rechtstitel (Erbvertrag, Testament, Gesetz) für die Erbserklärung und bei mehreren Erben auch die Erbquote. Sie ist binnen 14 Tagen ab Zustellung der Urkunde rechtskräftig, wenn in dieser Zeit kein Rechtsmittel ergriffen wird. Mit diesem Zeitpunkt geht der Nachlaß auf die Erben über.

Diese haften ab jetzt persönlich, je nach Art der Erbserklärung unbeschränkt oder bis zur Höhe des Nachlaßvermögens (siehe dazu auch unbedingte – bedingte Erbserklärung).

Wenn Liegenschaften geerbt werden, wird üblicherweise auch ein entsprechender Vermerk für das Grundbuch in die Einantwortungsurkunde aufgenommen.

Liegenschaftslegate werden in eigenen Amtsbestätigungen festgehalten.

Nach Rechtskraft der Einantwortung schickt das Bezirksgericht den Verlassenschaftsakt an das zuständige Finanzamt für Gebühren und Verkehrssteuern, damit die Erbschaftssteuer berechnet und festgesetzt werden kann. Nach deren Bezahlung kann im Grundbuch das Eigentumsrecht des Erben oder Legatares eingetragen werden.

Gleichzeitig mit der Einantwortungsurkunde wird Ihnen ein Beschluß des Bezirksgerichtes zugestellt, der, wenn das Verfahren in einem Zuge durchgeführt wurde, auch die Annahme der Erbserklärung zu Gericht, Angaben über den Nachlaß aufgrund des Inventares oder des eidesstättigen Vermögensbekenntnisses, Verfügungsberechtigungen über Bankkonten etc., die Gebührenbestimmungen des Notars als Gerichtskommissär, der Sachverständigen und Kuratoren enthält.

109. Einantwortungsurkunde verbüchern, oder was?

Ich habe vom Bezirksgericht die Aufforderung erhalten, die Einantwortungsurkunde zu verbüchern. Was muß ich tun?

Die Aufforderung zur Verbücherung der Einantwortungsurkunde soll sicherstellen, daß das Grundbuch möglichst bald die aktuellen Liegenschaftseigentümer richtig wiedergibt. Es ist daher jeder Erbe oder Legatar verpflichtet, die Eintragung seines Eigentumsrechtes zu beantragen. Erst wenn die gerichtliche Aufforderung erfolglos war, wird das Eigentumsrecht von Amts wegen im Grundbuch eingetragen.

Der Erbe sollte daher, wenn nicht schon im Zuge des Verlassenschaftsverfahrens der Gerichtskommissär mit der späteren Verbücherung der Einantwortungsurkunde oder der Amtsbestätigung beauftragt wurde, spätestens nach Erhalt der gerichtlichen Aufforderung tätig werden.

Er (oder der Legatar) muß aber nicht so lange warten, sondern kann selbst den Antrag zur Einverleibung des Eigentumsrechtes bei Gericht stellen, sobald die steuerliche Unbedenklichkeitsbescheinigung vorliegt.

Der Erbe muß diesen Antrag beim Bezirksgericht, welches die Verlassenschaftsabhandlung durchgeführt hat, stellen.

Der Legatar stellt den Antrag bei dem für die Liegenschaft örtlich zuständigen Bezirksgericht. Außerdem muß er sich vor Antragstellung die Rechtskraft der Amtsbestätigung zum Erwerb des Eigentumsrechtes beim Abhandlungsgericht bestätigen lassen.

Für die Einverleibung des Eigentumsrechtes ist ein Prozent des Einheitswertes der Liegenschaft an Gerichtsgebühr zu bezahlen.

GEWINN-Tip

- Falls Sie beabsichtigen, die Ihnen zugefallene Liegenschaft bald zu verkaufen oder zu verschenken, dann sollten Sie dem Gericht dies formlos mitteilen und um Verlängerung der Frist für die Antragstellung zur Einverleibung Ihres Eigentumsrechtes ersuchen. Sie ersparen sich dadurch einmal die gerichtliche Eintragungsgebühr.
- In bestimmten Fällen kann aber ein Eigentümer „übersprungen" werden, wodurch die Gebühr gespart wird.

110. Dürfen wir das Sparbuch jetzt behalten?

Beim Räumen von Omas Wohnung haben wir ein Sparbuch gefunden. Das Verlassenschaftsverfahren ist bereits beendet. Dürfen wir das Sparbuch einfach behalten?

Jein, behalten dürfen die Erben das Sparbuch natürlich schon, wenn Sie auch der Erbe sind, aber trotzdem sind Sie verpflichtet, die Entdeckung des bisher unbekannten Nachlaßvermögens dem Gericht zu melden. Das von den Erben erstattete eidesstättige Vermögensbekenntnis oder das Inventar sollen ein möglichst genaues und vollständiges Verzeichnis des Nachlaßvermögens darstellen.
Dabei spielt es keine Rolle, wann die Vermehrung des Nachlaßvermögens entdeckt wurde. Bei nachträglicher Entdeckung des Sparbuches wird eine Nachtragsabhandlung durchgeführt und das Sparbuch den Erben zugewiesen. Dann spielt es auch keine Rolle mehr, ob Sie das Losungswort wissen oder nicht. Selbstverständlich muß dieses nachträglich aufgetauchte Vermögen auch zur Zahlung von Schulden des Nachlasses herangezogen werden, wenn diese bisher nicht zur Gänze, sondern nur anteilsmäßig befriedigt wurden.

GEWINN-Tip

- Sie können den Fund des Sparbuches auch gleich dem Notar melden, der als Gerichtskommissär für Sie die Verlassenschaftsabhandlung durchgeführt hat.
- Der Notar wird die notwendigen Schritte setzen, um das eidesstättige Vermögensbekenntnis oder das Inventar zu ergänzen und die Nachtragsabhandlung durchführen, damit Sie die Verfügungsberechtigung über den nachträglich aufgefundenen Nachlaß erhalten.

111. Es gibt zwei Erbserklärungen!

Ich habe aufgrund eines mündlichen Testamentes eine Erbserklärung zum gesamten Nachlaß abgegeben. Weil auch aufgrund eines schriftlichen Testamentes jüngeren Datums von jemand anderem eine Erbserklärung abgegeben wurde, hat mir das Gericht eine Frist zur Einbringung der Erbrechtsklage erteilt. Was soll ich jetzt tun?

Jede Erbserklärung, die sich auf einen gültigen Erbrechtstitel (Erbvertrag, Testament oder Gesetz) stützt, ist vom Abhandlungsgericht anzunehmen.

Wenn mehrere Erbserklärungen abgegeben werden, die zueinander in Widerspruch stehen, muß festgestellt werden, welche dieser Erklärungen gültig ist. Das Abhandlungsgericht entscheidet darüber, welcher Erbansprecher als Kläger auftreten muß, um sein Erbrecht durchzusetzen: Den Auftrag zur Klagseinbringung hat derjenige Erbansprecher zu erhalten, der seine Erbserklärung auf den schwächeren Titel stützt.

Die stärkste Stellung hat der Erbvertrag, dann folgt das Testament, darauf das Gesetz als Erbrechtstitel.

Wenn zwei Erbansprecher sich auf die gleiche Art von Titel stützen, beispielsweise beide ihre Erbserklärung aufgrund von Testamenten abgegeben haben, dann entscheidet das Gericht über die Klägerrolle nach Vernehmung der Parteien.

Die Entscheidung über die Klägerrolle ist von großer Bedeutung, da im Prozeß den Kläger die Beweislast trifft. Das bedeutet, daß er den Beweis seines besseren Rechtes führen muß. Mißlingt dieser Beweis, geht der Prozeß unter Kostenersatzpflicht des unterlegenen Klägers verloren.

In diesem Fall wird Sie wahrscheinlich die Klägerrolle treffen, da Sie mit dem älteren, noch dazu mündlichen Testament die schwächere Stellung haben. Bevor Sie klagen, sollten Sie genau prüfen, ob das schriftliche Testament irgendwelche Formalmängel hat oder ob der Testator zu diesem Zeitpunkt geistig nicht mehr „in Ordnung“ war. Wenn solche Umstände nicht vorliegen, wird Ihre Klage ziemlich sicher abgewiesen werden – und das wird teuer!

GEWINN-Tip

Sollten Sie eine Rechtsschutzversicherung abgeschlossen haben, lassen Sie sich vor einer Klagseinbringung unbedingt eine Dekkungszusage geben! Erbrechtsprozesse können sehr lange dauern und hohe Kosten verursachen, die bei Unterliegen umso schmerzhafter sein können, wenn statt der erhofften Erbschaft Zahlungen auflaufen.

Anhang

Checklist für Erben:

Was im Todesfall zu tun ist

Diese Situation gehört zu den unangenehmsten überhaupt: Ein Todesfall löst bei den Angehörigen meist einen Schock aus – zum persönlichen Leid kommen aber gleich zahlreiche administrative Notwendigkeiten, auf die man häufig überhaupt nicht vorbereitet ist. Aus diesem Grund finden Sie in diesem Buch eine „Checklist für Erben", in der Sie alles Wesentliche gebündelt vorfinden.

Auch wenn der Gedanke vielleicht nicht angenehm ist: Wer schon bei bester Gesundheit diese Checklist ausfüllt, der hat seinen Nachfahren im Fall des Falles unheimlich viel Gutes getan. Denn dann ist alles viel einfacher abzuwickeln, das persönliche Leid ist groß genug, man muß es nicht noch durch bürokratischen Spießrutenlauf zusätzlich steigern …

Nehmen Sie sich ein bißchen Zeit, und füllen Sie diese Checklist für sich persönlich aus. Tragen Sie ein, ob und welche Kreditkarten Sie haben, welche Kontoverbindungen bei welchen Banken bestehen, wo Sie überall Versicherungen abgeschlossen haben, welche Immobilien Ihnen ganz oder teilweise gehören, wo Kredite offen sind und welche davon zum Beispiel durch eine Kreditrestschuld- oder Risikoablebensversicherung gedeckt sind (ist bei manchen Bausparkassen zumindest teilweise Usus), ob Sie ein Testament gemacht haben bzw. wo es hinterlegt ist (Zentrales Testamentsregister oder in einem Safe), ja, welche Safes Sie haben, wo die Schlüssel dafür verwahrt sind (wenn Sie ausdrücklich wollen, daß Ihre Angehörigen freien „Zugang" dazu haben sollen), wo Sie überall Mitglied sind (Gewerkschaft etc.), welche Abonnements Sie laufen haben, wo Ihr Auto wie versichert ist und wo gegebenfalls Ihr Mietvertrag für Ihre Wohnung aufbewahrt ist etc.

Grundsätzlich macht es einen wesentlichen Unterschied in der Abwicklung, ob jemand in einem Krankenhaus oder zu Hause bzw. auf Reisen verstirbt. Besondere Regelungen bestehen bei einem

Unfalltod: Hier besteht eine Meldepflicht innerhalb von 24 Stunden, insbesondere auch wegen bestehender Versicherungen bzw. wegen des eventuellen Versicherungsschutzes durch eine Kreditkartenorganisation.

Wenn Sie all diese Informationen eingetragen haben, werden es Ihre trauernden Verwandten dann administrativ nicht mehr allzu schwer haben. Denn Sie dürfen nicht vergessen: Für Ihre Familie ist es vielleicht der erste Todesfall, der abzuwickeln ist – für die Leute im Krankenhaus bzw. für die Behörden und die Bestattung sind all diese Fragen regelmäßig zu lösen. Sie können daher auf deren Rat rechnen, insbesondere was die einzelnen, notwendigen Formulare betrifft.

Als Erbe aber können Sie sich den größten Ärger ersparen, wenn Sie die Abwicklung durchzuführen haben und selbst alle erforderlichen Dokumente und Informationen griffbereit mithaben. Die folgende „Checklist für den Todesfall" sollte Ihnen das ermöglichen.

Im Fall des Falles ist es unbedingt ratsam, zunächst einmal Kontakt mit dem zuständigen Bestattungsunternehmen aufzunehmen. Dort sitzen „Profis", die Ihnen mit Rat und Tat weiterhelfen können. Gleiches gilt für Ihren Notar, der Ihnen wichtige Hinweise geben kann.

Die in der Checklist fettgedruckten Personen, Institutionen und Dokumente müssen Sie unbedingt zu den genannten Terminen mithaben, die anderen Positionen sind Hinweise darauf, welche Maßnahmen Sie durchzuführen haben. Sind sie erledigt, können sie abgehakt werden.

Checklist für den Erblasser

Unser Hinweis: Füllen Sie diese Checklist aus, auch wenn Sie pumperlgesund und noch jung sind. Sie ermöglicht Ihnen jedenfalls einen Überblick über Ihre finanzielle Situation und später reicht von Jahr zu Jahr eine gar nicht mehr so zeitaufwendige Adaption auf die jeweils neuen Gegebenheiten. Ihren Hinterbliebenen erleichtern Sie damit im Schock nach Ihrem Dahinscheiden zumindest die bürokratischen Hürden.

Wichtige Personen im Ernstfall sofort zu verständigen

Name: ....
Plz, Ort: ....
Straße, Nr.: ....
Telefon: ....

Name: ....
Plz, Ort: ....
Straße, Nr.: ....
Telefon: ....

Name: ....
Plz, Ort: ....
Straße, Nr.: ....
Telefon: ....

Name: ....
Plz, Ort: ....
Straße, Nr.: ....
Telefon: ....

Persönlicher Bankberater

Name: ....

Institut, Zweigstelle: ....

Plz, Ort: ....

Straße, Nr.: ....

Telefon: ....

Notar, Rechtsanwalt

Name: ....

Plz, Ort: ....

Straße, Nr.: ....

Telefon: ....

Testament

erstellt am: ....

Hinterlegungsort (Notar, Safe etc.): ....

Angabe zu vorhandener Grabstelle

Friedhof: ....

Reihe, Nr.: ....

Plz, Ort: ....

Straße, Nr.: ....

Eigentum und Besitz

Immobilien, Grundstück(e), Eigentumswohnung(en), Eigenheim(e)

Straße, Nr.: ....

Plz, Ort: ....

EZ/KG: ....

Eigentümer/Miteigentümer: ....

Straße, Nr.: ....

Plz, Ort: ....

EZ/KG: ....

Eigentümer/Miteigentümer: ....

Fahrzeuge

Kennzeichen: .... Marke/Type: ....

Kennzeichen: .... Marke/Type: ....

Edelmetalle, Münzen

	Anzahl	Art
►		
►		
►		
►		
►		

Sonstige Wertgegenstände

Schmuck, Antiquitäten, Markensammlung, Pelze, Teppiche, Kunstwerke usw.

	Anzahl	Art
►		
►		
►		
►		
►		
►		

Bankverbindung

Legitimierte Werte

		Nummer/Institut/Bezeichnung
►	Girokonto	
►	Pensionskonto	
►	Scheckkarte	
►	Kreditkarte	
►	Bausparen	
►	Prämiensparen	
►	Wertpapierdepot	
►	Wertpapiersparen	
►	Safe	
►	Sparbuchschließfach	
►	Kredit für	
►	Leasing	

Anonyme Werte

Bitte keinesfalls hier Losungsworte anführen!!!

Art	Nummer/Institut/Bezeichnung
► Sparbuch	....
	....
	....
	....
	....
	....
► Wertpapierdepot	....
	....
	....
► Schließfach, Safe	....

Versicherungen

Art	Polizzennummer/Gesellschaft
► Lebensversicherung	....
	....
► Unfallversicherung	....
	....
► Krankenzusatzversicherung	....
► Bestattungskostenversicherung	....
► (Wiener Verein)	....
► Haushaltsversicherung	....
► Kfz-Haftpflicht	....
	....
► Kfz-Kasko	....
	....
► Kreditrestschuldversicherung	....

Quelle: Bank Austria

Checklist für den Todesfall

Die in der Checklist fettgedruckten Personen und Institutionen müssen Sie unbedingt bei den genannten Ereignissen aufsuchen und dazu die ebenfalls fettgedruckten Unterlagen mitnehmen, die anderen Positionen sind Hinweise darauf, welche Maßnahmen Sie durchzuführen haben.

Haben Sie den Punkt erledigt, können Sie ihn in den kleinen Kästchen abhaken.

Todesfall im Wohnhaus

► **behandelnder Arzt**	❍ ärztlicher Behandlungsschein
► **Anmeldung der Totenbeschau**	❍ entweder über die Bestattung oder in Wien auch telefonisch bei der zentralen Anmeldestelle zur Totenbeschau: Tel. 01/798 99 81
► **Totenbeschauarzt**	❍ Ausstellung der Anzeige des Todes (Todesbescheinigung)
► **Verständigung der Bestattung**	❍ Abholung des beschauten Verstorbenen

Todesfall im Krankenhaus

► **nach Erhalt der Todesnachricht**	❍ mit der Bestattung in Verbindung treten
► **Krankenhaus**	❍ Abgabe der für Verstorbene bestimmten Bekeidung (außer Schuhe)

Standesamt (Magistratisches Bezirksamt)

► **Anzeige des Todes**	❍ Ausstellung der Todesbescheinigung (mehrfach)
► **Heiratsurkunde**	❍ Ausstellung der Heiratsurkunde nach dem Tod (für die Pensionsversicherung)
► **Geburtsurkunde**	
► **Meldezettel**	
► **Staatsbürgerschaftsnachweis**	

Bank (kontoführende Zweigstelle des Verstorbenen)

- ► **Todesbescheinigung**
- ► **alle vorhandenen Kontounterlagen (Scheckkarte, Kreditkarten, Kontonummern, Sparbücher, Bausparverträge, Kreditverträge usw.)**

- ❍ legitimierte Konten sperren
- ❍ sämtliche Zahlungsaufträge erfassen, eventuell übernehmen
- ❍ wenn nicht vorhanden, Eröffnung eines eigenen Kontos
- ❍ Kontonummern für Notar auf schreiben
- ❍ anonyme Konten erfassen
- ❍ klären, ob Kredite durch Risikoablebensversicherung gedeckt sind
- ❍ Antrag für bargeldlose Gehalts-, Pensionanweisung ausfüllen

Städtische Bestattung, Wiener Verein (bei Vertrag)

- ► **Todesbescheinigung**
- ► **Bestätigung vom Wiener Verein**

- ❍ Regelung des Begräbnisses
- ❍ Betragsfeststellung der Versicherungssumme für die Bestattung

Arbeitgeber oder Pensionsstelle

- ► **Todesbescheinigung**
- ► **Heiratsurkunde nach dem Tod**

- ❍ Antrag einer Witwen-/Witwer-/Waisenpension
- ❍ Begräbniskostenzuschuß
- ❍ ev. Pflegegeldansprüche klären

Versicherung

Achtung! Meldepflicht bei Unfalltod innerhalb von 24 Stunden!

- ► **Todesbescheinigung**
- ► **Versicherungspolizzen**

- ❍ Änderung, Stornierung, Auszahlung an begünstigte Person

Hausverwaltung

- ► **Todesbescheinigung**
- ► **Mietvertrag**

- ❍ ev. Eintritt in den Mietvertrag

Post- und Telegraphenamt

- ► **Todesbescheinigung**
- ► **Bewilligungsnummer**

- ❍ Bewilligung bzw. Anschluß für Telefon, Rundfunk, Fernsehen ändern oder stornieren

Gas- und Stromversorger

- **Todesbescheinigung**
- **Ordnungszahl**

❍ Anschluß ändern oder stornieren

Kirche

- **Todesbescheinigung**

❍ Meldung

Notar als Gerichtskommissäre (nach Vorladung)

- **Aufstellung der vorhandenen Werte („Inventar“)**
- **letztwillige Anordnungen**
- **Liegenschaftsunterlagen (Einheitswertbescheide, Grundbuchauszüge)**
- **Bausparvertragsnummer**
- **Sparbücher, Wertpapierbons und Versicherungen, soweit die Verlassenschaft betreffend**
- **Kontonummern von Giro-(Pensions-)Konten und legitimierten Wertpapierdepots**
- **Kontonummern von Krediten und Darlehen**
- **Kreditkarten-, Kontonummern**
- **Safenummer (kontoführende Stelle)**
- **Kraftfahrzeugpapiere**
- **bei Faustfeuerwaffen: Waffenpaß, Waffenbesitzkarte**
- **Belege über Sterbe-, Krankheits- und Pflegekosten, Begräbniskosten, Kostenvoranschlag für die Grabgestaltung**

Wohnsitzfinanzamt

- **Todesbescheinigung**
- **Einkommensteuererkärung des Verstorbenen**

❍ Verständigung vom Tod,
❍ Einkommensteuererklärung für das Sterbejahr (nach einigen Wochen)

Finanzamt für Gebühren und Verkehrssteuern

- **Todesbescheinigung**

❍ Erbschaftssteuererklärung

Sonstige Wege

- **Mitgliedschaften bei verschiedenen Vereinen**
- **Kfz ab- bzw. ummelden**
- **Bestehende Abos ab- bzw. ummelden**

Ansprüche aus der Sozialversicherung im Todesfall gemäß ASVG

Leistungen der Krankenversicherung

A. Wochengeld (§167 ASVG)

- Stirbt eine Wöchnerin bei der Entbindung oder während des Wochengeldbezuges, so ist dieses bis zum Ablauf der gesetzlichen Höchstdauer an denjenigen weiterzuzahlen, der für den Unterhalt des Kindes sorgt.

B. Anträge auf Leistung (§361 ASVG)

- Leistungen der Krankenversicherung werden nur auf Antrag erbracht.

Leistungen der Unfallversicherung

Bemessungsgrundlage (§178ff ASVG) für die Leistungen ist in der Regel die Summe der allgemeinen Beitragsgrundlagen im letzten Jahr vor Eintritt des Unfalls zuzüglich der Sonderzahlungen.
Für Schüler, Studenten, Selbstversicherte sind feste Beträge vorgesehen.

A. Witwen-/Witwerbeihilfen (§213 ASVG)

- Stirbt ein Schwerversehrter (Minderung der Erwerbsfähigkeit von mindestens 50 Prozent) und besteht kein Anspruch auf Witwen(Witwer-)rente, weil der Tod nicht Folge eines Arbeitsunfalles oder einer Berufskrankheit war, so erhält die Witwe (der Witwer) als einmalige Beihilfe einen Betrag in der Höhe von 40 Prozent der Bemessungsgrundlage.
- Die Leistung gewährt jener Unfallversicherungsträger, von dem die Rente nach der höchsten Bemessungsgrundlage bezogen wurde.

Ein Anspruch besteht jedoch nicht, wenn die Ehe erst nach Eintritt des Versicherungsfalles geschlossen wurde und der Tod im ersten Jahr der Ehe eintrat.

- Diese Ausschließungsgründe fallen weg, wenn in dieser Ehe ein Kind geboren oder durch die Ehe legitimiert wurde oder wenn die Witwe sich zum Zeitpunkt des Todes des Versicherten nachweislich im Zustand der Schwangerschaft befand.

B. Teilersatz der Bestattungskosten (§214 ASVG)

- Wenn der Tod durch einen Arbeitsunfall oder durch eine Berufskrankheit verursacht wurde, besteht ein Rechtsanspruch auf einen Teilersatz der Bestattungskosten in der Höhe von einem Fünfzehntel der Bemessungsgrundlage.
- Unter Berücksichtigung der wirtschaftlichen Lage der Hinterbliebenen wird der Unfallversicherungsträger einen Zuschuß zu den Kosten der Überführung des Leichnams gewähren oder die Überführungskosten in voller Höhe übernehmen.

C. Witwen-/Witwerrente (§215 ASVG)

- Die Witwe (der Witwer) hat Anspruch auf eine Hinterbliebenenrente von jährlich 20 Prozent der Bemessungsgrundlage bis zum Tod oder der Wiederverheiratung, wenn der Tod des (der) Versicherten durch einen Arbeitsunfall oder eine Berufskrankheit verursacht wurde.
- Die Rente gebührt auch der Frau (dem Mann), deren Ehe mit dem (der) Versicherten für nichtig erklärt, aufgehoben oder geschieden worden ist, wenn ihr (ihm) der (die) Versicherte zur Zeit des Todes Unterhalt zu leisten hatte bzw. geleistet hat.
- Ein Anspruch auf Hinterbliebenenrente besteht jedoch nicht, wenn die Ehe erst nach Eintritt des Versicherungsfalles geschlossen wurde bzw. der Tod im ersten Jahr der Ehe eintrat.

  Diese Ausschließungsgründe fallen weg, wenn in dieser Ehe ein Kind geboren wurde oder wenn sich die Witwe zum Zeitpunkt des Todes des Versicherten nachweislich im Zustand der Schwangerschaft befand.
- Bei Wiederverehelichung kann eine Abfertigung beansprucht werden.

D. Waisenrente (§218 ASVG)

► Kindern eines (einer) Versicherten, dessen (deren) Tod durch Arbeitsunfall oder Berufskrankheit verursacht wurde, gebührt bis zum vollendeten 18. Lebensjahr eine Waisenrente in der Höhe von 20 Prozent der Bemessungsgrundlage für einfach, 30 Prozent für doppelt verwaiste Kinder.

E. Eltern- und Geschwisterrente (§219 ASVG)

► Bedürftige Eltern (Großeltern) und unversorgte Geschwister des (der) Versicherten, dessen (deren) Tod durch einen Arbeitsunfall oder eine Berufskrankheit verursacht wurde, haben Anspruch auf Eltern- bzw. Geschwisterrente in der Höhe von zusammen 20 Prozent der Bemessungsgrundlage, wenn der (die) Versicherte deren Lebensunterhalt überwiegend bestritten hat.

F. Gesamtausmaß der Hinterbliebenenrenten (§220 ASVG)

► Alle Hinterbliebenenrenten zusammen dürfen 80 Prozent der Bemessungsgrundlage nicht übersteigen und sind innerhalb dieses Höchstausmaßes verhältnismäßig zu kürzen.

G. Anträge auf Leistungen (§361 ASVG)

► Im Bereich der gesamten Unfallversicherung gilt das „Prinzip der Amtswegigkeit“ des Verfahrens, sodaß grundsätzlich kein Antrag für die verschiedenen Leistungen erforderlich ist.

Leistungen der Pensionsversicherung

A. Witwen-/Witwerpension (§§258, 264 ASVG)

► Im allgemeinen hat die Witwe/der Witwer nach dem Tod des (der) Versicherten Anspruch auf eine Pension in Höhe von 40 bis 60 Prozent der Pension des (der) Versicherten, abhängig vom eigenen Einkommen. Im Fall der Wiederverehelichung gebührt eine Abfertigung in Höhe des 35fachen der zu diesem Zeitpunkt anfallenden Witwen(Witwer-)pension.

B. Waisenpension (§§260, 266 ASVG)

► Nach dem Tod des (der) Versicherten hat jedes einfach verwaiste Kind Anspruch auf 40 Prozent der ermittelten Witwen(Witwer-) pension, jedes doppelt verwaiste Kind auf 60 Prozent.

C. Anträge auf Leistungen

- Eine Hinterbliebenenpension kann nur auf Antrag gewährt werden. Dieser soll bei dem Pensionsversicherungsträger eingebracht werden, bei dem der Verstorbene versichert war.

  Folgende Dokumente sind vorzulegen:
- Geburtsurkunde und Staatsbürgerschaftsnachweis des verstorbenen Versicherten und dessen Sterbeurkunde sowie Geburtsurkunde und Staatsbürgerschaftsnachweis der Witwe (des Witwers).
- Bei aufrechter Ehe: Heiratsurkunde und ein Nachweis über den aufrechten Bestand der Ehe.
- Bei geschiedener Ehe: Scheidungsurteil sowie Nachweis über Alimentationsansprüche.
- Zur Geltendmachung von Waisenpensionen sind erforderlich:
  - Geburtsurkunde und Staatsbürgerschaftsnachweis der Waise;
  - für das legitimierte Kind die Legitimierungsurkunde;
  - für das Wahlkind der Adoptionsvertrag;
  - für das uneheliche Kind das Vaterschaftsanerkenntnis;
  - für das Stiefkind der Nachweis über die Eheschließung des leiblichen Elternteils mit dem Verstorbenen sowie Meldezettel des Stiefkindes und des Verstorbenen;
  - Waisen, die das 18. Lebensjahr vollenden, benötigen auch Nachweise über die Ausbildung.

D. Die Ausgleichszulage (§292f ASVG)

- Erreichen die Bruttopension, das Nettoeinkommen und die Unterhaltsansprüche zusammen nicht den Ausgleichszulagenrichtsatz, so gebührt der fehlende Betrag auf den Richtsatz als sogenannte Ausgleichszulage.
- Alle im Erbweg übertragenen Ansprüche auf wiederkehrende Leistungen und auch die Übertragung von landwirtschaftlichen Liegenschaften können die Gewährleistung der Ausgleichszulage beeinträchtigen.

Quelle: Wiener Verein, Bestattungs- & Versicherungsservice Gmbh

Das Zentrale Testamentsregister

Die Geschichten sind amüsant zum Erzählen, wer jedoch davon betroffen ist, dem ist keineswegs zum Lachen zumute: Jahr für Jahr werden in Österreich zahlreiche Testamente, die für die präsumtiven Erben enttäuschend sind, verbrannt oder sonstwie vernichtet. Wer weiß schon, wann er aus dem Leben geholt wird? Und das Testament wird dann gefunden, gelesen – und gegebenenfalls, wie erwähnt, gar vernichtet. Große Erbstreitigkeiten sind vorprogrammiert.

Oder wenn mehrere Testamente gefunden werden: Welches gilt dann tatsächlich?

Wie funktioniert das Zentrale Testamentsregister?

Alle bei Notaren hinterlegten Testamente und letztwilligen Verfügungen werden im Österreichischen Zentralen Testamentsregister registriert. Diese Möglichkeit ist nicht nur für Multi-Millionäre empfehlenswert, sondern für jedes Testament anzuraten. Im Falle des Todes des Testamentserrichters ist daher gewährleistet, daß jedes Testament, das bei einem Notar hinterlegt ist, zuverlässig gefunden wird, denn bei jeder Verlassenschaftsabhandlung muß der Gerichtskommissär, also der vom Gericht beauftragte Notar, eine Anfrage an das Testamentsregister richten. Gespeichert sind im Testamentsregister Name, Geburtsdatum, Tag der Errichtung und Ort der Hinterlegung der letztwilligen Anordnung.

Der Inhalt selbst bleibt geheim. Eine Auskunft kann nur durch den Gerichtskommissär im Todesfall erfolgen. Es können auch bei Rechtsanwälten und Gerichten hinterlegte letztwillige Verfügungen registriert werden.

Das Zentrale Treuhandregister

Sie wollen das geerbte Zinshaus verkaufen? Der Kaufpreis ist gut, aber wie seriös ist der Käufer? Wird er pünktlich zahlen oder müssen Sie dem Geld nachlaufen? All diese Probleme lassen sich seit geraumer Zeit völlig ausschließen. Denn: zum besseren Schutz der Konsumenten wurde im Februar 1995 von der Österreichischen Notariatskammer das elektronisch geführte notarielle Treuhandregister eingeführt, in das alle Treuhandschaften über 100.000 Schilling eingetragen werden müssen und mit dem ein Versicherungsschutz von derzeit bis zu 60 Millionen Schilling verbunden ist. Ein weiterer Vorteil: Die Kosten für die Versicherung werden allein vom Notariat übernommen und nicht auf die Klienten überwälzt.

Wie sehr diese neue Einrichtung Anklang findet, zeigt eine einzige Zahl: Bereits im ersten Jahr wurden auf diese Weise mehr als 13.300 Treuhandschaften mit einem Gesamtvolumen von mehr als 15,5 Milliarden Schilling abgewickelt.

Jeder Treugeber kann Auskunft über die Eintragung seiner Treuhandschaft und den bestehenden Versicherungsschutz verlangen. Das Register erleichtert der Notariatskammer die Aufsicht über die Einhaltung der strengen Vorschriften, die für Notare bei Besorgung von Treuhandschaften gelten. Beide Register werden von der Österreichischen Notariatskammer geführt. Die notarielle Verschwiegenheitsverpflichtung bleibt voll gewahrt. Die wesentlichen Vorteile dieses Treuhandregisters des österreichischen Notariats sind:

- Die Meldung einer Treuhandschaft ist für alle Notare in Österreich verpflichtend.
- Strenge Richtlinien der Notariatskammer gewährleisten die einheitliche Durchführung von unangemeldeten Revisionen. Die

Notare können sich der Beaufsichtigung durch die Notariatskammer nicht entziehen.

- Diese strengen Richtlinien werden bei allen Vermögenswerten (Geldwerte, Rechte und Urkunden) angewandt, d. h. sie sind nicht nur auf reine Geldverwahrung beschränkt.
- Wesentlich ist die Verpflichtung des Notars, für jede Treuhandschaft ein eigenes Sonderkonto („Anderkonto") einzurichten und mit Zinsen abzurechnen.
- Die Kreditinstitute sind in einer Vielzahl von Fällen dazu übergegangen, die Richtlinien des Notariates für Treuhandschaften als verpflichtende Bedingung für die Kreditvergabe zu übernehmen.

Strenge Vorgaben bei der Registrierung

Das Treuhandregister ist technisch einfach gestaltet. Jeder Notar ist mit dem Treuhandregister der österreichischen Notariatskammer online auf elektronischem Wege verbunden. Dadurch ist eine sofortige („minutengleiche") Meldung der übernommenen Treuhandschaft an das Treuhandregister möglich.

Für Sie besonders wichtig – sowohl beim Testament als auch bei der treuhändischen Abwicklung gilt: Jeder Notar in Österreich muß registrieren – Sie brauchen Ihren Notar also nicht zu fragen: „Werden Sie mein Testament, meinen Kaufvertrag in das Register eintragen?" – das geschieht automatisch!

Ausgenommen von der Verpflichtung zur Registrierung von Treuhandschaften sind nur solche bis zu einem Haftungsrahmen von 100.000 Schilling, die jedoch in jedem Fall durch die gesetzliche Berufshaftpflichtversicherung jedes Notars sowie durch die von der Österreichischen Notariatskammer abgeschlossene Vertrauensschadenversicherung gedeckt sind.

Beispiel für ein gültiges, eigenhändiges Testament

Testament

Ich, Martin Müller, geboren am 2. 2. 1943, Angestellter, 1070 Wien, Halbgasse 4, erkläre nach reiflicher Überlegung meinen letzten Willen wie folgt:

1. *Zur Erbin meines gesamten Nachlasses setze ich meine Frau Maria ein.*
2. *Sollte meine Erbin die Erbschaft nicht antreten können oder wollen, so berufe ich zum Ersatzerben meinen Sohn Gerhard.*
3. *Mein Freund Hans soll meine Briefmarkensammlung erhalten.*

Wien, am 2. 2. 2000

Martin Müller

Beispiel für ein gültiges, fremdhändiges Testament

Testament

Ich, Martin Müller, geboren am 2. 2. 1943, Angestellter, 1070 Wien, Halbgasse 4, erkläre nach reiflicher Überlegung meinen letzten Willen wie folgt:

1. Zur Erbin meines gesamten Nachlasses setze ich meine Frau Maria ein.
2. Sollte meine Erbin die Erbschaft nicht antreten können oder wollen, so berufe ich zum Ersatzerben meinen Sohn Gerhard.
3. Mein Freund Hans soll meine Briefmarkensammlung erhalten.

Wien, am 2. 2. 2000

Martin Müller

Martha Molcher
als ersuchte Testamentszeugin

Edeltraut Huber
als ersuchte Testamentszeugin

Renate Molcher
als ersuchte Testamentszeugin

Schematische Darstellung der Parentel-Ordnung im österreichischen gesetzlichen Erbrecht

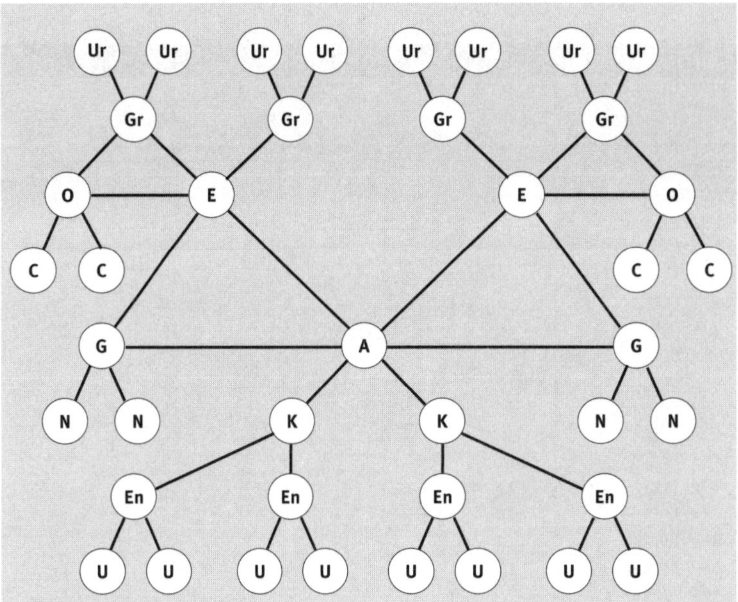

Erläuterungen:

A =	Ausgangsperson (Erblasser)	Gr =	Großeltern (III)
C =	Cousin und Cousinen (III)	K =	Kinder (I)
E =	Eltern (II)	N =	Nichten und Neffen (II)
En =	Enkel (I)	O =	Onkel und Tanten (III)
G =	Geschwister (II)	U =	Urenkel (I)
		Ur =	Urgroßeltern (IV)

Die römische Zahl in der Klammer gibt die Parentel an, der die genannten Personen angehören. Jede zahlmäßig niedere Parentel schließt die zahlmäßig höhere vom Erbrecht aus. Das gesetzliche Erbrecht des Ehegatten (ein Drittel des Nachlasses) ist, da dieser zwar zu den Angehörigen, aber nicht zu den Verwandten gehört, in dieser Darstellung nicht berücksichtigt.

Der Tarif der Erbschafts- und Schenkungssteuer

Der Tarif der Erbschafts- und Schenkungssteuer					
Die Steuer beträgt bei Erwerben bis einschließl. Schilling	in der Steuerklasse				
	I	II	III	IV	V
	in % vom Wert des Erwerbs				
100.000	2	4	6	8	14
200.000	2,5	5	7,5	10	16
400.000	3	6	9	12	18
600.000	3,5	7	10,5	14	20
800.000	4	8	12	16	22
1.000.000	5	10	15	20	26
1.500.000	6	12	18	24	30
2.000.000	7	14	21	28	34
3.000.000	8	16	24	32	38
5.000.000	9	18	27	36	42
10.000.000	10	20	30	40	46
15.000.000	11	21	32	42	48
20.000.000	12	22	34	44	51
40.000.000	13	23	36	46	54
60.000.000	14	24	38	48	57
und darüber	15	25	40	50	60

Steuerklasse I:
Ehegatten, eheliche und uneheliche Kinder, Adoptiv- und Stiefkinder
Steuerklasse II:
Enkel und Urenkelkinder
Steuerklasse III:
Geschwister, Eltern, Großeltern und Stiefeltern
Steuerklasse IV:
Schwiegerkinder, Schwiegereltern, Neffen und Nichten
Steuerklasse V:
alle übrigen Erwerber, inklusive Lebensgefährten

Der Tarif zur Berechnung einer Leibrente

Wie Leibrenten zu bewerten sind

Lebensalter des Verkäufers	
bis zu 15 Jahren	das 18fache
von 15 bis 25 Jahren	das 17fache
von 25 bis 35 Jahren	das 16fache
von 35 bis 45 Jahren	das 15fache
von 45 bis 50 Jahren	das 14fache
von 50 bis 55 Jahren	das 13fache
von 55 bis 60 Jahren	das 11fache
von 60 bis 65 Jahren	das 9fache
von 65 bis 70 Jahren	das 7fache
von 70 bis 75 Jahren	das 5fache
von 75 bis 80 Jahren	das 3fache
von mehr als 80 Jahren	das 1fache
	vom Wert der einjährigen Nutzung

Formular: Erbschaftssteuererklärung

Finanzamt für Gebühren und Verkehrsteuern

B. R. Post: ....

Bitte beachten!

1. Sie werden höflichst darauf aufmerksam gemacht, daß die Übersendung dieses Erklärungsvordrucks als Aufforderung zur Abgabe der Steuererklärung gilt.
2. Letzte Frist für die Abgabe der Steuererklärung beim Finanzamt ist der .... 19....... Die Steuererklärung ist eigenhändig oder durch einen Bevollmächtigten zu unterschreiben. Der Bevollmächtigte hat die Vollmacht beizulegen.
3. Wird die Steuererklärung nicht oder nicht rechtzeitig abgegeben, kann ein Verspätungszuschlag bis zu 10% der endgültig festgesetzten Steuer auferlegt werden. Die Abgabe der Steuererklärung kann durch Geldstrafen erzwungen werden.
4. Es sind bei allen Angaben die Verhältnisse zur Zeit des Todes des Erblassers maßgebend.
5. Es müssen alle Fragen beantwortet werden. Ist zu einzelnen Fragen nichts anzugeben, so ist das zu vermerken. Unrichtige und unvollständige Angaben sind strafbar. Die Entscheidung darüber, was steuerpflichtig und was nicht steuerpflichtig ist, steht dem Finanzamt, nicht dem Erklärenden zu.

Erbschaftssteuererklärung

für die Anfälle von Todes wegen aus dem Nachlaß de..... am .... 19..... in ....

verstorbenen ....
(Name, Beruf und Staatsbürgerschaft)

A. Allgemeines

Frage:	Antwort:
1. War der Erblasser beim Tod verheiratet? Wenn ja: Bestand ein Vertrag über das Güterrecht (Ehevertrag)? (Wenn ja, ist er vorzulegen)	1. Ja – Nein ....
2. Wo war in den letzten zwei Jahren vor dem Tode des Erblassers der Wohnsitz bzw. gewöhnliche Aufenthalt? a) des Erblassers b) der Erben, Noterben, Legatare usw.	2. a) .... b) ....
3. a) Hat der Erblasser eine Verfügung von Todes wegen (Testament, Erbvertrag) hinterlassen? Wenn ja: b) Bezeichnung und Aktenzeichen des Gerichts, von dem die Verfügung kundgemacht worden ist?	3. a) Ja – Nein b) ....
4. a) Hat der Erblasser in den letzten zehn Jahren vor seinem Tod einem der Erbbeteiligten eine Zuwendung gemacht (z. B. eine Ausstattung gewährt)? Wenn ja: b) Name und Anschrift des Bedachten? c) Zeitpunkt und Wert der Zuwendung?	4. a) Ja – Nein b) .... c) ....
5. a) War der Erblasser bei seinem Tod Vorerbe oder Vorvermächtnisnehmer? Wenn ja: b) Bei welchem Gericht findet die Substitutionsabhandlung statt? c) Aktenzeichen des Gerichts?	5. a) Ja – Nein b) .... c) ....

Gedruckt auf chlorfrei gebleichtem Papier – Ein Beitrag zum Umweltschutz!

Erb 1 FLD. f. Wien, NÖ u. Bgld. – 2. 94. (Unveränd. Nachdr.) – ÖSD. 943400 ads/efa

B. Nachlaßgegenstände

Frage:	Antwort:	Wert am Todestag S	g
1. a) War der Erblasser Eigentümer eines **land- und forstwirtschaftlichen Betriebes**?	1. a) Ja — Nein		
Wenn ja:			
b) Art, Lage (Ort, Grundbuchnummer) und Größe des Betriebes?	b)		
c) Wie hoch ist der zuletzt festgestellte Einheitswert?	c)		
d) Zahl und Datum des Einheitswertbescheides?	d)		
2. a) Besaß der Erblasser **Grundstücke**, die nicht zu einem land- und forstwirtschaftlichen Betrieb gehören (z. B. Einfamilienhäuser, Mietwohngrundstücke, unbebaute Grundstücke usw.)?	2. a) Ja — Nein		
Wenn ja:			
b) Art und Lage (Ort und Grundbuchnummer)?	b)		
c) Wie hoch ist der zuletzt festgestellte Einheitswert?	c)		
d) Zahl und Datum des Einheitswertbescheides?	d)		
3.*) a) War der Erblasser **Alleininhaber oder Mitinhaber** (z. B. als Teilhaber einer offenen Handelsgesellschaft, Kommanditgesellschaft) **eines gewerblichen Betriebes****)?	3. a) Ja — Nein Alleininhaber — Mitinhaber		
Wenn ja:			
b) Art, Bezeichnung (Firma) und Ort der Leitung?	b)		
c) Wert des Betriebes oder Anteils am Betrieb (nach Abzug der Schulden)?	c)		
d) Wie hoch ist der zuletzt für ein allfälliges Betriebsgrundstück festgestellte Einheitswert?	d)		
Ist das Grundstück bereits unter 1. oder 2. enthalten?	Ja — Nein		
Zahl und Datum des Einheitswertbescheides?	....		

Frage:

4.*) Besaß der Erblasser **Wertpapiere, Anteile, Genußscheine u. dgl.** (z. B. Staatsanleihen, Stadtanleihen, Industrieobligationen, Pfandbriefe, Aktien und sonstige Anteile sowie Genußscheine an Aktiengesellschaften, Gesellschaften mit beschränkter Haftung, Geschäftsguthaben bei Erwerbs- und Wirtschaftsgenossenschaften)?

Wenn ja:

Lfd. Nr.	Art der Wertpapiere usw.	Nennbetrag S	Kurs am Todestag	Wert am Todestag S	g
1	2	3	4		
....	....	....	....	....	
....	....	....	....	....	
....	....	....	....	....	
....	....	....	....	....	
....	....	....	....	....	
			Fürtrag . . .		

	Wert am Todestag	
	S	g
Frage: Übertrag ...		

5.*) Gehören zum Nachlaß Kapitalforderungen (z. B. Hypothekenforderungen, Bankguthaben, Sparkassenguthaben, Postscheckguthaben, Forderungen aus Darlehen, Pacht, Miete, Einlagen als stiller Gesellschafter)?

Wenn ja:

Lfd. Nr.	Art der Forderungen	Nennbetrag der Forderungen S
1	2	3

Frage:	Antwort:
6. a) Sind mit dem Tod des Erblassers Lebensversicherungen, Kapitalversicherungen oder Rentenversicherungen oder Sterbegelder fällig geworden? Wenn ja:	6. a) Ja — Nein
b) Zu wessen Gunsten?	b) ....
c) Wert am Todestag?	c) ....
d) Bezeichnung der Versicherungsgesellschaft, Sterbekasse u. dgl.	d) ....
e) Handelt es sich um eine Erbschaftssteuerversicherung?	e) Ja — Nein
7.*) a) Gehören zum Nachlaß bares Geld und sonstige inländische oder ausländische Zahlungsmittel? Wenn ja:	7. a) Ja — Nein
b) Wert am Todestag?	b) ....
8. a) Gehören zum Nachlaß Hausrat, Kleidungsstücke und Wäsche? Wenn ja:	8. a) Ja — Nein
b) Wert am Todestag?	b) ....
9.*) a) Gehören zum Nachlaß sonstige Sachen und Rechte (z. B. Verlagsrechte, Patentrechte, Urheberrechte)? Wenn ja:	9. a) Ja — Nein
b) Wert am Todestag?	b) ....

Zusammen ...

*) Wenn derartige Gegenstände zu einem gewerblichen Betrieb gehören und deshalb unter B 3 bereits berücksichtigt sind, sind sie hier nicht anzugeben.

**) Die Ausübung eines freien Berufes steht dem Betrieb eines Gewerbes gleich.

C. Nachlaßverbindlichkeiten

Nachlaßverbindlichkeiten sind insbesondere:

Die Kosten der Bestattung des Erblassers einschließlich der Kosten der landesüblichen Leichenfeierlichkeiten und eines angemessenen Grabdenkmals, die Kosten der Nachlaßregelung und der Eröffnung einer Verfügung von Todes wegen, zum Todestag noch unbeglichene Kosten der Krankheit des Erblassers, Darlehensschulden, Wechselschulden, Bankschulden, laufende oder rückständige Versicherungsbeiträge, Mietzinse u. dgl. – Verbindlichkeiten, die auf einem gewerblichen Betrieb ruhen, sind nicht hier, sondern bei der Wertangabe unter B 3c zu berücksichtigen.

Welche Nachlaßverbindlichkeiten werden geltend gemacht und wie hoch ist ihr Betrag?

....

....

....

....

....

....

....

....

....

....

....

....

....

....

D. Gesamtbetrag der Nachlaßgegenstände (oben unter B) .... S

Davon ab Gesamtbetrag der Nachlaßverbindlichkeiten (oben unter C)............ .... S

Reinwert des Nachlasses ... . S

E. Von dem Nachlaß haben zu erhalten:

Lfd. Nr.	Familienname, Vorname, Beruf und Anschrift des Erwerbers (Bei Nutzungsberechtigten auch Tag und Jahr der Geburt)	Verhältnis des Erwerbers zum Erblasser (Genaue Angabe der Verwandtschaft usw., nicht Neffe, Onkel, Kusine od. dgl., sondern Sohn des Bruders, Bruder des Vaters, Tochter des Bruders der Mutter)	Bezeichnung des Erwerbers (Erbteil, Vermächtnis, Pflichtteil, Lebensversicherung, Schenkung auf den Todesfall usw.)	Bei Erbteilen oder Pflichtteilen: Größe in Bruchteilen	Betrag des einzelnen Erwerbes S	Betrag des einzelnen Erwerbes g	Bemerkungen
1	2	3	4	5	6		7

Ich versichere, daß ich die Angaben nach bestem Gewissen richtig und vollständig gemacht habe.

..............................., ... 19..... ....

(Ort) (Tag) (Unterschrift)

Formular: Erbschaftssteuer-Abgabenerklärung

Finanzamt ______________________

Aktenzeichen: BRP. ______________________

Erbschaftssteuer

Zur Beachtung!

1. Die Übersendung dieses Erklärungsvordruckes gilt als Aufforderung zur Abgabe der Abgabenerklärung.
2. Die Abgabenerklärung ist spätestens am ______________ 19____ beim Finanzamt einzureichen. Sie muß eigenhändig oder durch einen Bevollmächtigten unterschrieben sein. Der Bevollmächtigte hat die Vollmacht beizufügen.
3. Wird die Abgabenerklärung nicht oder nicht rechtzeitig abgegeben, kann ein Verspätungszuschlag bis zu 10% der endgültig festgesetzten Steuer auferlegt werden. Die Abgabe der Abgabenerklärung kann durch Geldstrafen erzwungen werden.
4. Es sind bei allen Angaben die Verhältnisse zur Zeit der Ausführung der Zuwendung maßgebend.
5. Es müssen alle Fragen beantwortet werden. Ist zu einzelnen Fragen nichts anzugeben, so ist das zu vermerken. Unrichtige und unvollständige Angaben sind strafbar. Die Entscheidung darüber, was abgabenpflichtig und was nicht abgabenpflichtig ist, steht dem Finanzamt, nicht dem Erklärenden zu.

Abgabenerklärung S

über die Zuwendung unter Lebenden de______________________

____

____

an ______________________

____

Gedruckt auf chlorfrei gebleichtem Papier – Ein Beitrag zum Umweltschutz!

Erb 2 FLD f. Wien, NÖ u. Bgld. - 08/96 (Unveränd. Nachdr.) - ÖSD 620985 dfp/r

Frage:	**Antwort:** (Jede Frage ist zu beantworten)
1. Zuwendender? a) Familienname, Vorname, Beruf, Staatsangehörigkeit und Wohnung (Wohnort, Straße, Hausnummer).	1. a)
b) Wohnort bzw. gewöhlicher Aufenthalt in den letzten 2 Jahren vor der Ausführung der Zuwendung.	b)
2. Empfänger der Zuwendung a) Familienname, Vorname, Beruf, Staatsangehörigkeit und Wohnung (Wohnort, Straße, Hausnummer).	2. a)
b) Wohnort bzw. gewöhnlicher Aufenthalt in den letzten 2 Jahren vor der Ausführung der Zuwendung.	b)
3. Verhältnis des Empfängers zum Zuwendenden (Verwandtschaft, Schwägerschaft, Dienstverhältnis usw.)? Genaue Angabe der Verwandtschaft usw., nicht Neffe, Großnichte, Onkel, Kusine od. dgl., sondern Sohn des Bruders, Enkelin der Schwester, Bruder des Vaters, Tochter des Bruders der Mutter.	3.
4. Worin besteht die Zuwendung? Der Gegenstand ist genau zu bezeichnen. Es ist insbesondere anzugeben bei Grundstücken: Grundbuchblatt, Katasternummer, Lage, Größe, Benutzungsart; wird das Grundstück land- oder forstwirtschaftlich genutzt? Ist es unbebaut oder bebaut? Ist es Wohnzwecken oder gewerblichen Zwecken zu dienen bestimmt? bei Betriebsvermögen: Firma, Sitz, Art des Betriebes; bei Wertpapieren: Zahl, Gattung, sonstige Unter-Scheidungsmerkmale, auch Nennwert, Kurs und Kurswert, Zinsfuß und Zinstermine; bei Kapitalforderungen: Art, Schuldner, Nennbetrag, Zinsfuß, Zinstermine.	4.
5. Ist der Zuwendung eine Zweckbestimmung oder Auflage beigefügt? Welche?	5.
6. Wann und in welcher Weise ist die Zuwendung ausgeführt worden? (Eintragung im Grundbuch, Übergabe, Abtretung od. dgl.)	6.

Frage:	**Antwort:** (Jede Frage ist zu beantworten)
7. a) Welchen Wert (in Schilling) hatte die Zuwendung zur Zeit der Ausführung? Wie ist dieser Wert ermittelt worden?	7. a) ______
b) Wie hoch war der Einheitswert des zugewendeten Grundstückes?	b) ______
c) Art laut EW-Bescheid	c) ______
d) Datum und Zahl des EW-Bescheides.	d) ______
8. Ab welchem Zeitpunkt stehen dem Empfänger von Wertpapieren oder Kapitalforderungen die Zinsen oder Gewinnanteile zu?	8. ______
9. Wo befand sich der zugewendete Gegenstand zur Zeit der Ausführung der Zuwendung (siehe Ziffer 6)? Im Inland oder im Ausland?	9. ______
10. Ist eine Urkunde über die Zuwendung vorhanden? Ist die Zuwendung öffentlich beurkundet worden? Durch wen und wann und unter welchem Aktenzeichen? Die Beifügung der Urkunde in Urschrift oder in Ausfertigung ist erwünscht.	10. ______
11. Hat der Empfänger vom Zuwendenden in den letzten 10 Jahren Zuwendugnen (z. B. eine Ausstattung) erhalten? Wenn ja: Zeitpunkt und Wert der Zuwendungen?	11. ______
12. Wer trägt die Steuer? ______	12. ______

Ich versichere, daß ich die Angaben nach bestem Wissen und Gewissen richtig und vollständig gemacht habe.

______, ______ 19___
Wohnung Tag

______
Vorname und Zuname

MERKBLATT

für die Verlassenschaftsabhandlung

Die Personenstandsbehörden sind verpflichtet, das für den Wohnort eines Verstorbenen zuständige Bezirksgericht vom Todesfall zu verständigen.

Die Todesfallsaufnahme wird durch den hiefür zuständigen öffentlichen Notar als Gerichtskommissär, in Ausnahmefällen vom zuständigen Gemeindeamt, errichtet.

Es empfiehlt sich, zur Todfallsaufnahme - soweit vorhanden - folgende Unterlagen vorzubereiten und mitzubringen:

1. Namen, Adressen, Stand und Geburtsdaten der nächsten Verwandten,
2. Standesdokumente (vor allem Abschrift aus dem Sterbebuch, Geburtsurkunde, ggf. Heiratsurkunde, Staatsbürgerschaftsnachweis, Meldezettel) des Verstorbenen,
3. letztwillige Verfügungen,
4. Vormundschaftsdekrete, Bescheide über die Bestellung zum Sachwalter,
5. letzte Pensionsabschnitte des Verstorbenen,
6. kurze Aufstellung und Belege über den Nachlaß:
   Bank-, Spar- und Wertpapierkonten, Vermögensteuererklärung, Versicherungsbelege, insbesondere Lebensversicherungspolizzen, Grundbuchsauszüge, Grundbesitzbögen und Einheitswertbescheide, Übergabsverträge, Handelsregisterauszüge, KFZ-Papiere, etc.
7. Aufstellung und Belege über Schulden sowie Auslagen anläßlich der letzten Krankheit, des Todesfalles und des Begräbnisses.

Eine sorgfältige Vorbereitung der Todfallsaufnahme vereinfacht das Verlassenschaftsverfahren.

AD 5302 A - STATBMR - 08.05.95

Musterformular für Todfallsaufnahme

Geschäftszahl: ....

Todfallsaufnahme

Errichtet am: ....
in der Amtskanzlei des Gerichtskommissärs: ....
öffentl. Notar mit dem Sitz in: ....

1. Vor- und Familienname des/der Verstorbenen (auch vorherige Familiennamen, bei Verheirateten gegebenenfalls auch der Geschlechtsname)

   ....

   ....

2. Beschäftigung

   ....

   ....

3. Tag, Monat, Jahr und Ort der Geburt

   ....

4. Religion

   ....

5. Familienstand (ledig, verheiratet, verwitwet, Ehe geschieden, aufgehoben, für nichtig erklärt)

   ....

   ....

6. Staatsangehörigkeit

   ....

7. Letzter Wohnsitz; lag dieser im Ausland, auch letzter Wohnsitz in Österreich; bei minderjährigen Kindern Wohnsitz (Sitz) des

gesetzlichen Vertreters; gegebenenfalls des Elternteils, dessen Haushalt es zugehört

....

....

8. Sterbetag und Sterbeort

....

9. Bei Witwern/Witwen Vor- und Familienname des verstorbenen Ehegatten, dessen Sterbetag und Sterbeort, Abhandlungsgericht, Aktenzeichen der Abhandlung

....

....

10. Stand der Verstorbene unter Pflegschaft oder Sachwalterschaft? Welches war das Pflegschafts-/Sachwalterschaftsgericht

....

....

11. Nachgelassener Ehegatte (Vor- und Familienname, Wohnort)

....

....

12. V o l l j ä h r i g e Kinder und v o l l j ä h r i g e Nachkommen bereits verstorbener Kinder (Vor- und Familienname, Beschäftigung, Alter und Wohnort)

....

....

....

....

....

13. M i n d e r j ä h r i g e Kinder und m i n d e r j ä h r i g e Nachkommen bereits verstorbener Kinder (Vor- und Familienname, Beschäftigung, Staatsangehörigkeit, Alter und Wohnort)
Haben die Minderjährigen bereits einen gesetzlichen Vertreter oder wer wird hierzu vorgeschlagen?
Erwartet die Witwe die Geburt eines Kindes?

....

....

....

....

....

....

14. Vor- und Familienname, Beschäftigung, Alter und Wohnort der übrigen nächsten Verwandten (unter Angabe des Verwandtschaftsverhältnisses) und der Testamentserben

....

....

15. Sind ein Testament, ein Kodizill, ein Erbvertrag, eine Schenkung auf den Todesfall oder Ehepakte vorhanden? Wo befinden sie sich? Was ergibt die Auskunft aus dem Zentralen Testamentsregister? (Bei mündlichen letztwilligen Erklärungen Vor- und Familienname sowie Wohnort der Zeugen)

....

....

16. War der Verstorbene als gesetzlicher Vertreter bestellt? Für wen, von welchem Gericht und wo befindet sich die Bestellungsurkunde? Aktenzeichen?

....

....

17. Hat der Verstorbene über Amtsgelder Rechnung geführt oder einen Bezug aus einer öffentlichen Kasse oder einem unter öffentlicher Aufsicht stehenden Fonds genossen?

....

....

18. Befinden sich in der Verlassenschaft Gegenstände, die eine besondere Anzeige erfordern, wie Amtsgelder, Amtsschriften, Schlüssel zu öffentlichen Kassen, Gegenstände, auf die das Waffengesetz anwendbar ist, Orden und Ehrenzeichen? Was wurde darüber verfügt?

....

....

19. Ist ein Nachlaß vorhanden und worin besteht er? In wessen Händen befindet er sich? Sind Vorkehrungen zur Sicherstellung getroffen worden und welche? War der Verstorbene auf den Todesfall versichert? Bei welcher Anstalt und zu wessen Gunsten?

....

....

....

....

....

20. Sofern zum Nachlaß Liegenschaften gehören, welche von ihnen fallen nach der Lage und Art unter grundverkehrsrechtliche Beschränkungen des Erwerbs?

....

....

21. Ungefährer Wert
  a) Liegenschaften
  b) Giro(Pensions)konto, Sparbücher, Bausparvertrag, Genossenschaftsanteil, Wertpapiere, Safes
  c) Bargeld, Gehaltsguthaben, Abfertigungsansprüche
  d) Kraftfahrzeuge
  e) Fahrnisse, Hausrat, Gebrauchsgegenstände
  f) Lebensversicherungen
  g) Forderungen
  h) Anteil an Unternehmen und Sonstiges

22. Schulden
  a) große Schulden
  b) Schulden aus der Bevorschußung des vom Verstorbenen zu lei stenden Unterhalts

23. Wieviel betragen die Krankheits- und Leichenkosten und die anderen mit besonderem Vorrecht verbundenen Forderungen, wie Forderungen der Bediensteten, der Sozialversicherungsträger? Wer hat sie berichtigt? Stellt der Zahler den Antrag, ihm den Nachlass an Zahlungs Statt zu überlassen?

Unterschriften

der Parteien	***des Gerichtskommissärs***
....	....

B.

Mangels eines Nachlaßvermögens findet eine Verlassenschaftsabhandlung nicht statt.

Beispiel für Beschluß Einantwortung

Bezirksgericht Josefstadt

Florianigasse 8, 1082 Wien
Tel. 01/401 77-0
Bitte nachstehende Geschäftszahl
in allen Eingaben anführen

***

BESCHLUSS

Verlassenschaftssache nach dem am 3. 11. 1999 verstorbenen, zuletzt in 1070 Wien, Z*** wohnhaft gewesenen L*** F*** B***.

1) Die von der erbl. Tochter B*** P*** und die vom erbl. Sohn D*** B*** je aufgrund des Gesetzes je zur Hälfte des Nachlasses je unbedingt abgegebene Erbserklärungen werden zu Gericht angenommen und deren Erbrecht aufgrund der Aktenlage für ausgewiesen anerkannt.
2) Das eidesstättige Vermögensbekenntnis wird mit Nachlaßaktiven

von	öS	160.070,56
und Nachlaßpassiven	öS	40.723,18
sohin einem Reinerlaß von	öS	119.347,38

der Abhandlung zugrundegelegt.
3) Die Erklärung der Erben, die Erbteilung dergestalt vorzunehmen, daß der erbliche Anteil an der Liegenschaft EZ*** KG B*** dem erbl. Sohn D*** B*** zufallen soll und im übrigen die Erbteilung außergerichtlich vorgenommen werden wird, dient zur Kenntnis.
4) Die erbliche Tochter B*** P*** wird, ungeachtet etwaiger Sperren

und Klauseln ermächtigt, über nachstehende Nachlaßwerte zu verfügen, und werden die angeführten Institutionen unter einem verständigt:

a) Girokonto Nr. *** bei der Bank Austria AG, Mariahilfer Straße 92, 1070 Wien;
b) Sparbuch Nr. *** bei der Creditanstalt AG, Schottengasse 6-8, 1010 Wien;
c) Anstaltsnachlaß, erliegend zu AZ*** im Kaiserin Elisabeth Spital der Stadt Wien, 1150 Wien, Huglgasse 1-3.

5) Die Bundespolizeidirektion Wien, Verkehrsamt, 1090 Wien, Liechtenwerderplatz 5, wird abhandlungsbehördlich verständigt, daß zur Umschreibung der Fahrzeugpapiere des erblichen Pkws Marke VW Golf, Fahrgestell-Nr. ***, Motor-Nr. ***, die erbliche Tochter B*** P*** berechtigt ist.

6 Die Gebühren des Gerichtskommissärs Dr. G*** Z***, öffentlicher Notar, 1070 Wien, Museumstraße 5, werden mit 12.203 Schilling bestimmt und den Erben B*** P*** und D*** B*** zur ungeteilten Hand zur Zahlung binnen 14 Tagen bei sonstiger gerichtlicher Einhebung aufgetragen.

7) Sohin wird die Einantwortungsurkunde erlassen und mit deren Rechtskraft das Verlassenschaftsverfahren für beendet erklärt.

ZV:

1) B*** P***, 1180 Wien, S***
2) D*** B***, 1030 Wien, S***
3) Bank Austria AG, 1070 Wien, Mariahilfer Straße 70
4) Creditanstalt AG, 1010 Wien, Schottengasse 6-8
5) Kaiserin Elisabeth Spital der Stadt Wien, 1150 Wien, Huglgasse 1-3
6) Bausparkasse Wüstenrot, Alpenstraße 70, 5033 Salzburg
7) Dr. G*** Z***, öffentlicher Notar, (Fach)
8) Finanzamt
9) zum Akt

Beispiel für Einantwortungsurkunde

Bezirksgericht Josefstadt

Florianigasse 8, 1082 Wien
Tel. 01/401 77-0
Bitte nachstehende Geschäftszahl
in allen Eingaben anführen

***

Einantwortungsurkunde

Der Nachlaß des am 3. 11. 1999 verstorbenen, zuletzt in 170 Wien, Z*** wohnhaft gewesenen L*** F*** B*** wird je zur Hälfte den erblichen Kindern B*** P***, 1180 Wien, S*** und D*** B***, 1030 Wien, S***, die sich je aufgrund des Gesetzes je zur Hälfte des Nachlasses je unbedingt erbserklärt haben, eingeantwortet.

Aufgrund des Ergebnisses der Verlassenschaftsabhandlung wird ob dem, dem L*** B***, geb. 26. 6. 1919 gehörigen Hälfteanteil an der Liegenschaft EZ*** des Grundbuches der Katastralgemeinde ***, die Einverleibung des Eigentumsrechts für D*** B***, geb. 24. 4. 1943 vorzunehmen sein, der unter Berücksichtigung seines Vorbesitzes nunmehr Alleineigentümer dieser Liegenschaft wird.

Das gefertigte Gericht bestätigt amtlich, dass D*** B***, geb. 24. 4. 1943 zum Kreis der gesetzlichen Erben gehört.

ZV:
1) B*** P***
2) D*** B***
3) Dr. Z***
4) zum Akt

Beispiel für bedingte Erbserklärung

GKZ:*** ***

PROTOKOLL

aufgenommen am 4. 3. 2000
von dem öffentlichen Notar Dr. G*** Z***, 1070 Wien, M***, als Gerichtskommissär in der Verlassenschaftssache nach der am 6. 9. 1999 verstorbenen, zuletzt in 1080 Wien, R*** wohnhaft gewesenen

Dr. R*** K***

Gegenwärtig: 1) Erbliche Tochter D*** K***
1060 Wien, F***

2) der gefertigte Gerichtskommissär

Gegenstand der Amtshandlung ist die Abhandlungspflege nach obiger Erblasserin.

Die Erblasserin ist ohne Hinterlassung einer letztwilligen Verfügung am 6. 9. 1999 verstorben, sodaß die gesetzliche Erbfolge eintritt, derzufolge die erbliche Tochter D*** K*** zur Erbschaft berufen erscheint.

In Kenntnis der Rechtswirkungen der bedingten und der unbedingten Erbserklärung, insbesonders in Kenntnis darüber, daß im Falle der Abgabe der unbedingten Erbserklärung die Erben für sämtliche Schulden der Verlassenschaft haften, auch wenn ihnen diese nicht bekannt sind und über den Nachlaß hinausgehen, gibt nunmehr die erschienene erbliche Tochter D*** K*** aufgrund des Gesetzes zum gesamten Nachlaß die bedingte Erbserklärung ab, beantragt diese zu Gericht anzunehmen und ihr Erbrecht aufgrund der Aktenlage für ausgewiesen anzuerkennen.

Es wird errichtet das nachstehende **Inventar:**

a)	**Nachlaßaktiven:**	
1)	Ein halber Anteil an der Liegenschaft EZ***, KG*** Höhe des Einheitswertes lt. Beilage ./1	öS 366.500,00
2)	Girokonto Nr.*** bei der Bank Austria AG, lt. Beilage ./2	öS 38.268,30
3)	Sparbuch Nr.*** bei der Creditanstalt AG, lt. Beilage ./3	öS 688,26
4)	Möbel, Kleidung, Wäsche, alt und wertlos	öS 0,00
5)	Anstaltsnachlaß im Kaiserin Elisabeth Spital der Stadt Wien: Bargeld	öS 614,00
	1 Uhr, 2 Ringe, 1 Handy, zusammen lt. Beilage ./4	öS 1.000,00
		407.070,56
b)	**Nachlaßpassiven:**	
1)	Kostenbeitrag, lt. Beilage ./5	öS 1.988,00
2)	Begräbniskosten, lt. Beilage ./6	öS 31.273,00
3)	Fernsprechgebühren, lt. Beilage ./9	öS 486,20
4)	Stempelmarken, lt. Beilage ./10	öS 220,00
5)	Forderung der Sozialversicherung der Gewerblichen Wirtschaft, lt. Beilage ./11	öS 443,58
6)	Kranz, lt. Beilage ./12	öS 900,00
		öS 35.310,78

Nach Gegenüberstellung der Nachlaßaktiven von	öS 407.070,56
und der Summe der Nachlaßpassiven von	öS 35.310,78
ergibt sich sohin ein Reinnachlaß von	**öS 371.759,78**

Es wird beantragt, das Inventar zu Gericht anzunehmen.
Weiters wird beantragt, der erblichen Tochter D*** K*** die Verfügungsermächtigung über die erblichen Sparbücher und Konten zu erteilen und sie zur Behebung des Anstaltsnachlasses zu ermächtigen und den Nachlaß einzuantworten.

Beispiel für unbedingte Erbserklärung

PROTOKOLL

aufgenommen am 10. 3. 2000
von dem öffentlichen Notar Dr. G***, 1070 Wien, M***, als Gerichtskommissär in der Verlassenschaftssache nach der am 3. 11. 1999 verstorbenen, zuletzt in 1070 Wien, Z*** wohnhaft gewesenen

L*** B***

Gegenwärtig: 1) erbl. Tochter
B*** P***
S***
1180 Wien
erbl. Sohn D*** B***
S***
1030 Wien

2) der gefertigte Gerichtskommissär

Gegenstand der Amtshandlung ist die Abhandlungspflege nach obigem Erblasser.

Die Erblasser ist ohne Hinterlassung einer letztwilligen Verfügung verstorben, sodaß die gesetzliche Erbfolge eintritt, derzufolge die erbl. Kinder D*** B*** und B*** P*** zur Erbschaft berufen erscheinen.
In Kenntnis der Rechtswirkungen der bedingten und der unbedingten Erbserklärung, insbesonders in Kenntnis darüber, daß im Falle der

Abgabe der unbedingten Erbserklärung die Erben für sämtliche Schulden der Verlassenschaft haften, auch wenn ihnen diese nicht bekannt sind und über den Nachlaß hinausgehen, geben nunmehr die erschienene erbliche Tochter B*** P*** und der erbl. Sohn D*** B*** je aufgrund des Gesetzes je zur Hälfte des Nachlasses je die unbedingte Erbserklärung ab, beantragen diese zu Gericht anzunehmen und ihr Erbrecht aufgrund der Aktenlage für ausgewiesen anzuerkennen.

Die Erschienenen erstatteten das nachstehende
Eidesstättige Vermögensbekenntnis
dessen Richtigkeit und Vollständigkeit sie durch die Abgabe ihrer Unterschrift an Eides Statt bekräftigen:

a) Nachlaßaktiven:

1) Ein halber Anteil an der Liegenschaft EZ***, KG*** Höhe des Einheitswertes lt. Beilage ./1	öS 114.500,00
2) Girokonto Nr.*** bei der Bank Austria AG, lt. Beilage ./2	öS 38.268,30
3) Pkw VW Golf, Bj. 1985	öS 5.000,00
4) Sparbuch Nr.*** bei der Creditanstalt AG, lt. Beilage ./3	öS 688,26
5) Möbel, Kleidung, Wäsche, alt und wertlos	öS 0,00
6) Anstaltsnachlaß im Kaiserin Elisabeth Spital der Stadt Wien: Bargeld	öS 614,00
1 Uhr, 2 Ringe, 1 Handy, zusammen lt. Beilage ./4	öS 1.000,00
	106.070,56

b) Nachlaßpassiven:

1) Kostenbeitrag, lt. Beilage ./5	öS 1.988,00
2) Begräbniskosten, lt. Beilage ./6	öS 31.273,00
3) Rundfunkgebühren	öS 506,00
4) Fernsprechgebühren, lt. Beilage ./9	öS 486,20
5) Stempelmarken, lt. Beilage ./10	öS 220,00
6) Forderung der Sozialversicherung der Gewerblichen Wirtschaft, lt. Beilage ./11	öS 443,58
7) Pkw-Versicherung	öS 2.951,00
8) Gas und Strom	öS 1.882,40
9) Kranz, lt. Beilage ./12	öS 900,00
	öS 40.650,18

Nach Gegenüberstellung der Nachlaßaktiven von	öS 106.070,56
und der Summe der Nachlaßpassiven von	öS 40.650,18
ergibt sich sohin ein Reinnachlaß von	**öS 65.420,38**

Die Erschienenen erklären, daß die Erbteilung außergerichtlich erfolgen wird.

Die Erschienenen beantragen weiters, der erbl. Tochter die Verfügungsermächtigung über die erbl. Konten und Guthaben zu erteilen und sie zur Behebung des Anstaltsnachlasses zu ermächtigen.

Weiters wird beantragt, die erbl. Tochter zur Umschreibung der Fahrzeugpapiere des erbl. Pkws zu ermächtigen und den Nachlaß einzuantworten.

Die Auflösungen von Seite 47

Beispiel 1

Wer erbt? Die drei Kinder aus der ersten Ehe des Herrn A erben nicht, da sie nicht blutsverwandt sind. Die Tochter C des Bruders, einzige überlebende Blutsverwandte, erbt alles.

Beispiel 2

Das Kind D ist ein Enkel von Frau A und ist erbberechtigt, es tritt in den Erbteil seines verstorbenen Vaters B ein. Die letzte Ehefrau F ist nicht blutsverwandt und erbt nichts. Auch Frau E ist nicht verwandt und erbt nichts. Der Bruder H ist zwar verwandt, gehört aber erst zur zweiten Parentel und kommt nicht zum Zug, weil ja auch noch das Enkelkind D aus der ersten Parentel da ist. Das Kind D erbt somit alles.

Beispiel 3

Gäbe es kein Testament würde die Ehefrau ein Drittel, die beiden Söhne zusammen zwei Drittel, also jeder ein Drittel erben. Wenn keine Enterbungsgründe vorliegen, haben die Söhne Anspruch auf ihren Pflichtteil, die Hälfte ihres gesetzlichen Erbteiles, somit je ein Sechstel. Auszuzahlen in bar; es besteht kein Anspruch auf z. B. bestimmte Wertgegenstände oder Immobilien.

Begriffslexikon

Abtuung armutshalber

Hat der Verstorbene kein Vermögen hinterlassen, wird vom Verlassenschaftsgericht beschlossen, daß keine Verlassenschaftsabhandlung stattfindet.

Amnestie bei Steuerschulden

Das Recht auf Verfolgung von Steuerschulden durch den Staat verjährt – und zwar per 1. 6. 2000 für vor dem 1. 1. 1993 (Einführung der Zinsendbesteuerung) angefallene Steuern. Ausgenommen sind bereits anhängige Verfahren.

Anrechnung auf den Erbteil

Das ist die Berücksichtigung einer Leistung aus dem Vermögen des Erblassers im Zuge der Ermittlung des Erb- oder Pflichtteils. Sowohl Vermögen aus dem Nachlaß als auch Zuwendungen, die zu Lebzeiten des Erblassers von diesem gemacht wurden, werden einbezogen.

Auflage

Sie verplichtet den Erben zu einem bestimmten Verhalten. Bei Nichterfüllung dieser Auflage verliert der Erbe die Zuwendung des Erblassers.

Bedingte Erbserklärung

Der Erbe, der eine solche Erklärung abgibt, haftet mit seinem gesamten Vermögen, aber nur bis zur Höhe der Nachlaß-Aktiva und nur anteilig, seiner Erbquote entsprechend. Nachteil dabei ist, dass hier ein Inventar zur Registrierung aller Aktiva und Passiva des Nachlasses errichtet werden muß, was sowohl kosten-, als auch zeitintensiv ist.

Bedingung

Sie bezieht sich immer auf den Eintritt eines ungewissen Ereignisses.

Befristung

Sie bezieht sich immer auf ein Ereignis, das sicher eintritt.

Begünstigter

Ist eine Sammelbezeichnung für alle, denen rechtlich etwas aus dem Nachlaß zusteht (Erben, Legatare etc.).

Ehegattenwohnungseigentum

Erbt der Ehegatte aufgrund des allgemeinen Erbrechts nicht ohnedies den Anteil am Wohnungseigentum des Verstorbenen, ist gesetzlich vorgesehen (§ 10 WEG), daß der Anteil des Verstorbenen dem überlebenden Gatten als gesetzliches Vermächtnis unmittelbar ins Eigentum zuwächst.

Einantwortung

Ist die durch Gerichtsbeschluß erfolgende Übergabe des Nachlasses in den rechtlichen Besitz des Erben. Es tritt sogenannte Universalsukzession ein – der Erbe erlangt volle Herrschaft über den Nachlaß. Für diese Rechtsfolge bedarf es keiner eigenen Übertragungsakte.

Eintrittsrecht bei Hauptmietwohnungen im Todesfall

Als Eintrittsberechtigte kommen Ehegatten, Lebensgefährten und Verwandte in gerader Linie in Betracht. Voraussetzung ist, daß sie ein dringendes Wohnbedürfnis haben und schon mit dem Erblasser in einem gemeinsamen Haushalt die Wohnung bewohnt haben.

Enterbung

Ist die Entziehung des ansonsten zustehenden Pflichtteils durch letztwillige Verfügung. Zur Rechtswirksamkeit muß einer der gesetzlich geregelten Enterbungsgründe vorliegen.

Entschlagung

Auch Ausschlagung genannt. Dabei erklärt der potentielle Erbe vor dem Abhandlungsgericht, die Erbschaft nicht anzunehmen.

Erbe

Ist der rechtmäßige Übernehmer der Vermögenswerte des Verstorbenen.

Erbfall

Juristische Bezeichnung für den Tod des Erblassers.

Erbengemeinschaft

Mehrere Erben stehen in einer Rechtsgemeinschaft, die Anteile der Teilnehmer richten sich nach ihrer Erbquote. Mit der Einanwortung werden die einzelnen Miterben Miteigentümer des Nachlasses nach dem Verhältnis ihrer Erbteile.

Erblasser

Juristische Bezeichnung für den Verstorbenen.

Erbquote

Anteil am Nachlaß, der einem Erben rechtlich zusteht.

Erbrechtsausweis
Ausdruck für den Nachweis des Erbrechtes. Er kann mit der Erbserklärung verbunden werden oder im Zuge des Verlassenschaftsverfahrens nachgebracht werden.

Erbrechtsstreit
Bei einander widersprechenden Erbserklärungen kommt es dazu. Entschieden wird vor Gericht in einem eigenen Verfahren, der Erbansprecher, welcher den schwächeren Titel hat, wird dabei als Kläger bestimmt, die Klage heißt Erbrechtsklage.

Erbschaft
Ist jenes Vermögen aus dem Nachlaß des Erblassers, das der jeweilige Erbe am Schluß des Verlassenschaftsverfahrens erwirbt, und zwar mit Rechtskraft der Einantwortung.

Erbschaftssteuer
Wird vom Finanzamt nach der Einantwortung bemessen, nach deren Bezahlung wird für das Grundbuch die sogenannte Unbedenklichkeitsbescheinigung ausgestellt.

Erbseinsetzung
In ihr erklärt der Erblasser, daß eine oder mehrere Personen seine Erben sein sollen sowie wer wie viel bekommen soll (die Festsetzung der Erbquote).

Erbserklärung
Nennt man die ausdrückliche Erklärung des Erben, das Erbe anzutreten, das heißt, Eigentümer des Nachlasses (mit all seinen Rechten und Pflichten) werden zu wollen.

Erbvertrag
Ist eine Sonderform der letztwilligen Verfügung, er wird nicht – wie beim Testament – einseitig, sondern von zwei Personen, und zwar immer einem Ehepaar, abgeschlossen. Es herrscht Notariatsaktpflicht. Ein Ehegatte kann den anderen oder beide einander wechselseitig zum Erben einsetzen. Ein Erbvertragserbe geht allen anderen Erben vor, es kann jedoch nur über maximal drei Viertel des Nachlasses per Erbvertrag verfügt werden. Ein Erbvertrag ist – im Gegensatz zum Testament – nicht frei widerrufbar.

Erbverzicht
Ist der Verzicht auf ein künftiges Erbrecht durch einen Vertrag, welcher zwischen dem potentiell Berechtigten und dem Erblasser vereinbart wird.

Ersatzerbschaft

Ist möglich, wenn der eigentliche Erbe die Erbschaft nicht annehmen kann oder will. Sie wird vom Erblasser angeordnet.

Gerichtskommissär

Dazu wird ein Notar bestellt, der in gerichtlichem Auftrag seine Leistungen im Abhandlungsverfahren erbringt. Für seine Tätigkeit steht ihm ein Anspruch auf Entlohnung nach dem Gerichtskommissionstarifgesetz zu.

Gesetzliche Erbfolge

Kommt zur Anwendung, wenn der Erblasser keine (gültige) letztwillige Verfügung getroffen hat. Die Verwandten des Erblassers erben in einer bestimmten Reihenfolge: zuerst die direkten Nachkommen bzw. – wenn diese vorverstorben sind – deren Nachkommen, dann die Eltern bzw. deren Nachkommen, danach die Großeltern bzw. deren Nachkommen, schließlich die Urgroßeltern (nach dem Parentelensystem). Daneben steht dem Ehegatten jedenfalls eine Quote am Erbe zu.

Gesetzlicher Erbteil

Anteil am Erbe, der den Erben gemäß der gesetzlichen Erbfolge zusteht.

Heimfallsrecht

Auch Kaduzität genannt, der Nachlaß fällt an den Staat. Dies ist der Fall, wenn keinerlei Erben oder Legatare vorhanden sind bzw. diese auf das Erbe verzichtet haben.

Inventar

Wird vom Notar errichtet im Fall einer bedingten Erbserklärung, wenn die Erben unbekannt oder minderjährig oder besachwaltet sind, oder auf Verlangen eines Pflichtteilsberechtigten.

Kaduzität

Siehe —> Heimfallsrecht

Legatar

Auch Vermächtnisnehmer genannt. Er ist kein Erbe im technischen Sinn, hat bloß das Recht, einzelne Sachen aus dem Nachlaß zu fordern. Ihm steht also keine Quote am Nachlaß zu. Sein Anspruch ist rein schuldrechtlicher Natur und richtet sich gegen die Erben.

Nacherbschaft

Kann vom Erblasser für den Fall bestimmt werden, daß nach dem Tode eines Erben oder nach Eintritt eines anderen Ereignisses eine bestimmte andere Person sein Vermögen bekommen soll.

Nachlaß

Auch Verlassenschaft genannt. Ist die Summe der Vermögenswerte (Rechte und Pflichten) eines Verstorbenen.

Noterbe

Synonym für Pflichtteilsberechtigten.

Parentelensystem

Eine Parentel wird von einem Stammhaupt-/Stammelternpaar und seinen Nachkommen gebildet. Alle Verwandten, die dem Erblasser gleich nahe stehen, bilden eine „Linie", auch „Parentel" genannt. Die Parentelen kommen nacheinander zum Zuge (z. B. kann die zweite Parentel nur erben, wenn aus der ersten niemand zur Erbschaft gelangt).

Pflichtteilsanspruch

Beträgt bei Nachkommen und Ehegatten immer die Hälfte des gesetzlichen Erbteils, bei den Vorfahren ein Drittel ihres gesetzlichen Erbteils.

Pflichtteilsberechtigter

Sind der Ehegatte und die Nachkommen (Kinder bzw. Kindeskinder) des Erblassers. Gibt es keine Nachkommen, so sind die Vorfahren pflichtteilsberechtigt.

Pflichtteilsminderung

Ist bei Kindern möglich, die zu keiner Zeit ein Naheverhältnis zum verstorbenen Elternteil (Erblasser) hatten. Sie beträgt die Hälfte des zustehenden Pflichtteiles. Die Minderung muß vom Erblasser angeordnet werden, um Wirksamkeit zu entfalten.

Pflichtteilsrecht

Bestimmte nahe Angehörige des Erblassers (Ehegatte, Nachkommen, sind keine vorhanden, dann auch die Vorfahren) haben ein Recht auf eine gewisse Quote am Nachlaß, dieses Recht kann der Erblasser durch Testamentserrichtung nicht beschneiden.

Pflichtteilsverzicht

siehe —> Erbverzicht

Privatstiftung

Sie dient dazu, eine langfristige Widmung von Vermögen für einen bestimmten Zweck zu erreichen. Die Ernennung eines Vorstandes, Buchführung und die jährliche Vorlage der Jahresabschlüsse sind nötig.

Ruhender Nachlaß

Nennt man den Nachlaß zwischen Erbfall (Tod des Erblassers) und

Einantwortung. Nach herrschender Meinung wird er als juristische Person angesehen.

Schenkung

Ist ein zweiseitiges Rechtsgeschäft (Vertrag) unter Lebenden. Gegenstand ist eine unentgeltliche Leistung; Einwilligung des Beschenkten ist Gültigkeitsvoraussetzung. Sie kann grundsätzlich formlos vollzogen werden.

Schenkung auf den Todesfall

Mit ihr läßt sich eine bestimmte Sache aus dem Vermögen des Erblassers nach dessen Ableben ins Eigentum eines anderen übertragen. Sie ist ein Vertrag, welcher zwischen dem Geschenkgeber (der Erblasser) und dem Geschenknehmer in Form eines Notariatsakts abgeschlossen wird. Der Erblasser muß im Vertrag ausdrücklich auf sein Widerrufsrecht verzichten.

Schenkungspflichtteil

Auch Pflichtteilserhöhung genannt. Die Schenkung des Erblassers zu dessen Lebzeiten wird auf Verlangen eines pflichtteilsberechtigten Kindes oder Ehegatten dem Nachlass rechnerisch hinzugeschlagen. Auf dieser Basis wird der Pflichtteil ermittelt. Der Mehrbetrag, welcher sich so im Vergleich zum Pflichtteil vor Berücksichtigung der Schenkung ergibt, ist der Schenkungspflichtteil.

Schenkungssteuerbefreiung

Schenkungen unter Lebenden, die Geldeinlagen bei österreichischen Banken betreffen, sollen bis 30. 6. 2002 von der Schenkungssteuer befreit bleiben.

Substitution

Der Erblasser kann bestimmen, daß für den Fall, daß der Ersteingesetzte die Erbschaft nicht erlangt, ein anderer Erbe sein soll (Ersatzerbschaft) oder daß der zweite Erbe nach dem ersten bei Eintritt eines bestimmten Ereignisses zur Erbschaft gelangen soll (Nacherbschaft).

Teilungsanordnung

Wird durch den Erblasser getroffen, indem er seinen Nachlaß für den Fall seines Todes unter seinen Erben aufteilt.

Testament

Auch (einseitige) letztwillige Verfügung genannt. Formgebundene Willenserklärung, mit der zu Lebzeiten Anordnungen über das eigene Vermögen im Todesfall getroffen werden.

Testierwille
Auch Testamentserrichtungswille genannt. Der Wille, ein Testament zu errichten, ist Voraussetzung für die Gültigkeit desselben.

Todfallsaufnahme
Wird vom zuständigen Notar errichtet, sie ist die Grundlage des Verlassenschaftsverfahrens. Sie besteht aus einem Fragenkatalog, welcher die wesentlichen persönlichen und finanziellen Verhältnisse des Verstorbenen aufzeigen soll.

Überlassung an Zahlungs Statt
Das vorhandene Aktivvermögen wird dem Zahler der Bestattung überlassen (ohne Rücksicht, ob er Erbe ist oder nicht), wenn die Begräbniskosten das vorhandene Vermögen des Verstorbenen übersteigen.

Unbedingte Erbserklärung
Wer eine solche Erklärung abgibt, haftet als Erbe auch für alle Schulden und für die Erfüllung von Vermächtnissen, und zwar in unbeschränkter Höhe und mit seinem gesamten Vermögen.

Unterbleiben der Abhandlung
Übersteigen die Aktiva des Nachlasses 30.000 Schilling nicht und sind auch keine Liegenschaften vorhanden, findet keine Verlassenschaftsabhandlung statt, außer es wird von Erben beantragt oder es sind Pflegebefohlene beteiligt.

Unterhaltsanspruch
Der Ehegatte des Erblassers hat einen Anspruch auf Unterhalt in dem Umfang, in dem er ihm bisher vom Verstorbenen geschuldet war. Der Anspruch ist gegen die Erben gerichtet und bleibt aufrecht, bis sich der Ehegatte wieder verehelicht.

Unvertretener Nachlaß
Liegt vor, wenn sich alle Erben des Erbes entschlagen oder von vornherein keine Erben vorhanden sind. In diesem Fall bestellt der Gerichtskommissär einen Verlassenschaftskurator, welcher den Nachlaß vertritt.

Verlassenschaft
Siehe —> Nachlaß.

Verlassenschaftsabhandlung
Ist das Gerichtsverfahren im Zuge dessen Erben, ihre Erbserklärungen abgeben und am Ende die Einantwortung steht. Erst mit Rechtskraft der Einantwortung erlangen Erben ihre Erbschaft.

Verlassenschaftskurator

Ist es für die Verwaltung des Nachlasses erforderlich und kann dieser dem Erben nicht oder noch nicht anvertraut werden (etwa, weil er noch nicht ausgeforscht ist), wird er vom Gerichtskommissär bestellt. Andere Bestellungsfälle sind, wenn sich die Miterben über die Verwaltung nicht einigen, oder bei widersprechenden Erbserklärungen.

Vermächtnisnehmer

Siehe —> Legatar

Vorausvermächtnis

Auch bloß „Voraus" genannt. Der Ehegatte des Verstorbenen erhält die zum ehelichen Haushalt gehörenden beweglichen Sachen, weiters bekommt er das Recht verliehen, weiterhin in der ehelichen Wohnung zu wohnen.

Zwischenbeschluß

Ermöglicht dringende Verfügungen, die noch vor der Einantwortung getroffen werden müssen (z. B. der Verkauf von verderblichen Gütern aus dem Nachlaß etc.).